Kempka - Die letzten Tage mit Adolf Hitler

Erich Kempka

Die letzten Tage mit Adolf Hitler

erweitert und erläutert von Erich Kern

DEUTSCHE VERLAGSGESELLSCHAFT
PREUSSISCH OLDENDORF

5. Auflage 2004
Printed in Germany

Gesamtherstellung: Kölle-Druck, Preußisch Oldendorf
ISBN 3-920722-07-8

Inhaltsverzeichnis

EINLEITUNG

Nach dem Zusammenbruch 1945 bestimmten die Sieger nicht nur über das materielle Schicksal des deutschen Volkes. Sie setzten in Ost und West eine „Umerziehung" in Gang. Man begann mit einer gigantischen Gehirnwäsche, um in den Deutschen jedes Gefühl eines eigenen Volksbewußtseins auszulöschen. Das Material dazu lieferte vor allem die psychologische Kriegführung der Alliierten, die schon seit Jahren systematisch Lügen und Halbwahrheiten verbreitet hatte, um die moralische Widerstandskraft der Deutschen zu brechen, und wohl auch eigene Fehler, die nun phantastisch übertrieben auf uns zukamen.

Das Ziel — in West und Ost — war klar: Mit der Auslöschung des Geschichtsbewußtseins eine geschichtslose deutsche Jugend zu erreichen. Dies nämlich ist die sichere Voraussetzung für den moralischen Volkstod, dem dann bald der physische folgen muß. So wurden die Deutschen dann auch sowohl in Westdeutschland als auch in der „DDR" auf den Aussterbe-Etat gesetzt, und längst schon haben die Särge die Wiegen überholt. Nur dort, wo die Deutschen gewohnt sind, seit eh und je unter dem harten Druck der anderen zu leben, können sie erfolgreich bestehen: die Rußland-Deutschen, die Siebenbürgersachsen, die Südtiroler.

Nur sehr wenige Deutsche hatten von Anfang der Niederlage an den Mut, in der Stunde des Nullpunktes gegen den Strom zu schwimmen und für die Wahrheit Zeugnis abzulegen. Es gibt nämlich nur ein einziges Mittel, um zu verhindern, was geplant war und ist: Zeitzeugen müssen die Wahrheit aussagen. Oftmals ist diese Wahrheit für uns nicht erfreulich. Doch in die Relation mit dem Gesamtgeschehen gestellt, birgt sie allein die Möglichkeit, der Lüge und der Halbwahrheit zu begegnen.

Nachdem aber die Uniformen ausgezogen, Orden und Ehrenzeichen herabgerissen, Millionen hinter Stacheldraht oder gar hinter Zuchthausmauern verschwanden und die Henker das Wort hatten, konnte man jene politischen Selbstmörder an ein paar Fingern abzählen, die allen Gefahren und Versuchungen zum Trotz den Mut hatten, zu stehen. Einer der ersten dieser „Kamikaze"-Deutschen war Erich Kempka. Ihn hatte das Schicksal als jungen Menschen in die nächste Nähe des Mannes getragen, der zum Schicksal zumindest einer deutschen Generation wurde: Adolf Hitler.

Kempkas schlicht erzählter Bericht, der 1950 unter dem unglücklichen Titel, auf den er keinen Einfluß hatte, „Ich habe Adolf Hitler verbrannt" erschien, ist ein historisches Zeitdokument. In bescheidener Einfachheit aber ehrlicher Konsequenz erzählt er unerschrocken wie es war; nicht — wie man es ab 1945 sehen und hören wollte.

Neben Erich Kempka können als Zeitzeugen mit ihren Büchern nur noch Hanna Reitsch, „Fliegen mein Leben", Hans Ulrich Rudel, „Trotzdem", Flugkapitän Hans Baur, „Ich flog Mächtige der Erde" und schließlich Rudolf Jordan, „Erlebt und erlitten", bestehen.

Natürlich haben tapfere revisionistische Schriftsteller wie Annelies von Ribbentrop, Hans Grimm, Peter Kleist, Helmut Sündermann, Friedrich Lenz, Udo Walendy und Hans-Severus Ziegler mit ihren historischen Publikationen eine ganze Literatur geschaffen. Eine Literatur, die die Wahrheit bezeugt und belegt und gerade deshalb eine Literatur der toten Seelen ist. Sie ist dem deutschen Volk in seiner Masse nicht zugänglich. Im Osten verboten, im Westen planmäßig totgeschwiegen. In der Bundesrepublik Deutschland wird kaum etwas verboten; es wird nur dafür gesorgt, daß niemand von der Existenz dieser Literatur erfährt.

Zu diesen totgeschwiegenen Autoren stießen einige hervorragende Soldaten mit ihren Memoiren, wie Karl Dönitz, Albert Kesselring, Heinz Guderian, Lothar Rendulic, Hans Friessner, Otto Skorzeny und andere. Leider haben ansonsten allzuviele wahrhaft große Soldaten der Versuchung nicht widerstehen können und nachzuweisen versucht, daß *sie* den Krieg gewonnen hätten, wenn Hitler sie nur gelassen hätte. Andere wieder haben die Geschichte des großen Ringens im Sinne der Sieger verfälscht.

Erich Kempka hätte viel Geld verdienen können, wenn er von den nie stattgefundenen „Orgien" im Führer-Bunker berichtet hätte, wie man es ihm in den Mund legte. Aber der einfache Mann Kempka ist hart geblieben und hat gnadenlos die vielen Märchen zerstört, die am laufenden Band in die Welt gesetzt wurden und werden. Er hat sich im wahrsten Sinne des Wortes der Geschichte gestellt. Er hat in soldatischer Knappheit, aber auch mit großer Deutlichkeit seine Aussage gemacht.

Ich habe Erich Kempka erst nach dem Krieg kennengelernt. Mich beeindruckten seine persönliche Bescheidenheit und selbstverständliche Kameradschaft. Als ein übereifriger Staatsanwalt mich auch deswegen anklagen wollte, weil ich in „Von Versailles nach Nürnberg" schrieb, daß der todgeweihte Hitler bei seiner letzten Fahrt 1945 an die Oder-Front von den verzweifelten Menschen und abgekämpften Soldaten umdrängt wurde und allein die magische Kraft seiner Persönlichkeit die Menschen mit neuer Hoffnung erfüllte, bestätigte Erich Kempka, ohne einen Augenblick zu zögern, an Eides statt, daß dies so gewesen sei und nicht anders. Kempka hatte Adolf Hitler bei dieser seiner letzten Fahrt zur Front als Fahrer begleitet.

Diese mannhafte Hilfsbereitschaft ist leider Mangelware geworden. Allzuviele Zeitzeugen — soweit sie überhaupt noch leben — bitten um Verständnis dafür, daß sie nichts sagen wollen. Darum habe ich, da Erich Kempka unterdessen zur großen Armee abberufen wurde, freudig den Auftrag des rührigen K. W. Schütz Verlags übernommen, die Zeit von der letzten Frontfahrt Hitlers im März 1945 bis zum Ausbruch aus dem Führerbunker am 2. Mai 1945 zu ergänzen. Viele Aussagen und Publikationen verschiedenster Art sind seither erschienen. Soweit sie ehrlich sind, bestätigen sie voll, was Erich Kempka schon 1950 niederschrieb.

Dieses Buch ist deshalb so notwendig, weil der tote Hitler viele Menschen nicht schlafen läßt. Nicht nur die skeptische Jugend, auch die Historiker in allen Ländern. Joachim C. Fest verrät uns in seinem „Psychogramm", das er zu dem Bildband „Hitler, Gesichter eines Diktators" schrieb, warum: „Wenn Hitler selbst auch gescheitert und von einer neuen Generation nahezu vergessen ist, so ist doch keine der Voraussetzungen, die ihn zur Herrschaft brachten, überwunden. In diesem Sinne kann man von einem Scheitern nicht sprechen und muß man es ratsam nennen, ihn vor der Vergessenheit zu bewahren."

Wegen dieser Angst darf also Adolf Hitler nicht sterben; die Bücher und Bildbände über ihn füllen ganze Bibliotheken. Am toten Hitler entzünden sich viele drängende Fragen. Je mehr Zeit seit seinem meteorhaften Aufstieg und seinem götterdämmerungsähnlichen Tod in Berlin vergeht, desto lauter werden die Fragen nach der Wahrheit.

Wie schwer es nicht nur für den Suchenden ist, die Wahrheit aufzuspüren, da die offizielle Geschichtsschreibung bewußt mit Unwahrheiten und Halbwahrheiten überlagert wurde, beweist uns ein englischer Historiker, der keineswegs zu den Revisionisten gehört: David Irving. Er ist kein Bewunderer des Dritten Reiches, aber, sehr im Gegensatz zu vielen seiner Kollegen, ein Wahrheitsfanatiker, der mit seinen Büchern „Der Untergang Dresdens", „Und Deutschlands Städte sterben nicht", „Die Geheimwaffen des Dritten Reiches", „Die Tragödie der Deutschen Luftwaffe" ohne Rücksicht auf alliierte Interessen manch wertvollen Beitrag zur ehrlichen Geschichtsforschung lieferte. Als er daran ging, sein Standardwerk „Hitler und seine Feldherrn“ zu schreiben, stieß er auf erschütternde Tatsachen, die er in der Einleitung der leider gekürzten Ausgabe seines Werkes festhält:

„Entsetzt, und als Historiker deprimiert, war ich ob der Fülle von ‚Tagebüchern‘, die sich bei genauem Hinsehen als Fälschungen erwiesen, oder bei denen sich herausstellte, daß man sie in wichtigen Passagen frisiert hatte — ohne Ausnahme immer zu Hitlers Nachteil. Viele Fälschungen sind aktenkundig.

Die von dem Filmschauspieler Luis Trenker veröffentlichten Tagebücher der Eva Braun waren weitgehend nach den ‚Memoiren‘ gefälscht worden, die Jahre zuvor die Gräfin Irma Larisch-Wallersee geschrieben hatte; die deutsche Fälschung wurde im Oktober 1948 von der 9. Zivilkammer in München festgestellt. Die ‚Tagebücher‘ von Himmlers Heilmasseur Felix Kersten sind gleichermaßen Phantasieprodukte, wie zum Beispiel das in ihnen wiedergegebene ‚26seitige Krankenblatt Hitlers‘ beweist; sonderbarerweise sind Kerstens wirkliche Tagebücher — die politischen Sprengstoff über Schwedens Elite enthalten — unversehrt, doch wurden sie bis heute nicht veröffentlicht. Auch die von Rudolf Semmler in ‚Goebbels — the Man Next to Hitler‘ (London 1947) veröffentlichten ‚Tagebücher‘ sind unecht, wie die Eintragung vom 12. Januar 1945 beweist; und kein Ruhm ist damit zu ernten, die Anachronismen in Graf Cianos vielzitierten ‚Tagebüchern‘ aufzuspüren, die den Nachweis dafür erbringen, daß auch sie viel später zumindest in erheblichen Teilen überarbeitet worden sind, so zum Beispiel Grazianis ‚Klage wegen Rommel‘ am 12. Dezember 1940 — zwei volle Monate, bevor Rommel auf Italiens Kriegsschauplatz geschickt wurde. Ribbentrop hat in seinen Erinnerungen warnend auf die Fälschung hingewiesen — er hatte Cianos echte Tagebücher im September 1943 gesehen —, und der Dolmetscher Dr. Eugen Dollmann behauptet in seinen Erinnerungen, daß ein britischer Offizier, in dessen Gefangenschaft er sich befand, ihm gegenüber die Tatsache der Fälschung bestätigt habe; aber auch die oberflächlichste Prüfung der handschriftlichen Bände gibt Aufschluß darüber, in welchem Ausmaß Ciano sein Material zurechtgestutzt und ergänzt hat — dennoch haben Historiker von Rang und Namen die Tagebücher ebenso unkritisch zitiert wie Cianos sogenannte ‚Lissaboner Papiere', obwohl gerade diese alle das Kennzeichen nachträglicher Anfertigung tragen — sie sind alle irgendwann auf einer einzigen Schreibmaschine neu geschrieben worden, obwohl sie angeblich in einem Zeitraum von sechs Jahren, von 1936 bis 1942, entstanden sind.

Das echte Tagebuch des Generals der Flieger Karl Koller weist an vielen Stellen keinerlei Ähnlichkeit mit dem von ihm unter dem Titel ‚Der letzte Monat' (Mannheim 1949) veröffentlichten Text auf. Und Helmuth Greiner, Führer des Kriegstagebuches des OKW-Wehrmachtführungsstabes bis 1943, nutze die Gelegenheit — als man ihn 1945 aufforderte, seine Aufzeichnungen für die ‚verlorenen' Monate vom 12. August 1942 bis 17. März 1943 neu zu übertragen — um Passagen auszulassen, die er nicht verstehen konnte oder die ein ungünstiges Licht auf Mitgefangene wie General Heusinger — oder ein günstiges auf Hitler — warfen; und, zweifellos um sich bei den Amerikanern beliebt zu machen, erfand er längere Textstellen voller Kritik an Hitlers Kriegsführung; sie fehlen in seinen ursprünglichen handschriftlichen Aufzeichnungen, die ich mit den gedruckten Bänden verglichen habe. Diese Tendenz wird auch in den ‚Tagebüchern' von Generalleutnant Gerhard Engel sichtbar, der von März 1938 bis zu seiner Versetzung an die Front im Oktober 1943 als Hitlers Heeresadjutant gedient hat; historiographischer Nachweis allein — z. B. Vergleich mit den Akten der damals in Stalingrad stehenden 6. Armee des Generalobersten Paulus — läßt darauf schließen, daß sie alles mögliche sein mögen, nur keine zeitgenössischen Tagebücher."

Wenn schon ein politisch völlig unbelasteter Engländer bei der korrekten Geschichtsaufarbeitung solche Erfahrungen macht, kann man sich unschwer vorstellen, was uns Deutschen in der Regel alles als „historische Wahrheit" angeboten wird!

Erich Kempka lieferte ein gewichtiges Stück der echten, tragischen Wahrheit, die ich aufgrund zahlreicher Aussagen von Zeitzeugen, Dokumenten und Publikationen ergänzen durfte. Ich tat das um so lieber, weil den Deutschen die Wahrheit so bitter notwendig ist wie ein Bissen Brot dem Hungernden. Bislang wurde die jüngste deutsche Geschichte — mit einer Ausnahme einer Handvoll ehrlicher Historiker und Publizisten — bewußt verfälscht, umfunktioniert und zum Teil umgelogen. Wie dabei vorgegangen wird, zeigt das Beispiel der mutigen Hanna Reitsch, die mir am 7. 8. 1973 wie folgt schrieb und damit an einem eklatanten Beispiel bewies, wie die deutsche Geschichte verfälscht wird:

„In der Bundesrepublik Deutschland, ja sogar weit über ihre Grenze hinaus, werden Menschen wieder einmal — wie oft wohl schon? — von ‚Hitler-Stories' in Filmen und Magazinen heimgesucht, ja überschwemmt; alles natürlich ‚historisch und authentisch', versteht sich. — So auch mit dem neuesten Film ‚Hitler, die letzten 10 Tage'. Der englische Darsteller Hitlers — weltberühmt, sogar von der Queen geadelt, und die Schauspielerinnen hübsch und sympathisch. — Nur eben, was sie spielen, ist nichts anderes, als: ‚Wie Klein-Mäxchen sich den Untergang des Dritten Reiches vorstellt.' Übel zu nehmen ist es eigentlich keinem von ihnen — sie haben nicht den Untergang ihres eigenen Landes erleben müssen und wohl auch niemals selbst schon einmal vor dem Sterben gestanden; sonst wüßten sie eben, daß ein solcher Untergang alles eher als dramatisch ist — daß sich das Sterben in der Stille vollzieht, vor allem die Tage und Stunden davor. Dabei ist es wahrhaftig gleichgültig, ob einer für oder gegen die Vergangenheit war.

Auch der Regisseur, der übrigens einen sehr bekannten Vater hat — den weltberühmten Regisseur Max Reinhardt, der wie Millionen andere aus Deutschland emigriert war — hätte sich als Filmstoff besser etwas anderes wählen sollen, vor allem weil ihm, nach Aussage des Films, sehr daran gelegen zu sein schien, ‚historisch und authentisch' darzustellen. Einen der laut Filmvorspann Mitverantwortlichen des Films kann man schwer verstehen, den ehemaligen Rittmeister Boldt. Er wußte und weiß genau, daß die Darstellungen der letzten Tage im Bunker der Reichskanzlei unwahr und unsachlich sind. Sollte Rittmeister Boldt der unüberwindlichen Macht der Filmproduzenten so sehr unterlegen gewesen sein, daß es ihm kaum gelang, auch nur ein klein wenig historische Wahrheit über den Ablauf des Endes im Bunker einzubringen? Er hätte es unbedingt ablehnen müssen, seinen Namen als Beweis für historische Wahrheiten herzugeben. Es gelang ihm anscheinend nur, im Hinblick auf seine eigene Person zu erreichen, daß man jenen Rittmeister im Film statt Boldt Hoffmann nannte. Was über ihn selbst dargestellt wird, ist eben auch falsch. So hat es, um nur ein Beispiel zu nennen, niemals ein viertes Testament Adolf Hitlers gegeben und deshalb hat auch niemals Herr Boldt ein viertes Testament vor den Bunkermauern zerrissen. Aber was macht es — Geschichte hin, Geschichte her — warum soll man nicht Millionen, die solche Filme sehen oder Magazine lesen, ruhig belügen, wenn es einem um der Dramatik willen in seine Story paßt.

Was nun die Darstellung meiner Person, meines Tuns und der Worte, die ich dort gesprochen haben soll, betrifft, so ist aber auch jedes Geschehen und Wort unwahr, das der sympathischen Schauspielerin, die mich darzustellen hatte, in den Mund gelegt worden ist. Hätte man wirklich die Wahrheit aussagen wollen, so hätte man ja nur mich persönlich zu Rate ziehen brauchen, doch man wußte sicher: Wenn man bei der Wahrheit geblieben wäre, so wäre der Film halt recht undramatisch geworden. Der wirklich dramatische Flug, den ich als Flieger durchzuführen hatte, um Generaloberst Greim nach Berlin zu bringen, konnte im Film nicht dargestellt werden — so mußte die Phantasie herhalten, und ich wurde ganz einfach zwischen Adolf Hitler und Eva Braun gesetzt, um ihnen die Geschichte unseres Fluges zu erzählen. Dabei habe ich niemals in meinem Leben mit ihnen zusammengesessen. Meine angebliche Erzählung ist ebenso unwahr wie alles andere; z. B. wurde kein einziger Begleitjäger abgeschossen, in seiner Filmdarstellung dagegen 43. Doch war dies scheinbar notwendig für das dahinterstehende Konzept. Ja — und verheiraten wollte mich der Regisseur im Film auch noch mit Feldmarschall Ritter von Greim. Er hat nicht nur nicht gewußt, daß Herr von Greim bereits verheiratet war. Unserer ‚Ehe' habe, dem Film zur Folge, nur im Wege gestanden, daß ich ‚Ehe' als überholte Bürgerlichkeit abgelehnt hätte. Das ist auf gut deutsch gesagt, eine beispiellose Unverschämtheit.

So aber wie meine Rolle (im Film) erfunden ist, außer der einfachen Tatsache, daß ich den verwundeten Generaloberst Greim vor dem Brandenburger Tor landete und im Bunker pflegte, so sind auch die Worte und Handlungen der anderen Figuren des Filmes grotesk erfunden. Es gab im Bunker weiß Gott keine Tanzgelage oder Geschunkel bei festlichem Schmaus — es war dort tief bedrückend, es war fast unreal und still wie in einer Gruft.

Die ‚historische Wahrheit' des Filmes stützt sich auf die Angaben des englischen Historikers Trevor-Roper und dessen Buch über die letzten Tage im Hitlerbunker. Also muß es wohl wahr sein, so meinten es die Filmmacher. Daß ein Historiker, der noch heute am Christ-Church-College in Oxford liest, an der Wahrheit nicht interessiert ist, sondern nur an Politik, mag erstaunen, aber es ist Tatsache. Als ich nach 1½jähriger Inhaftierung durch die Amerikaner eines Tages von dem Buch Trevor-Ropers erfuhr und es erschreckt las, schrieb ich ihm umgehend einen Brief. Ich war damals allerdings noch sehr jung und glaubte selbstverständlich an das ehrliche Bemühen um die Wahrheitsfindung eines Historikers. Ich teilte ihm mit, er sei einer Fälschung zum Opfer gefallen, denn er habe einen sogenannten ‚Augenzeugenbericht von Hanna Reitsch' über die letzten Tage im Hitlerbunker benutzt, der in ‚Ich-Form' geschrieben sei, den ich aber nie gemacht, nie geschrieben, nie gesehen und vor allem aber auch nie unterschrieben hätte, weil er eben nicht der Wahrheit entspräche. Ich sei bereit, ihm zu schreiben, was ich dort erlebt hätte. Seine Antwort — für einen Historiker geradezu erstaunlich — war dem Sinne nach: Was er geschriehabe, das hätte er von der amerikanischen CIC erhalten, und die sei es gewohnt, nur die Wahrheit zu schreiben.

Der englische Historiker wollte meinen eigenen Bericht überhaupt nicht; denn Geschichte schreibt sich für einen Historiker aus dem Kreis der Siegermächte viel leichter, schöner und interessanter, erfunden und gefälscht, zumal wenn es sich um Taten und Reden der Besiegten handelt."

Wer die Wahrheit sucht, der findet sie aber trotz allem. Denn unterdessen haben schon zu viele revisionistische Publizisten den Geschichtsfälschern die Suppe versalzen.

Man muß die Wahrheit nur wollen!

Erich Kern

Hitler stellt mich an

„Erwarten Sie am 26. Februar 1932 in Berlin, Kaiserhof, Adjutantur Privatkanzlei", lautete der Inhalt eines Telegramms, das mich in den frühen Vormittagsstunden des 25. Februar 1932 in Essen, in meinem Büro der Gauleitung Essen erreichte.

Mein damaliger Chef, Gauleiter Terboven, war seit achtundvierzig Stunden in Berlin zu einer Reichstagssitzung. Sollte er das Telegramm an mich veranlaßt haben? Ich wußte von nichts und machte mir noch keine Vorstellung, welche Bedeutung diese Depesche für mein späteres Leben bekommen sollte. Ich war ein junger Mensch, dem das ganze Leben noch offen stand. Es ist erklärlich, daß ich vom Augenblick der Lektüre dieses Telegramms an keine ruhige Minute mehr hatte. Die lange Fahrt auf der harten Bank eines D-Zug-Abteils dritter Klasse schien für mich niemals ein Ende zu finden. Meine Gedanken arbeiteten fieberhaft. Ich war mir keines unrechten Tuns bewußt, also konnte diese Depesche nur eine günstige Wendung meines bisherigen Lebens bedeuten.

Endlich fuhr der Zug in den Bahnhof Friedrichstraße in Berlin ein. Ich hastete durch das Gewühl der Großstadt zum Wilhelmplatz. Minutenlang habe ich damals vor dem Hotel Kaiserhof gestanden und den modernen, vornehmen Bau bewundert. Dann gab ich mir einen inneren Ruck und betrat durch die Drehtür das Vestibül.

Damen und Herren, die anscheinend den vornehmsten Kreisen angehörten, begegneten mir. Ich wandte mich an einen der vielen herumstehenden Pagen. Dieser schien unterrichtet zu sein. Ohne mich weiter zu fragen, führte er mich durch lange Gänge und über dicke, weiche Teppiche zu dem Zimmer des Herrn Brückner.

Der Adjutant Adolf Hitlers begrüßte mich kurz und forderte mich auf, in der Hotelhalle zu warten. Zu meinem Erstaunen fand ich dort noch etwa dreißig Männer. Ein kurzes Gespräch ergab, daß sie aus allen Landschaften Deutschlands ebenfalls telegrafisch in das Hotel Kaiserhof bestellt waren. Jeder von uns merkte die Unruhe der anderen. Wir wußten sehr schnell, daß wir alle bisher eine ähnliche Tätigkeit ausgeübt, nämlich bekannte Persönlichkeiten der Parteiführung gefahren hatten. So waren wir also gewissermaßen in unserem Berufe Prominente. Es mußte sich schon um eine außergewöhnlich wichtige Aufgabe handeln, wenn wir alle hierher gerufen wurden. Jeder von uns machte sich darüber Gedanken, jeder hoffte, daß ihn das Los des großen, noch unbekannten Auftrages treffen würde.

Endlich wurden wir erlöst.

„Die Herren werden auf Zimmer 135 erwartet!"

Wir folgten wiederum einem Pagen und betraten den Wohn- und Arbeitsraum Adolf Hitlers in Berlin. Ohne eine besondere Anweisung stellten wir uns der Größe nach im Halbkreis auf. Ich, als der Kleinste, bildete den linken Flügel.

Beim Anblick meiner so viel größeren, gutgewachsenen Berufskollegen gerieten meine Hoffnungen stark ins Wanken.

Der Reihe nach wurden wir von Brückner aufgerufen und dann von Hitler befragt und auf unsere Fachkenntnisse hin geprüft. Endlich war ich an der Reihe.

„Erich Kempka . . ., Vater Ruhr-Bergmann in Oberhausen, einundzwanzig Jahre alt, . . . bisher Fahrer des Gauleiters Terboven . . ."

Das sind meine ersten Antworten auf Fragen Adolf Hitlers. Dann geht es schlagartig weiter:

„Was für Wagentypen haben Sie bisher gefahren? Kennen Sie einen 8-Liter-Mercedes-Kompressor-Motor . . . Wieviel

PS hat dieser Wagen? ... Wo haben Sie das Fahren gelernt? ... Wie verhalten Sie sich bei einer unübersichtlichen Zickzack-Kurve, wenn der Geschwindigkeitsmesser 80 Stundenkilometer zeigt und ein Fahrzeug entgegenkommt?

Die Fragen kamen so schnell, daß ich blitzartig reagieren mußte. Das war nicht ganz leicht, denn gerade von diesem Manne hatte ich derartige technische Kenntnisse nicht erwartet. Ich war selbst erstaunt, als ich merkte, daß ich die Prüfung anscheinend gut bestand.

Dabei war ich wie berauscht. Allein die Vorstellung, mit einem solchen Manne, den bereits damals ganz Deutschland als eine der markantesten Persönlichkeiten des politischen Lebens betrachtete, durch das ganze große Vaterland fahren zu dürfen, begeisterte mich.

Als ich die letzte Frage anscheinend auch zu seiner Zufriedenheit beantwortet hatte, gab er mir kurz die Hand.

Wir waren nun alle geprüft und auf das höchste gespannt, was nun kommen würde. Aber es war für uns alle nur eine Enttäuschung. Hitler hielt eine kleine Ansprache an uns. In seiner temperamentvollen Art bedeutete er uns, wie verantwortungsvoll das Amt des Mannes am Steuer sei. Es sei ihm eine Freude gewesen, einmal eine größere Zahl solch verantwortungsbewußter Männer vor sich zu haben. Dann verließ er uns mit einem kurzen Gruß, ohne gesagt zu haben, weswegen wir hierher gerufen worden waren.

Sein Adjutant Brückner erklärte uns dann, es würde neben Herrn Schreck ein zweiter Fahrer für den persönlichen Dienst bei Adolf Hitler benötigt. Der Mann, auf den die Entscheidung fiele, würde es rechtzeitig erfahren. Jeder von uns erhielt 15 Mark Zehrgeld. Wir waren entlassen.

Wieder begannen Stunden der Ungewißheit. Ziellos wanderte ich bis zur Abfahrt meines Zuges durch die Großstadt Berlin. Die Begegnung mit Adolf Hitler hatte mich stark beeindruckt. Nun, da ich gehört hatte, um was es ging, waren meine Hoffnungen noch größer und meine Zweifel noch bedrückender geworden. So war ich glücklich, als mich die Räder des D-Zuges endlich wieder gen Essen trugen.

Wenige Stunden nach meiner Ankunft hielt ich ein zweites Telegramm in Händen:

„Am 1. März 1932 haben Sie sich bei Rudolf Heß in München, Braunes Haus, zu melden."

Jetzt wußte ich, daß meine Wünsche und Hoffnungen in Erfüllung gehen würden! Ich war auserwählt, den Mann, von dem damals ganz Deutschland sprach, Adolf Hitler, fahren und begleiten zu dürfen.

Dreizehn Jahre im persönlichen Dienst bei Adolf Hitler

In München angelangt, ging ich, noch müde von der Fahrt, langsam mit meinem Gepäck durch den hohen Schnee in Richtung Brienner Straße. Ich fragte nach dem „Braunen Haus". Ein Passant erklärte mir den Weg.

Dort meldete ich mich im Büro Rudolf Heß'. Man erklärte mir, ich würde bereits bei der Firma Daimler-Benz in der Dachauer Straße erwartet. Eine Taxe brachte mich an die angegebene Adresse, wo ich von Herrn Schreck, dem persönlichen Fahrer und Begleiter Adolf Hitlers, in Empfang genommen wurde. Er begrüßte mich sehr kameradschaftlich und begann sofort, Fragen über das Kraftfahrwesen an mich zu richten.

Als erstes wollte er von mir wissen, ob ich schon einmal einen 6 Liter Mercedes-Kompressor-Wagen gefahren hätte. Ich mußte dieses verneinen. Darauf ging er mit mir und einigen anderen Herren seiner Begleitung in eine Garage, wo er mir einen sechs- bis achtsitzigen offenen Tourenwagen zeigte. Der Anblick dieses Fahrzeuges erregte meine größte Bewunderung. Ich hatte noch nie einen derartigen Wagen gesehen. Herr Schreck erklärte mir die technischen Daten des riesigen Mercedes, er zeigte mir den Motor und alle für mich wichtigen Einzelheiten.

Da ich körperlich für einen solchen Wagen zu klein war, wurden Decken untergelegt, und der Sitz wurde so für mich verändert, daß ich eine bessere Übersicht beim Fahren hatte. Ich mußte das Fahrzeug selbst aus der Garage herausbringen und durfte mir dann nochmals die Maschine genauer ansehen und Ölstand sowie Wasser überprüfen.

Inzwischen war die Umgebung des Herrn Schreck auf sieben Herren angewachsen. Sie alle stiegen ein; ich setzte mich ans Steuer und fuhr erstmalig einen solchen Riesenwagen nach Berlin.

Hier wurde ich Adolf Hitler nochmals vorgestellt. Diesmal nahm die Unterhaltung, die er mit mir führte, einen wesentlich persönlicheren Charakter an. Er erkundigte sich sehr genau nach meinen familiären Verhältnissen und wollte alles bis zu den kleinsten Details aus meinem Leben und meiner bisherigen Arbeit wissen.

In dieser Stunde fand ich das starke persönliche Vertrauensverhältnis zu ihm, das mich in den langen Jahren, in denen ich in ständiger Gemeinschaft mit ihm war, nie verließ.

*

Der Kampf um die Reichspräsidentenwahl begann.

Ich fuhr den Gästewagen. Jeden Tag wurden riesige Strekken zurückgelegt. Stets trafen wir pünktlich in den Städten und Ortschaften ein, wo Hitler seine Reden hielt. Kaum hatte er eine Ansprache beendet, ging die Fahrt weiter.

Ich beneidete Herrn Schreck und war glücklich, wenn ich einmal gelegentlich an seine Stelle treten durfte. Hitler blieb auch nach den größten Anstrengungen während der Fahrt immer munter und plauderte mit dem Fahrer. Eine seiner

Eigenarten war, während der Fahrt dem Mann am Steuer das Essen selbst zu bereiten, damit er nicht vor Ermüdung einschlief.

Die Autokarte auf den Knien, legte Hitler selbst alle Fahrtstrecken fest. Er teilte die Zeiten ein, um stets pünktlich einzutreffen. Die Aufgabe des Fahrers bestand nur darin, sicher zu fahren und die Zeiten genau einzuhalten.

Nachdem wir bereits mehrere Wahlreden in Norddeutschland hinter uns hatten, trafen wir, von Hamburg kommend, wieder in Berlin ein.

Hier hatte sich Herr Schreck eine Fleischvergiftung zugezogen. Hermann Göring, der damals Hitler meistens auf seinen Fahrten begleitete, mußte sich am nächsten Tage an das Steuer setzen. Gegen Abend trafen wir in Stettin ein. Bevor Hitler ins Hotel ging, erhielt ich von ihm den Auftrag, mich mit seinem eigenen Wagen genau vertraut zu machen, da ich Hermann Göring ablösen und ihn noch in der gleichen Nacht nach Landsberg a. d. Warthe fahren müsse.

Zwischen zwei und drei Uhr nachts rollte unsere Wagenkolonne ab. In den frühen Morgenstunden trafen wir auf Schloß Liebenow ein, wo wir auf das herzlichste empfangen wurden. Hitler entschuldigte sich und begab sich sofort in das ihm zur Verfügung gestellte Zimmer, um auszuruhen. Wir aber, die persönliche Begleitung und einige Gäste, wurden überreichlich bewirtet.

Ich möchte bei dieser Gelegenheit bemerken, daß Hitler vor 1932 nie an einem größeren Essen teilgenommen hatte. Auch nach der Übernahme der Staatsgeschäfte durch ihn lebte er sehr bescheiden und trank grundsätzlich keinen Alkohol. In Ausnahmefällen gestattete er sich ein Glas Magenbitter als Mittel gegen die Magenbeschwerden, die er sich im ersten Weltkriege durch eine Gasvergiftung zugezogen hatte.

Der Wahlkampf ging zu Ende.

Tief beeindruckt von den Erlebnissen kehrten wir wieder nach München zurück. Zwölftausend Kilometer lagen hinter uns. Eine Strecke, die ich später in so kurzer Zeit nicht wieder erreichen sollte.

Nach der Ankunft in München teilte mir der inzwischen wieder genesene Schreck mit, daß dieser Wahlkampf meine Probefahrt gewesen sei. Hitler habe sich ihm gegenüber geäußert, daß ihm meine Fahreigenschaften zusagten. Meine neue Aufgabe würde es sein, Hitler in München und Umgebung zu fahren. Im übrigen würde ich bei größeren Reisen der Fahrer des Gästewagens bleiben.

Im Jahre 1932 habe ich über hundertzwanzigtausend Kilometer zurückgelegt. Tag und Nacht waren wir durch alle Gaue Deutschlands auf Fahrt. Viele schöne Erlebnisse haben mich auf diesen Reisen bereichert. Nie hatte ich das Gefühl, mit einem „Chef" auf Reisen zu sein, sondern eher mit einem älteren, väterlichen Freund. Über politische Probleme unterhielt sich Adolf Hitler kaum mit mir, aber mit allen meinen persönlichen Sorgen und Nöten konnte und sollte ich zu ihm kommen. Für alles hatte er Verständnis und ein offenes Ohr. Stets war er darauf bedacht, daß wir Männer am Steuer unterwegs auf das beste untergebracht und gut verpflegt wurden. Immer wieder betonte er:

„Meine Fahrer und meine Flieger sind meine besten Freunde! Diesen Männern vertraue ich mein Leben an."

Wieder begann ein neuer Wahlkampf.

In vierzehn Tagen mußte Hitler ungefähr fünfzigmal sprechen. Immer häufiger gingen die Reisen kreuz und quer durch Deutschland. Um bei größeren Entfernungen möglichst schnell zu der nächsten Kundgebung zu gelangen, wurden zum ersten Male Flugzeuge in Anspruch genommen.

Die ständigen großen Autofahrten beanspruchten Julius Schreck über das ertragbare Maß. So wurde Deutschland in zwei Fahrgebiete aufgeteilt. Schreck übernahm für den Nordwesten die persönliche Begleitung, während ich das übrige Deutschland zugewiesen bekam.

So vergingen die Jahre.

Auch nachdem Adolf Hitler Reichskanzler geworden war, änderte sich an meiner Stellung bei ihm nichts. Auf allen Fahrten im In- und Auslande, im Flugzeug, in der Bahn oder auf dem Schiff war ich bei ihm. Wenn ich nicht den Wagen fuhr, durfte ich als sein persönlicher Gast in seiner Nähe bleiben.

Am Morgen des 16. Mai 1936 wurde ich in die Wohnung Adolf Hitlers am Prinzregentenplatz in München bestellt. Sichtbar traurig und innerlich erregt traf ich ihn an. Mit wenigen Worten teilte er mir den plötzlichen Tod seines langjährigen, treuen Begleiters Julius Schreck mit.

Mit sofortiger Wirkung ernannte er mich zu Schrecks Nachfolger. Gleichzeitig wurde ich zum „Chef des Kraftfahrwesens beim Führer“ ernannt und zum SS-Sturmbannführer befördert. Alle Rechte und Pflichten meines Vorgängers wurden mir übertragen. Auch mich hatte der plötzliche Tod Julius Schrecks tief bewegt. Er war mir vom ersten Tage an mit herzlicher Kameradschaft begegnet, und ich hatte ihm viel zu verdanken.

Von seiner Krankheit, die ihn auf einer Fahrt von Berlin nach München befiel, hatte ich nichts gewußt. Sofort nach seiner Ankunft in München hatte man ihn mit einer schweren Gehirnhautentzündung in ein Krankenhaus eingeliefert, wo er kurz nachher verstarb. So hatte mir das Schicksal keine Gelegenheit mehr gegeben, von ihm Abschied zu nehmen.

Für mich selbst begann nun eine anstrengende und für meine Jugend besonders verantwortungsvolle Zeit. Stets und ständig hatte ich zur Verfügung zu stehen. Ich kannte fast keine Freizeit mehr. Immer größer wurde die Anforderungen, die an mich herantraten.

Es mußten neue Fahrzeuge gebaut werden. Die Garagen wurden zu klein. Monteure und anderes Personal waren einzustellen. Dazu kam die Erledigung des Schriftverkehrs, den ich nach Dienstschluß bis tief in die Nacht zu bewältigen hatte.

Adolf Hitler brachte mir großes persönliches Vertrauen entgegen. Er verlangte aber auch, daß seine Anordnungen auf das genaueste und termingerecht erfüllt wurden.

Für mich jungen Menschen war gerade dieses Vertrauen natürlich ein besonderer Ansporn für meinen Ehrgeiz. Meine persönlichste Freude war stets, mich um die im Bau befindlichen neuen Wagen zu kümmern. Es wurden unter meiner Aufsicht und in enger Zusammenarbeit zwischen mir und den Daimler-Benz-Werken nicht nur die bekannten „Führer-Wagen" gebaut, sondern auch Geländewagen für Manöver, die später für Bergfahrten eingesetzt wurden und die sich auch im Kriege gut bewähren sollten.

Einmal stellte ich der Bergwacht Berchtesgaden auf Anordnung Adolf Hitlers für die Rettungsaktion zweier im Watzmann verstiegener Bergsteiger einen Versuchswagen der Firma Daimler-Benz zur Verfügung. Nur durch den Einsatz dieses Wagens war die Rettung der Verstiegenen möglich. Auf Grund dieses Erfolges wurden weitere Wagen dieses Typs gebaut und der Bergwacht übergeben.

Sonderfahrzeuge mit Spezialkarosserie als Geschenke des Chefs an ausländische Staatsführer waren unter meiner Aufsicht ständig im Bau. Immer wieder mußte ich das Werk besuchen und die Herstellung kontrollieren, damit alle Sonderangaben Berücksichtigung fanden.

Nur selten hatte ich länger als einen Tag Zeit dafür. So mußte ich immer wieder die Nacht zu Hilfe nehmen, um mit meinen anderen Arbeiten auf dem laufenden zu bleiben. Hitler verlangte stets Berichte über den Fortschritt der Wagenanfertigung, wie er sich überhaupt für alle technischen Dinge und Neuheiten ganz besonders interessierte.

Bei einer günstigen Gelegenheit machte ich ihm den Vorschlag, doch einmal einen gepanzerten Wagen für sich bauen zu lassen. Er lehnte diesen Gedanken sofort ab. Von seiten des deutschen Volkes bestünde keine Gefahr für sein Leben! Auch von ausländischen Mächten würde wohl kaum ein Attentat versucht werden! Er sei davon überzeugt, daß das Ausland wisse, wie sehr es ihn noch zum Aufbau Europas brauche.

*

Für mich selbst überraschend brach der Krieg aus. Ich war als „Chef des Kraftfahrwesens beim Führer" in keiner Weise darauf vorbereitet.

Nun dachte ich Tag und Nacht an den gepanzerten Wagen. Nach der früheren Ablehnung Adolf Hitlers ließ ich 1939 zunächst auf eigene Verantwortung einen offenen gepanzerten Wagen bauen, der sonst in keiner Weise von den bisher verwandten Fahrzeugen abwich.

Bei einer Rücksprache mit Martin Bormann, der für die Finanzierung des Wagenparks zuständig war, lehnte auch dieser die Bezahlung meines gepanzerten Fahrzeuges ab, da ihm bekannt war, daß Adolf Hitler eine Panzerung für unnötig hielt.

So war ich gezwungen, mich nach finanzkräftigen Freunden umzusehen, damit der fertiggestellte Wagen auch bezahlt werden konnte.

Am 8. November 1939 war im Bürgerbräukeller in München ein Attentat auf Adolf Hitler verübt worden. Dadurch bot sich mir endlich die Gelegenheit, meinen Chef von der Existenz meines Panzerwagens zu unterrichten.

Auf der Fahrt vom Anhalter Bahnhof in Berlin zur Reichskanzlei erreichte ich, daß er sich den neuen Wagen wenigstens einmal ansehen wollte. In der Reichskanzlei angekommen, ließ ich sofort das neue Fahrzeug in der Vorhalle vorfahren.

Sehr befriedigt betrachtete Hitler den Wagen, während ich ihm die Stärke der Panzerung ausführlich erklärte. Die Scheiben bestanden aus einem 45 mm Mehrschichtenglas, die Seitenpanzerung aus 3,5 bis 4 mm spezialgehärteten Panzerplatten, während der Boden des Fahrzeuges mit 9 bis 11 mm starken Platten den Wagen von unten gegen Minen oder Bomben schützte. Die Sicherung des Wagens reichte also gegen alle Handfeuerwaffen und gegen Sprengladungen von rund 500 Gramm Dynamit.

„Ich werde in Zukunft nur noch diesen Wagen fahren, denn ich weiß nicht, welcher Idiot mir noch einmal eine Bombe vor den Wagen wirft", äußerte sich Hitler wörtlich mit einem Lächeln zu Bormann. Jetzt sah sich Herr Bormann veranlaßt, meinen Wagen nachträglich zu bezahlen.

Kurze Zeit darauf unternahm ich mit Hitler in einem Volkswagen eine nächtliche Fahrt durch die Reichshauptstadt ohne jegliche Begleitung. Der Chef liebte es, derartige Nachtfahrten zu unternehmen, da er so am besten, unbehelligt vom Verkehr, die bauliche Gestaltung Berlins beobachten und überprüfen konnte.

Es kann und darf nicht die Aufgabe dieses meines Erinnerungsbuches sein, mich mit politischen Fragen zu befassen. Und doch ist mir die Unterhaltung dieser Nacht unvergessen geblieben. Als wir an dem im Bau befindlichen „Haus des Fremdenverkehrs" an der Potsdamer-Brücke hielten, meinte er zu mir:

„Wie traurig ist es, daß dieser Krieg gekommen ist. Berlin und viele andere Städte dieses Reiches wären in wenigen Jahren neu gestaltet worden."

Mein neuer Panzerwagen hatte den Chef begeistert. Ich wurde sofort beauftragt, noch einige solcher Wagen in Auftrag zu geben. Ich empfand es als eine besondere Anerkennung, daß mir später die Ehre zuteil wurde, solche Fahrzeuge persönlich verschiedenen Staatsoberhäuptern als Geschenk zu überbringen.

So übergab ich im Dezember 1941 dem Marschall von Finnland, Freiherrn von Mannerheim, einen gepanzerten offenen Reisewagen vom Typ Daimler-Benz 150. Während meines Aufenthaltes in Finnland wurde mir die schlechte Ernährungslage der finnischen Bevölkerung offenbar. Nach meiner

Rückkehr ins Führerhauptquartier in Rastenburg (Ostpreußen) machte ich den Reichskanzler auf die schlechte Lebensmittelversorgung Finnlands aufmerksam. Er ordnete an, der finnischen Regierung fünfzigtausend Tonnen Getreide zur Verfügung zu stellen.

Zum fünfundsiebzigjährigen Geburtstag des finnischen Marschalls bekam ich unerwartet den Auftrag, drei Geländefahrzeuge zu besorgen. In kürzester Frist gelang es mir, von der Firma Steyr die gewünschten Fahrzeuge zu bekommen. Die Wagen wurden in Stettin verladen und mit einem Transportschiff nach Finnland gebracht. Am Tage der Geburtstagsfeier Marschall Mannerheims traf Adolf Hitler auf einem finnischen Feldflughafen ein. Ich führte die Geländewagen vor, und Hitler übergab sie dem Marschall als Geschenk.

Während der Staatsführer von Rumänien, Marschall Antunescu, mit einer schweren Grippe darniederlag, traf ich mit einer gepanzerten Limousine im Januar 1942 in Bukarest ein. Über die deutsche Botschaft wurde der Marschall in Kenntnis gesetzt. Trotz seiner schweren Erkrankung nahm er am anderen Tage diesen gepanzerten Wagen als Geschenk Adolf Hitlers von mir entgegen.

Die häufigen Besuche des Königs Boris von Bulgarien hier in Deutschland werden noch heute vielen in Erinnerung sein. Ich hatte das Glück, ihn nicht nur persönlich kennenzulernen, sondern auch seine besondere Wertschätzung zu genießen. Oft hatte er mich eingeladen, ihn in Bulgarien zu besuchen. Leider hat mir meine dienstliche Beanspruchung niemals die Zeit gelassen, seinen Einladungen Folge zu leisten.

So freute ich mich, als ich den Auftrag erhielt, auch dem bulgarischen König persönlich einen gepanzerten Wagen zu übergeben.

Bei meiner Ankunft in Sofia erfuhr ich zu meinem größten Erschrecken auf der deutschen Gesandtschaft, daß König Boris plötzlich schwer erkrankt sei. Er war von einer Bergtour stark erhitzt zurückgekehrt, hatte anschließend kalt gebraust und sich sofort in eine Besprechung begeben. Schon während der Konferenz zeigten sich Krankheitserscheinungen. Am nächsten Tage konnte er nicht mehr aufstehen, und wenige Tage später starb er.

Ich blieb noch eine Woche länger, bis zu seiner Beerdigung, in Sofia.

Einen Monat später übergab ich dem Bruder des Königs, Prinzregenten Kyrill, den Wagen Adolf Hitlers.

Es würde zu weit führen, wollte ich alle die heute verfemten oder verurteilten Staatsoberhäupter und führenden politischen Persönlichkeiten jener Jahre aufzählen, denen ich Panzerwagen überbrachte. Quisling gehörte zu ihnen, ebenso wie der Staatsführer von Jugoslawien.

Ob General Franco wohl noch den gepanzerten Wagen fährt, den ich ihm einst zustellen ließ? . . .

Auf dem Berghof

Als ich Ostern 1932 zum ersten Male auf den Obersalzberg kam, war es noch sehr mühselig, dort hinaufzukommen. Bei Schnee konnte der Berg nicht mit dem Wagen befahren werden. Man mußte sich für das Gepäck einen Schlitten mieten und langsam hinter ihm her bergauf stampfen.

Nur Dr. Goebbels wurde wegen seines Beinleidens mit einem Gespann nach oben gefahren, während seine Gattin mit ihrem Sohne Harald zu Fuß gehen mußte.

In jener Zeit war das Haus Wachenfeld auf dem Obersalzberg noch nicht im Besitze meines Chefs. Er hatte es erst kurz vorher von einer Frau Winter gemietet. Deren Gatte hatte es ihr zum Geburtstag geschenkt und mit ihrem Mädchennamen benannt.

Wachenfeld war nicht groß, und nur wenige Menschen fanden Unterkunft. Kamen mehrere Bekannte und Mitarbeiter zu Hitler zu Besuch, so mußten sie in Hotels oder in der Pension Platterhof untergebracht werden.

Ich selbst genoß das Erlebnis der schönen Landschaft des Berchtesgadener Landes immer von ganzem Herzen. Es waren Tage der Erholung.

Der Haushalt wurde von der Schwester meines Chefs, Frau Raubal, geführt. Sie hielt auf eine gute Küche und verstand es, uns allen das Leben angenehm zu gestalten.

Als im Jahre 1933 das Buch „Mein Kampf" immer höhere Auflagen erreichte, standen auch die Mittel zur Verfügung, das Haus Wachenfeld käuflich zu erwerben.

Hitler selbst hatte die Entwürfe gemacht, nach denen nunmehr grundlegende Umbauten vorgenommen wurden. Aus dem Haus Wachenfeld entstand der „Berghof".

Der Obersalzberg war nun plötzlich „modern" geworden. Überall wurde gebaut. Hitler blieb nicht allein. Vor allem Martin Bormann hatte die Situation erfaßt.

Hitler wollte gerne für sich allein sein und liebte die Einsamkeit. So hatte er um sein Grundstück einen Zaun ziehen lassen. Als Bormann sein Haus in der Nähe des Berghofes fertiggestellt hatte, versuchte er, meinem Chef den Zaun auszureden.

Er hatte jedoch kein Glück damit; der Chef erklärte, auf diesem Stück Land, das er mit seinem eigenen Gelde bezahlt habe, wolle er tun und lassen können, was ihm behage.

Im Herbst 1936 verließ Frau Raubal den Berghof und heiratete bald darauf Prof. Hamitsch. Gegen Ende des Krieges ist Prof. Hamitsch als Offizier an der Front gefallen.

Bis zum Beginn des Krieges waren verschiedene ältere Damen als Wirtschafterinnen oder Hausdamen auf dem Berghof. Sie alle konnten die Höhenlage nicht vertragen und mußten deswegen meist schon nach kurzer Zeit aus ihrer Stellung ausscheiden.

Nach Kriegsbeginn übernahm Eva Braun die Pflichten einer Hausfrau auf dem Berghof. Zu ihrer Unterstützung wurde ein junges Ehepaar eingesetzt, das zugleich die Hausmeisterei versah.

Bis zu diesem Zeitpunkt war Eva Braun Angestellte der Fotofirma Heinrich Hoffmann in München gewesen.

Als eine ihrer Freundinnen kurze Zeit mit ihren beiden Kindern auf dem Obersalzberg zu Besuch weilte, gab das den Anlaß zu den späteren Gerüchten, Eva Braun habe von Hitler zwei Kinder. Eva liebte die Kleinen ihrer Freundin sehr. Sie spielte viel mit ihnen und ließ sich auch des öfteren mit ihnen zusammen fotografieren.

Schon lange bevor ich selbst in seine Dienste trat, hatte Hitler Eva Braun bei Heinrich Hoffmann kennengelernt. Da der Firma Hoffmann die Auswertung des gesamten ihn betreffenden Bildmaterials oblag, hatte Hitler dort viel zu tun. Allmählich bahnte sich zwischen der Angestellten Braun und ihm eine Freundschaft an, die jedoch erst im Herbst 1936 festere Formen annahm.

Wenn es sich irgend einrichten ließ, verbrachte mein Chef jedes Wochenende und selbstverständlich auch seinen Urlaub auf dem Obersalzberg. Oft unternahm er mit seinen Gästen ausgedehnte Spaziergänge in die Berge. Wenn man ihn damals danach gefragt hätte, welches Fleckchen Erde er als seine Heimat bezeichne, die Antwort hätte bestimmt „der Obersalzberg“ gelautet.

Der Obersalzberg war in wenigen Jahren sehr populär geworden. Täglich kamen Tausende Neugieriger, die ihn sehen wollten.

Nachdem Hitler Reichskanzler geworden, diente der Berghof ihm auch zu repräsentativen Zwecken. Staatsbesuche und Empfänge fanden statt, Könige und Fürsten, Minister und Diplomaten waren Gäste des Berghofs.

Zu den häufigsten Besuchern aus dem Ausland zählte König Boris von Bulgarien.

Die Überwachung des Obersalzberges lag in den Händen des Reichssicherheitsdienstes, der Heinrich Himmler unmittelbar unterstellt war. Der „RSD" war 1933 als besondere Polizeiorganisation zum persönlichen Schutze Hitlers, seiner Minister und ausländischen Staatsbesuche geschaffen worden. Diese Organisation war nach rein polizeilichen Gesichtspunkten zusammengestellt worden. Die ersten Männer, die dazu berufen wurden, hatten vorher schon die persönliche Sicherheit für den früheren bayerischen Ministerpräsidenten Held gestellt. Viele von ihnen sind weder in der SS noch jemals Parteigenossen gewesen. Einige von ihnen, die doch bis zu seinem Ende stets zur unmittelbaren Umgebung Hitlers gehörten, sind niemals in die NSDAP eingetreten.

Als Wache und zur Repräsentation bei ausländischen Staatsbesuchen stand ständig eine Kompanie der Waffen-SS zur Verfügung. Sie war in den Kasernen auf dem Obersalzberg stationiert und wurde halbjährlich abgelöst.

Mit Kriegsbeginn wurde das Leben auf dem Obersalzberg sehr ruhig. Während des Krieges ist Hitler nur noch selten dorthin gefahren und hat sich fast ausschließlich im jeweiligen Führerhauptquartier aufgehalten. Nur Eva Braun blieb dort, bis sie im März 1945 den Berghof verließ, um an der Seite Hitlers ihr Leben in Berlin zu beschließen.

Professor Dr. Theo Morell

Eine der eigenartigsten und immer umstrittenen Persönlichkeiten um Hitler war sein Leibarzt, Prof. Dr. Theo Morell. Man kann von Hitlers Umgebung nicht sprechen, ohne sich mit diesem Manne zu beschäftigen. Über seine ärztliche Kunst steht mir kein Urteil zu. Da er jedoch als persönlicher Arzt des Chefs unstreitig gewisse ärztliche Erfolge erzielt hatte, war sein Einfluß sehr groß.

Im Jahre 1938 war der Pressefotograf Heinrich Hoffmann schwer erkrankt. Die ihn behandelnden Ärzte hatten ihn bereits aufgegeben, als er auf den Gedanken kam, Morell aus Berlin kommen zu lassen. Schon nach kurzer Zeit stellte sich eine Besserung ein, und wenige Wochen einer Behandlung durch Dr. Morell genügten, Heinrich Hoffmann genesen zu lassen.

Adolf Hitler, der Hoffmann sehr zugetan war, fühlte sich Morell zu Dank verpflichtet. Er lud ihn zu sich ein und nahm ihn auch als Gast auf seine Reisen mit.

Schon nach kurzer Zeit entstand im Begleitpersonal eine gewisse Antipathie gegen Morell. Es wurde von uns allen als sehr wenig angenehm empfunden, als Adolf Hitler sich entschloß, ihn auch in den Wahlkampfreisen nach dem Anschluß Österreichs als Gast bei sich zu behalten. Irgendein Amt bekleidete Morell in dieser Zeit noch nicht.

Er machte uns allen das Leben schwer. Er war unbeholfen und langsam. Es kam vor, daß er sogar den ihm für die Reise zugeteilten Wagen versäumte und zurückblieb. Nachher beschwerte er sich dann bei Hitler, es ginge ihm alles viel zu schnell.

Da der Chef in der Behandlung seiner Gäste sehr feinfühlig war und stets besonderen Wert darauf legte, daß sie sich wohlfühlten, hatten wir alle durch Morell viel Ärger. Er nahm keinerlei Rücksicht auf uns und war bald der unbeliebteste Gast.

Eine Versammlung jagte damals die andere. So kamen wir auch nach Innsbruck. Da es keinen Saal gab, der die aus dem ganzen Tirol zusammengeströmten Menschenmassen fassen konnte, mußte die Versammlung in Zelten stattfinden.

Auch nach Ende der Veranstaltung wollten die Menschen noch immer keine Ruhe geben. Obwohl der Abend nebelig und die Luft feucht war, mußte später mein Chef immer wieder aus dem warmen Zimmer auf den zugigen Balkon treten. Noch am gleichen Abend machte sich eine Erkältung bemerkbar.

Der Begleitarzt Dr. Brand wurde herangezogen, um eine genaue Diagnose festzustellen.

Nach gründlicher Untersuchung erklärte er:

„Mein Führer, für Sie ist der Wahlkampf zu Ende. Morgen sind Sie stockheiser und bringen kein Wort mehr heraus."

Der Chef war außerordentlich erregt.

„Das ist unmöglich. Ich kann nicht mitten im Wahlkampf nach Hause fahren. — Unmöglich, Brand!"

Morell erfuhr von der plötzlichen Erkrankung und ließ sich bei Hitler melden. Er bat darum, sich den Hals ansehen zu dürfen. Dann erklärte er kurz:

„Wenn Sie, mein Führer, meine Anordnung befolgen, sind Sie morgen gesund."

Morell hatte nicht zuviel gesagt. Hitler mußte sofort ins Bett. Morell gab ihm zunächst eine Vitamin-Spritze und ließ ihn dann die ganze Nacht mit einem schnell aus der Apotheke besorgten Apparat inhalieren. Außerdem wurden ständig heiße Ölwickel gemacht. Am nächsten Morgen war die Erkältung zurückgegangen. Am Abend konnte Hitler wieder sprechen.

Nach der Rückkehr nach Berlin machte der Chef Morell den Vorschlag, als Internist in seine persönlichen Dienste zu treten. Morell nahm den Vorschlag an und ließ seine Privatpraxis in Berlin von einem Vertreter besetzen. Von nun an gehörte er zum engsten Kreise um den Chef und war auch auf fast allen Reisen bei uns.

Es steht außer Frage, daß Morell als Arzt freundlich und entgegenkommend war. Jederzeit war er bereit zu helfen. Er kannte keine Ausnahmen, und es war ihm völlig gleichgültig, ob es sich dabei um einen Offizier oder um einen einfachen Mann handelte.

Im Laufe der Zeit erwarb er sich so gerade bei den mittleren und niederen Dienstgraden einen großen Freundeskreis. Zu den höheren Chargen fand er jedoch keine richtigen Beziehungen. Er vertrat den grundsätzlichen Standpunkt, daß er Arzt und nichts anderes als Arzt sei. Er wollte keine gesellschaftlichen Beziehungen.

Im Gegensatz zu unserem Chef war Morell ein großer Esser, und der Tisch konnte ihm nicht reichlich genug gedeckt sein. Das gab Anlaß zu vielen Scherzen, und er wurde deswegen oft verspottet. Aber Morell machte sich nichts daraus. Er erklärte nur barsch, die Hauptsache sei ja doch, daß es ihm gut schmecke. Das Essen war auch tatsächlich seine einzige große Daseinsfreude. Er rauchte nicht, er trank nicht, und von Frauen hat er wohl auch nicht viel gehalten.

Morells größter Erfolg war seine Vitamin-Behandlung. Er verordnete die Vitamine in Form von Spritzen und Tabletten. Die Präparate stellte er fast alle in einem ihm selbst gehörenden Laboratorium in Hamburg her.

Er hatte oft überraschende Erfolge.

Karl Krause, der vom Juli 1934 bis zum September 1939 persönliche Ordonnanz des Chefs war, erkrankte etwa zehn Tage vor der geplanten Abreise nach Italien an einer doppelseitigen Lungenentzündung. Dr. Morell übernahm seine Behandlung. Nach acht Tagen war Krause wieder gesund und konnte uns nach Italien begleiten.

Lady Mitford, eine Angehörige des englischen Hochadels, wurde von Hitler, als sie zu Studienzwecken in Deutschland war, als sein Gast zu den Bayreuther Festspielen geladen. Während der Festspiele erkrankte sie an doppelseitiger Lungen- und Rippenfellentzündung. Als der Chef davon Kenntnis erhielt, schickte er Dr. Morell sofort zu ihr. Auch in diesem Falle war die Patientin in wenigen Tagen wieder genesen.

Während meiner Internierungszeit traf ich in den verschiedenen Lagern des öfteren Dr. Morell wieder. Auf Grund der umgehenden Gerüchte unterhielt ich mich mit ihm über die Ursachen der Herabsetzung seiner Person. Von Presse, Rundfunk und Ärzteschaft wurden schwere Anschuldigungen gegen ihn erhoben.

Er war darüber sehr niedergeschlagen und erklärte immer wieder, daß er niemals eine Überdosierung von Medikamenten bei Hitler vorgenommen habe. Er habe immer nur sein Bestes getan, den Chef durch Vitaminpräparate und Traubenzucker zu kräftigen. Durch die einseitige Kost Hitlers sei diese Maßnahme nicht zu umgehen gewesen. Hitler habe das wohl zu schätzen gewußt.

Auf meine Frage, wie es denn zu dem Gerücht gekommen sei, daß er, Morell, Hitler im Auftrage einer fremden Macht durch seine Behandlung systematisch vergiftet habe, schilderte er mir den Sachverhalt:

„Infolge des Attentates am 20. Juli 1944 hatte sich der Chef ein Ohrenleiden zugezogen. Aus diesem Grunde wurde ein Ohrenspezialist, ein Oberarzt des Heeres, zur Behandlung hinzugezogen.

Die Konsultation wurde stets im Schlafzimmer Hitlers vorgenommen. Eines Tages mußte dieser Oberarzt im Schlafraum eine Zeitlang warten, da Hitler verhindet war. Aus Neugierde interessierte er sich für die auf dem Tische liegenden Gegenstände. So erblickte er unter anderem eine Schachtel, die die Aufschrift „Antigas-Tabletten“ trug. Darunter stand geschrieben, daß vor jeder Mahlzeit täglich drei bis vier Tabletten zu nehmen seien.

Bekanntlich enthalten diese Tabletten in ihrer Zusammensetzung unter anderem Strychnin. Wer Hitler diese Arznei gegeben hat, weiß ich heute noch nicht. Jedenfalls nahm er sie schon lange, bevor ich seine Behandlung übernahm. Als ich ihn gelegentlich danach fragte, erklärte er mir, er nähme sie nur sehr unregelmäßig und nur dann, wenn besonders schwere Magenbeschwerden aufträten. Dagegen war von meiner Seite als Leibarzt nichts einzuwenden.

Von diesen Tabletten nahm sich der Ohrenspezialist einige mit und ließ sie im Laboratorium untersuchen. Selbstverständlich mußte man dort feststellen, daß sie unter anderem auch Strychnin enthielten.

Professor Dr. Brand, der nach seinem Ausscheiden aus seinem Amte als Leibarzt inzwischen Reichskommissar für das Gesundheitswesen war, hielt sich zu der Zeit gerade im Führerhauptquartier auf.

Der Oberarzt hielt sich für verpflichtet, sich bei Professor Brand zu melden und ihn auf die gefundenen Tabletten aufmerksam zu machen.

Professor Brand, der auf mich eifersüchtig war und in einem sehr gespannten Verhältnis zu mir stand, glaubte jetzt das Mittel gefunden zu haben, um mich zu Fall zu bringen. Sofort setzte sich Brand mit der diensttuenden Ordonnanz Arndt in Verbindung.

‚Sagen Sie mal, Arndt — der Führer hat doch in seinem Schlafraum solche Antigas-Tabletten liegen. Wieviel nimmt er eigentlich am Tage davon?'

Arndt gab eine durchaus richtige Antwort:

‚Das ist ganz verschieden. Es richtet sich danach, ob er Blähungen hat oder nicht.'

Brand gab sich mit dieser Antwort nicht zufrieden.

‚Zum Donnerwetter noch einmal — ich will wissen, wieviel Stück er täglich nimmt!'

Arndt wurde verschüchtert: ‚Es kann vorkommen, daß er zwanzig Stück davon nimmt.'

‚Also zwanzig Stück, Arndt!'

Ehe noch die Ordonnanz eine weitere Erklärung abgeben konnte, hatte Dr. Brand den Hörer abgehängt.

So ist sicher eine völlig falsche Meinung bei Brand entstanden, denn normalerweise hat sich Hitler der Tabletten ja gar nicht bedient. Sie standen vielmehr nur für den Fall von Magenstörungen bereit.

Nach dem Telefongespräch setzte sich Dr. Brand sofort mit dem Ohrenspezialisten sowie dem diensttuenden Chirurgen, Dr. von Hasselbach, zusammen. Die Herren, von denen keiner Internist war, errechneten, daß bei einer Einnahme von zwanzig Tabletten täglich soundsoviel Einheiten Strychnin dem Körper zugeführt würden. Anschließend errechneten sie, eine wie große Menge Strychnin Hitler seit dem Tage meiner Amtsübernahme im Jahre 1938 in sich aufgenommen habe. Da Strychnin bekanntlich vom Körper nicht ausgeschieden sondern abgelagert wird, glaubten die drei Herren, den Beweis erbracht zu haben, daß ich Hitler bewußt und systematisch vergiften und anormal machen wollte.

Brand unterrichtete von dieser ‚Entdeckung' den Reichsführer-SS unverzüglich telefonisch. Himmler traf sofort im Führerhauptquartier ein, um die Untersuchung dieses Falles persönlich in die Hand zu nehmen.

Als ich an diesem Tage den Speisesaal zum Mittagessen betreten wollte, stellte mich Dr. Brand:

‚Sagen Sie, Morell — Sie behandeln den Führer doch schon einige Jahre! Wissen Sie überhaupt, was ihm fehlt?'

‚Allerdings, das weiß ich', antwortete ich. ‚Hitler ist gesund bis auf seine gelegentlichen Blähungen. Außerdem leidet er etwas unter Vitaminmangel, den ich aber durch Einspritzungen von Vitamin und Traubenzucker beseitige.'

‚Nein, Herr Morell, Sie irren!' antwortete Brand schroff. ‚Sie haben den Führer im Laufe ihrer Behandlungsjahre systematisch vergiftet. Es wird sich erst nach einer genauen Untersuchung herausstellen, was mit dem Führer los ist.'

Das hatte ich nicht erwartet. Tief bestürzt und niedergeschlagen eilte ich zu Hitler und unterrichtete ihn von dem ganzen Vorfall. Der Chef beruhigte mich und machte die Äußerung, daß er doch einnehmen könne, was er wolle.

Als ich anschließend den Führerbunker verlassen wollte, trat mir Himmler entgegen und fauchte mich an:

‚Sie — wenn Sie den Führer vergiften wollen, dann sind Sie schief gewickelt! Damit Sie klarsehen, ich lasse Sie sofort aufhängen!‘

Ich glaubte, meine letzte Stunde sei gekommen.

In diesem Augenblick trat Hitler, der Himmlers Worte wohl gehört hatte, hinzu. Er sagte zum Reichsführer, ich sei bisher der einzige Arzt, der ihn richtig behandelt habe.

‚Und was die Tabletten anbetrifft, so ist das meine persönliche Angelegenheit. Und Sie, Herr Himmler, haben sich nicht in Dinge hineinzumischen, die Sie nichts angehen.‘

Da zu dieser Zeit das Ohrenleiden des Chefs geheilt war, mußte der Ohrenarzt das Führerhauptquartier sofort verlassen. Der diensttuende Chirurg, Dr. von Hasselbach, wurde an die Front versetzt. Prof. Dr. Brand aber bekam von Hitler den Befehl, das Führerhauptquartier nur noch zu betreten, wenn er ausdrücklich dienstlich dahin befohlen sei.“

Diese Unterhaltung mit Morell ist mir fast wortwörtlich in genauer Erinnerung geblieben. Und ich habe mein Gespräch mit Morell so wiedergegeben, wie es in meinem Gedächtnis haften geblieben ist.

Nach Entlassung aus der Internierung starb Professor Dr. Theo Morell in den ärmlichsten Verhältnissen an den Folgen eines Leidens in Rottach am Tegernsee am 28. Mai 1948.

Martin Bormann

Die meistgehaßte und diktatorischste Persönlichkeit in der nächsten Umgebung Adolf Hitlers war der Reichsleiter Martin Bormann.

Nach außen und wenn es ihm notwendig erschien, von katzenartiger, überschwenglicher Freundlichkeit, war er jedoch brutal bis zum Äußersten. Seine Rücksichtslosigkeit kannte keine Grenzen. Will man überhaupt etwas Gutes an ihm finden, so ist es fraglos seine ungeheure Arbeitskraft gewesen, der nichts zuviel werden konnte.

Man kann vom Untergang des Reiches und vom Tode Hitlers nicht sprechen, ohne sich eingehender mit der Person dieses grauen Schattens in der ständigen Umgebung des Chefs zu befassen.

Ich lernte Martin Bormann 1932 in München kennen. Damals war er noch ein kleiner Mann. Er bekleidete das Amt eines Leiters der damaligen SA-Versicherung. Er verstand es vorzüglich, bei Gleichstehenden den Eindruck eines guten Kameraden zu erwecken und sich bei Vorgesetzten beliebt zu machen.

Es muß anerkannt werden, daß er schon damals fast pausenlos nahezu Tag und Nacht arbeitete und daß ihm der Ruf eines großen Arbeitstieres voranging. So holte ihn sich Rudolf Heß, als er seine Verbindungsstelle zwischen Partei und Staat aufbaute.

Schon nach kurzer Zeit erreichte es Bormann, daß er das Amt eines Stabsleiters bei Herrn Heß erhielt. Sein erstes Ziel hatte er somit erreicht. Er gehörte zur ersten Garnitur. Er blieb liebenswürdig und war jederzeit bereit, Gleich- oder Höhergestellten gefällig zu sein.

Aber schon im Jahre 1936 sollte das anders werden. Nachdem auf dem Obersalzberg Hitlers Haus Wachenfeld zum Berghof umgebaut worden war, änderte Bormann sein bisher so bescheidenes Benehmen von Grund auf.

Selbstverständlich mußte er auch ein Haus auf dem Obersalzberg haben, um so einen Grund dafür zu besitzen, sich stets in Hitlers Nähe aufhalten zu können, mit dem er sonst damals dienstlich noch sehr wenig zu tun hatte.

Im allgemeinen bestand sein dienstliches Auftauchen auf dem Berghof nur darin, daß er gelegentlich als stummer Zuhörer dabei sein durfte, wenn Heß seinem Chef einen persönlichen Vortrag hielt.

Nunmehr begann Bormann systematisch Grundstücke auf dem Obersalzberg aufzukaufen, wobei er angab, er tue dies im Auftrage von Rudolf Heß, um Adolf Hitler einen Platz zu schaffen, wo er wirklich Ruhe und ungestörte Erholung finden könne.

Um seine Bauplanungen großen Stils durchführen zu können, gründete er eine Interessengemeinschaft. Er kaufte Grundstück um Grundstück von den Bauern auf. Er brauchte keine Gewalt anzuwenden, um in den Besitz des Landes zu kommen. Es hatte sich schnell herumgesprochen, daß er oft das Vier- bis Fünffache des normalen Preises bezahlte.

Trotzdem konnte diese Geländespekulation dem Chef auf die Dauer nicht verborgen bleiben. Er sorgte sich, daß den Bauern Unrecht geschehen könne und der übereifrige Bormann sie mit Gewalt von Haus und Hof vertreibe. Er ließ ihm daher durch die Adjutantur ausdrücklich ermahnen und ihm ausrichten, daß er diese Landkäufe untersagen würde, falls ihm irgendwelche Härten bekannt würden.

Bormann ließ zurückmelden, daß keinerlei Anlaß zur Beunruhigung bestünde. Im Gegenteil, die Bauern liefen ihm die Türen ein, um die Grundstücke loszuwerden. Nachdem Hitler so zufriedengestellt war, kannte Bormanns Kauflust keine Grenzen mehr, und es gelang ihm, den ganzen Obersalzberg in seine Hände zu bekommen, so daß schließlich Adolf Hitler selbst nahezu der einzige Grundstückseigner außer Martin Bormann war.

Nunmehr schien der Zeitpunkt gekommen zu sein, sein Garn um Adolf Hitler noch dichter zu spinnen.

Es war damals auf dem Berghof so eingerichtet, daß der diensttuende Adjutant von sich aus bestimmte, welche führenden Männer von Partei, Staat und Wehrmacht jeweils am Mittagessen bei Hitler teilnehmen durften.

So ließ sich Martin Bormann eines Tages mit der Adjutantur verbinden und bat, man möchte den Führer fragen, ob seine Teilnahme am Mittagessen ihm genehm sei.

Selbstverständlich erhielt Bormann die Genehmigung. Kurz vor dem Essen ließ er dann von neuem beim diensttuenden Adjutanten anrufen und ausrichten, er müsse sich leider entschuldigen, da er mit Arbeit überhäuft sei, und bäte, dieses auszurichten.

Das wiederholte er mehrmals. Als er dann schließlich doch einmal zum Essen erschien, verspätete er sich und nahm die Gelegenheit wahr, sich beim Chef mit der ausdrücklichen Erklärung zu entschuldigen, er sei so mit Arbeit überlastet, daß es ihm leider nicht möglich gewesen wäre, die genaue Zeit einzuhalten.

Dieses Spiel trieb er immer wieder, so daß langsam aber sicher bei Hitler der Eindruck entstand, Martin Bormann sei wohl der fleißigste Mann in der ganzen Parteiführung.

Nachdem er so das Vertrauen Hitlers gewonnen, wurde ihm auch die Verwaltung des Berghofes übertragen. Wieder hatte Martin Bormann ein Ziel erreicht und eine neue Machtposition gewonnen, aus der heraus er vielen anderen schaden konnte.

Mit der Ausweitung seiner Macht tat sich Bormann in seinem Verhältnis zu seinen Untergebenen immer weniger Zwang an. Er begann, sich sicher zu fühlen. Seinen Untergebenen wurde er der unberechenbarste Vorgesetzte. Wenn er sie im Augenblick in der freundlichsten und zuvorkommendsten Weise behandelte und sogar auch beschenkte, konnte er sie Minuten später in geradezu sadistischer Weise auf das schwerste herabsetzen, beleidigen und kränken. Oft tobte er so herum, daß man unwillkürlich den Eindruck bekam, einen Irrsinnigen vor sich zu haben.

Nachdem er so das gesamte Personal unter seine Gewalt bekommen hatte, war er berechtigt, einzustellen und zu entlassen, wen er wollte. Wehe dem Untergebenen, der bei Martin Bormann in Ungnade fiel. Er verfolgte ihn mit seinem Haß, solange er ihn erreichen konnte.

Ganz anders war es mit Leuten, von denen er wußte, daß

sie dem Chef sympathisch waren und ihm, Martin Bormann, nicht im Wege standen. Ihnen gegenüber kannte seine Freundlichkeit keine Grenzen, und er förderte sie bis ins Uferlose, um sich damit bei seinem Chef beliebt zu machen.

Seine größte Leidenschaft war das Bauen. Es war die Methode von Bormann, sich selbst alle Liebhabereien einzubilden, von denen er wußte, daß auch der Chef sie hatte.

So ließ er auf dem Obersalzberg Häuser, die ihm dafür geeignet erschienen, umbauen. Er machte Gästehäuser und kleine Villen aus ihnen und hatte dabei stets die wunderbare Gelegenheit, die Pläne mit Adolf Hitler durchzusprechen und ihn so an sich zu fesseln.

Der Chef liebte das Dietrich-Eckhart-Stübchen im Platterhof besonders, weil viele Erinnerungen damit verknüpft waren. Martin Bormann ließ das ganze Gebäude — — bis auf das Dietrich-Eckart-Stübchen abreißen und baute rings herum einen neuen Platterhof.

Alle solchen Dinge gefielen natürlich Hitler ganz besonders.

Hinzu kam, daß Bormann jeden Auftrag, den er vom Chef erhielt, absolut zuverlässig und auf dem schnellsten Wege durchführte.

Eines Tages kam Bormann auf den Gedanken, etwas ganz Ausgefallenes für den Führer zu bauen.

Es wurde ein unsinniges Gebäude, dessen Errichtung im übrigen auch Unsummen verschlang.

Auf der äußersten Spitze des über 1800 Meter hohen Kehlsteins ließ er ein Teehaus errichten. Bis etwa 100 Meter unterhalb des Gipfels führte er eine Autostraße zum Berg hinauf. Dann baute er einen senkrecht zum Gipfel hochführenden Schacht, durch den man nur in einem Fahrstuhl durch die Felsen zum Teehaus gelangen konnte.

Hitler selbst legte diesem Projekte Bormanns keinen größeren Wert bei. Später fand er es jedoch schön, mit seinen Gästen einen Ausflug zum Teehaus unternehmen zu können.

Als im Herbst 1940 die Kronprinzessin von Italien, die Schwester des belgischen Königs, beim Chef zu Gast war, wurde sie auf dem Kehlstein empfangen. Das Arrangement lag in den Händen unseres Hausintendanten, Herrn Kannenberg, der hierfür von Berlin hergerufen war. Er hatte für den reibungslosen Verlauf dieses Empfanges zu sorgen.

Der Zufall wollte es, daß der Tee zu heiß serviert wurde. Die Kronprinzessin verbrannte sich den Mund. Hitler war dieser Vorfall außerordentlich unangenehm. Er entschuldigte sich wiederholt. Obwohl der königliche Gast mit scherzenden Worten über den Zwischenfall hinwegging, gab es nach der Abreise der Prinzessin viel Ärger. Kannenberg schob die Schuld auf den Adjutanten Brückner, da dieser ihm die Kontrolle über die Ordonnanzen entzogen habe.

Um die Angelegenheit aus der Welt zu bringen, beauftragte der Chef Martin Bormann damit, den Fall genau zu überprüfen.

Das war Wasser auf Bormanns Mühle.

Schon lange wollte er Brückner aus der Nähe des Chefs entfernen. Seit Jahren hatte er an sich belangloses Material gegen ihn zusammengetragen. Jetzt sah er den Zeitpunkt für gekommen, seine Pläne durchzuführen. Er argumentierte, Brückner sei zu alt geworden, um einen so anstrengenden Posten wie den eines Chefadjutanten noch versehen zu können. Der Führer möge ihn pensionieren. Brückner würde bestimmt gerne auf einen solchen Vorschlag eingehen, wenn er mit einem ehrenvollen Abschied verbunden sei. Ein jüngerer Nachfolger könne dagegen mit größerem Elan die Aufgabe eines Chefadjutanten meistern.

Als er Adolf Hitler anbot, ihm weiteres Material für die Unzulänglichkeit Brückners vorzulegen verzichtete der Chef darauf, diese Unterlagen einzusehen. Er ließ sich jedoch von der Notwendigkeit überzeugen, Brückner in den Ruhestand zu versetzen, in der Annahme, daß es für ihn wegen seines Alters doch besser sei, aus dem aufreibenden Dienste auszuscheiden und sich zur Ruhe zu setzen. Er verabschiedete ihn auf das herzlichste.

Jetzt begann Martin Bormann mit dem großen Reinemachen in der persönlichen Adjutantur.

Er entfernte alle ihm nicht genehmen Angestellten, auch wenn sie noch so gut eingearbeitet, zuverlässig und tüchtig waren. An ihre Stelle traten andere Persönlichkeiten, auf die er selbst sich bedingungslos verlassen konnte.

Nach Brückners Fortgang wurden Herrn Schaub zwar die Geschäfte eines Chefadjutanten und Leiters der persönlichen Adjutantur übertragen, in Wirklichkeit aber hatte Herr Schaub nichts zu sagen.

Bormann wurde die treibende Kraft aller Dinge. Er hatte jetzt den Schlüssel in der Hand und konnte so sein Intrigenspiel gegen alle Personen fortsetzen, die ihm persönlich nicht genehm waren.

In seiner Jagd nach Einfluß auf Hitler scheute er keine Mühe, wenn es galt, Leute zu entfernen, die ihm nicht blind gehorchten. Konnte er solchen Persönlichkeiten selbst keinerlei Unkorrektheiten nachweisen und räumten sie auf sein Drohen nicht freiwillig das Feld, so inszenierte er ein Verfahren, bei dem ihm sein „Freund" Heinrich Himmler zeitweilig Handlangerdienste leistete.

Zwischen diesen beiden Männern bestand ein außergewöhnlich eigentümliches Verhältnis. Nach außen hin schienen sie beste Freunde zu sein. Wenn sie sich begegneten, überschütteten sie sich mit Liebenswürdigkeiten. So reichten sie einander z. B. bei einer Begegnung nicht etwa nur die Rechte, sondern schüttelten sich ostentativ beide Hände. In Wirklichkeit jedoch haßten und bekämpften sie sich. Jeder neidete dem anderen seinen Einfluß beim Chef, jeder war nur begierig, die eigene Machtfülle zu erweitern.

Mein eigenes Verhältnis zu Martin Bormann war von Beginn seines Einflusses an bis zum Ende des Reiches sehr gespannt.

Er hat immer wieder versucht, etwas bei Hitler gegen mich zu unternehmen. Er wurde stets abgewiesen, da ich das Vertrauen des Chefs besaß. Außerdem hatte ich bei Verdächtigungen durch Bormann infolge meiner ständigen, persönlichen Fühlung mit Adolf Hitler auch immer die Möglichkeit, mich bei ihm zu rechtfertigen. Martin Bormann wußte, daß ich nicht viel von ihm hielt.

Eine besondere Genugtuung für Martin Bormann war es, als wir 1941 auf dem Berghof die Nachricht vom Fluge Rudolf Heß' nach England erhielten.

Der Adjutant von Heß überbrachte Hitler einen Brief, in dem Heß seinen Flug nach England bekanntgab und begründete. Heß wollte versuchen, mit den Engländern Verhandlungsgrundlagen zu finden, um dann einen Sonderfrieden herbeiführen zu können.

Heß, der die pro-englische Einstellung Adolf Hitlers kannte, glaubte, dem deutschen Volke durch seinen Flug nach England einen großen Dienst erweisen und Deutschland sowie die Welt vor einem Unglück bewahren zu können. Adolf Hitler selbst, der trotz seiner Ambitionen persönlich keine Einigung mit dem Inselreich hatte erreichen können, war sofort der Ansicht, daß auch die Anstrengungen von Heß vergeblich sein müßten. Er ist fraglos von der Absicht seines Stellvertreters nicht unterrichtet gewesen.

Der Englandflug hat uns alle außerordentlich überrascht. Der Chef gab sofort die bekannte Erklärung heraus, nach der Heß an einer Wahnidee leide. Der Adjutant hingegen glaubte, eine gute Botschaft überbracht zu haben. Um so überraschter war er, als er plötzlich verhaftet wurde.

Es wurden sofort Befehle erlassen, daß sämtliche Angehörigen des persönlichen Stabes von Heß als Mitwisser zu verhaften .seien. Später eingeleitete Verhöre ergaben, daß Heß seinen Flug nach England auf den Rat einiger Astrologen hin angetreten hatte.

Der Chef sprach nur noch selten von seinem ehemaligen Stellvertreter. Wenn jedoch das Thema Heß berührt wurde, erklärte er stets auf das energischste, daß dieser seinen Flug nur aus ideellen Gründen und in der besten Absicht angetreten habe. Irgendeine Form von Verrat käme bei Heß nicht in Frage!

Martin Bormann wurde der Nachfolger von Rudolf Heß. Als genauer Kenner dessen ehemaligen Stabes beriet er nun den Chef in allen Fragen, die Heß bisher bearbeitet hatte. Der bisherige Name der Dienststelle des Stellvertreters des Führers, Verbindungsstab, wurde sofort fallengelassen, es entstand die Parteikanzlei.

Auch hier begann Bormann mit der bei ihm üblichen Säuberungsaktion. Er war nunmehr im Besitze einer Dienststelle, von der aus er in Staat und Partei eingreifen konnte und von der aus er fächermäßig seine Macht ausbreiten konnte. Seine erste Aufgabe sah er darin, alles, was an den Namen Heß erinnerte, auszumerzen. Er befahl, alle Bilder von ihm zu entfernen, und verbot jede Diskussion über den Englandflug. Bücher und amtliche Werke der Partei, in denen Heß abgebildet war, verfielen sofort der Beschlagnahme und wurden eingestampft. Selbst Schulbücher, in denen der „Stellvertreter des Führers" Erwähnung fand, wurden eingezogen und vernichtet.

Sein geradezu manischer Haß gegen Heß ging sogar so weit, daß er für einen seiner Söhne, dessen Taufpate Heß gewesen und der daher den Vornamen Rudolf trug, sofort eine Namensänderung vornahm und andere Paten einsetzte.

Sein Tyrannentum machte auch vor der eigenen Familie nicht halt. So unwichtig es im großen Geschehen in jener Zeit an sich auch war, so scheint es mir doch zur Charakterisierung Bormanns richtig, an einem Beispiel aus seinem persönlichen Leben die Art dieses Mannes zu beleuchten.

Etwa im Mai 1944 heiratete Gruppenführer Fegelein. Die Hochzeitsfeierlichkeit fand im Hause Bormanns auf dem

Obersalzberg statt. Nachts gegen zwei Uhr kam Martin Bormann plötzlich auf den Gedanken, einen Smoking anzuziehen.

Er fragte nach einem bestimmten Smokinghemd, das er einige Tage vorher schon getragen hatte. Frau Bormann erwiderte, daß dieses Hemd schon in der Wäsche sei. Martin Bormann bekam einen Wutanfall und schrie, seine Frau müsse doch wissen, daß er nur dieses und kein anderes Smokinghemd anziehe. Zur Strafe mußte sie noch in der Nacht mit den Kindern den Obersalzberg verlassen und nach München fahren. Er betonte ausdrücklich, daß sie nur mit seiner Genehmigung nach dem Obersalzberg zurückkehren dürfe. Erst nach fünf Wochen hielt er die Strafe für lang genug und erlaubte ihr großzügigerweise, wieder in ihr Haus auf den Berg zurückzukommen.

Jetzt wagte keiner mehr, gegen Bormann vorzugehen. Selbst Reichs- und Gauleiter fürchteten sich vor ihm. Sein eigener Schwiegervater, Reichsleiter Walter Buch, pflegte den Obersalzberg fluchtartig in seinem Wagen zu verlassen, wenn er hörte, daß sein Schwiegersohn Bormann im Anmarsch sei.

Fragte der Chef die Reichs- oder Gauleiter persönlich nach der Stimmung und den Zuständen in ihren Gauen, so berichteten sie entweder nur das Beste oder gerade nur soviel weniger Erfreuliches, wie Bormann es ihnen vorher ausdrücklich befohlen hatte. Was sie dann immer auch berichteten, hatte Hitler daher natürlich stets vorher von Bormann selbst erfahren.

Soweit es ihm irgend möglich war, hielt er nicht unbedingt ihm persönlich ergebene Personen von einem direkten Umgang mit Adolf Hitler ab. Jeder, und sei er Minister gewesen, mußte vorher die Genehmigung von Bormann einholen, wenn er zum Chef wollte. Mit den fadenscheinigsten Gründen verweigerte er ihm nicht genehmen Leuten den Zutritt. Konnte er einen Besuch trotzdem nicht verhindern, so war er stets anwesend und bemühte sich, die Unterhaltung nach seinen Wünschen zu lenken.

Reichswirtschaftsminister Funk erklärte mir einmal wörtlich:

„Du kannst es dir nicht vorstellen, Erich, wie unendlich schwer es heute geworden ist, mit dem Führer ein vernünftiges Wort zu sprechen. Immer steckt Bormann seine Nase dazwischen. Er fällt mir ins Wort, unterbricht mich, er macht jeden ernsthaften Vortrag unmöglich!"

Es ist für einen Fernstehenden auch heute noch kaum möglich, sich vorzustellen, wie dieser Mann es verstand, sich lieb Kind zu machen. Weil Adolf Hitler Vegetarier war, wurde er es auch. Nach außen hin prahlte er damit, wie gut ihm die Kost bekäme und wieviel schaffensfreudiger er dadurch würde. Wenn er sich jedoch unbeobachtet fühlte, aß er Koteletts und Beefsteak und verachtete auch eine gute Mettwurst nicht. Niemand hat es gewagt, dem Chef davon zu erzählen.

Weil Adolf Hitler nicht rauchte, stellte er auch das Rauchen ein. Die Gerechtigkeit verlangt, festzustellen, daß ihm das tatsächlich sehr schwer geworden ist.

Adolf Hitler war literarisch sehr interessiert. Das war Martin Bormann natürlich genauestens bekannt. Er richtete nun in seinem Stabe ein Lektorat ein, das die Aufgabe hatte, alle Neuerscheinungen auf dem literarischen Gebiet zu beschaffen. Der Inhalt jedes Buches mußte in einem einseitigen Schreibmaschinenbericht so präzis formuliert sein, daß Bormann eine ungefähre Ahnung von dem Inhalt bekam.

War Bormann dann abends beim Chef zu Gast, oder saß man gemeinsam beim Essen, so pflegte er mit seinem literarischen Wissen zu prahlen. Dann hieß es z. B.:

„Mein Führer, da ist ein neues Buch über Ulrich von Hutten erschienen. Ich bin restlos begeistert. Das müssen Sie unbedingt lesen."

Adolf Hitler hatte natürlich nun den Eindruck, daß Bormann wirklich das Buch gelesen habe. Er wunderte sich, woher dieser Mann bei der gewaltigen Arbeitsleistung, die er ja tatsächlich auch bewältigte, noch die Zeit nahm, so viele Bücher zu lesen. Das alles trug natürlich dazu bei, den Eindruck zu vertiefen und zu festigen, daß ihm in der Person Bormanns ein Universalgenie als Mitarbeiter zur Verfügung stünde.

Allein vor Eva Braun hatte er noch einen gewissen Respekt. Sie war in seiner Rechnung die unbekannte Zahl. Ein offener Kampf gegen sie war nicht möglich. Hinten herum hat er — wie es seinem Charakter entsprach — auch ihr so viele Schwierigkeiten gemacht, als es nur irgend möglich war.

Viele Menschen werden auch heute nicht verstehen können, daß Adolf Hitler diesem Manne einen so großen Einfluß auf sich selbst und auf das Reich eingeräumt hat, und werden ihn deswegen verurteilen. Wir, die wir lange Jahre hindurch in unmittelbarer Nähe dieser diabolischen Persönlichkeit tätig waren, haben ihn gehaßt.

Trotzdem verlangt die Gerechtigkeit, festzustellen, daß Martin Bormann ein Arbeitsgenie war, wie es sicher nur selten eines auf der Welt gibt. Er verstand es, sich in die ihm fremdeste Materie einzuarbeiten. Er war anpassungsfähig und doch gründlich. Es gelang ihm, sich einem so sensiblen Menschen, wie es Adolf Hitler fraglos gewesen ist, einfach unentbehrlich zu machen. Wenn der Chef Bormann einen Befehl gab, so wußte er von ihm als vielleicht einzigen aller seiner Mitarbeiter, daß dieser Befehl bedingungslos und unter allen Umständen in der denkbar schnellsten Zeit durchgeführt wurde.

Hier ist noch ein kleines Beispiel dafür, wie Bormann es verstand, die Bewunderung Hitlers zu finden.

Im Sommer 1938, an einem Nachmittag, standen wir fahrbereit vor dem Berghof. Hitler ließ seinen Blick über die Berglandschaft schweifen und meinte dann zu Bormann, dieser Blick in seiner wunderbaren Weite habe immer etwas besonders Beglückendes für ihn. Schade sei es eigentlich nur, daß der kleine, alte Bauernhof unterhalb des Berghofes die Landschaft unschön unterbreche! Sobald die alten Bauersleute, die bis an ihr Lebensende ein vertraglich gesichertes Wohnrecht besaßen, gestorben seien, sollte man dieses Haus abreißen.

Als wir am anderen Mittag, 24 Stunden später, von München wieder zum Berghof zurückkamen, dachten der Chef und ich, wir könnten unseren Augen nicht trauen. Wo gestern noch das kleine, alte Bauernhaus stand, breitete sich eine Wiese, auf der rotbunte Kühe grasten.

Was war geschehen?

Kaum waren der Chef und wir abgefahren, als Martin Bormann schon durch eine sofortige Verhandlung mit den alten Leuten deren freiwilligen Abzug bewirkt hatte. Er hatte ihnen in der Au ein neues Quartier besorgt, und die alten Leutchen waren auch angeblich glücklich darüber gewesen, Adolf Hitler eine Freude machen zu können. Noch während die alten Leute abzogen, waren Hunderte von Arbeitern auf Autos herangeschafft worden. Tag und Nacht hatte Bormann arbeiten lassen. 24 Stunden später war alles vollbracht.

Auch ein zweites Beispiel beweist, wie sehr Bormann auf jeden Gedanken Adolf Hitlers einging.

Bekanntlich kamen bei Anwesenheit des Chefs auf den Obersalzberg Tausende von Menschen zum Berghof gewandert, um ihn zu sehen. Er stand dann oft stundenlang im Freien, und die Menschen zogen an ihm vorbei. An einem sehr heißen Sommertag meinte Adolf Hitler am Abend zu Bormann, das alles sei doch sehr anstrengend für ihn. Vor allem vertrage er so lange die Sonne nicht gut.

Als Adolf Hitler am nächsten Tage zur gewohnten Stunde aus dem Berghof trat, um die Wartenden zu begrüßen, war er sprachlos. Genau an derselben Stelle, an der er gewohnheitsmäßig zu stehen pflegte, ragte ein über mannsdicker

Baum auf, dessen grünes Laubgewölbe einen sicheren Schatten bildete. Martin Bormann hatte ihn in der letzten Nacht von weit hertransportieren und hier einpflanzen lassen. Der große Baum ist tatsächlich angewachsen und auch stehengeblieben. Sobald Hitler abwesend war, ließ Bormann den Baum durch eine riesige künstliche Regenanlage so lange bewässern, bis er im neuen Erdreich sicher Wurzeln geschlagen hatte.

Soll man Adolf Hitler einen Vorwurf daraus machen, daß ihm das imponiert hat?

Martin Bormann ist tot.

Sein Einfluß auf Hitler ist wohl das traurigste Kapitel in der Geschichte des Reiches. Wenn man von Hitlers Tod spricht, kann man an Martin Bormann nicht vorbeigehen. Er hat sicher ein großes Maß Schuld an einer Entwicklung, deren erschütterndes Ende sich in der Reichskanzlei in Berlin am 30. April 1945 vollzog.

Im Zeichen der Unruhe

Adolf Hitler war von einem außenpolitischen Erfolg zum anderen geschritten. Die Saar, Österreich und das Sudetenland gehörten schon zum Reich. Der Chef war in Hochstimmung und fühlte sich stärker und sicherer als je zuvor.

Am Morgen des 15. März 1939 erhielt ich den Befehl, sofort eine Fahrkolonne mit Geländewagen nach Dresden in Marsch zu setzen und ständig mit ihr Verbindung zu halten.

Der tschechische Staatspräsident Dr. Hacha wurde in Berlin erwartet. Ich fuhr mit der Diplomatenlimousine zum Anhalter Bahnhof und holte ihn ab. Als wir in den Hof der neuen Reichskanzlei einfuhren, erklang die tschechische Nationalhymne. Staatspräsident Hacha schritt die Front der

Ehrenkompanie der Leibstandarte ab und wurde am Portal der Reichskanzlei von Adolf Hitler empfangen.

Die Verhandlungen erstreckten sich bis zum Morgen des 16. März. Ich hörte, daß Dr. Hacha bei den unerhörten Anstrengungen der Verhandlungen zusammengebrochen war. Dr. Morell wurde gerufen, um ihn durch eine Spritze Traubenzucker und Vitamine wieder zu kräftigen. Am frühen Morgen des 16. März waren die ersten Verträge geschlossen. Einer meiner Fahrer fuhr ihn zum Zuge, da er nach Prag zurückkehren wollte.

Ich hatte inzwischen längst befehlsgemäß meine Kolonne, die aus etwa zehn Gelände-, Personen- und vier Lastwagen bestand, nach einer kleinen Station an der sächsisch-tschechischen Grenze fahren lassen.

Gegen 6.30 Uhr morgens fuhr Adolf Hitler mit seinem Stabe im Sonderzug von Berlin ab. Wir kamen in heftigem Schneetreiben an der tschechischen Grenze an, wo meine Kolonne auf uns wartete.

Ich übernahm wie immer das Steuer des Führer-Geländewagens. Adolf Hitler nahm neben mir Platz. Wir fuhren voran, die Kolonne folgte uns unmittelbar.

Die Zollbeamten auf beiden Seiten schienen bereits angewiesen zu sein, deutsche Fahrzeuge passieren zu lassen. Ohne auch nur den Versuch zu machen, uns anzuhalten, wurden die Schranken sofort geöffnet.

Das Schneetreiben wurde immer stärker. In langsamem Tempo durchfuhren wir die Tschechoslowakei. Infolge der Glätte der Straßen rutschte ein Lastwagen meiner Kolonne in den Graben. Das Gepäck wurde sofort von den anderen Fahrzeugen übernommen. Wir hatten keine Zeit zu warten. Der Wagen blieb liegen.

Etwa gegen vier Uhr nachmittags fuhren wir in Prag ein. Das Leben in der alten, ehrwürdigen Stadt ging seinen normalen Gang. Bei der Durchfahrt durch die Straßen der

Hauptstadt wurden wir kaum bemerkt. Immer noch hielt das Schneegestöber an.

Wir fuhren direkt zum Hradschin, dem Sitz der tschechischen Regierung. Wir waren noch nicht angemeldet. Niemand nahm von uns Notiz.

In einem Seitenflügel der Burg schlugen wir Quartier auf. Eine Kompanie eines SS-Pionierbataillons traf bei uns ein. Der Rest des Bataillons war infolge des starken Schneetreibens und der glatten Straßen unterwegs liegengeblieben.

Etwa gegen fünf Uhr nachmittags traf Staatspräsident Hacha, mit dem Zuge aus Berlin kommend, auf der Burg ein. Zu seiner größten Verwunderung erwartete ihn dort der Chef. Eine derartige Schnelligkeit des Handelns hatte er nicht für möglich gehalten.

Die Besprechungen wurden sofort weiter fortgesetzt, Verträge entworfen und unterzeichnet. Am nächsten Tage kamen die Herren der tschechischen Regierung sowie einige Generale der tschechischen Armee auf den Hradschin. Sie wurden empfangen und Adolf Hitler vorgestellt.

Bis zu diesem Augenblick bestand die ganze Besatzung Prags nur aus dem Chef und seiner engeren Begleitung sowie aus Teilen des SS-Pionierbataillons, die etwa die Stärke einer Kompanie hatte. Das Bataillon rekrutierte sich aus den Angehörigen eines in Dresden zur Ausbildung stehenden Lehrbataillons. Sie waren mangelhaft bewaffnet. Um ihre Bewaffnung wenigstens einigermaßen zu vervollständigen, mußte von den Männern des „Führer-Begleitkommandos“ die Hälfte der vorhandenen Maschinenpistolen abgegeben werden.

Wenn ich mir heute die Situation vorstelle, so muß ich sagen, es wäre eine Kleinigkeit für die tschechische Regierung und ihre Generale gewesen, Hitler und uns augenblicklich festzusetzen. Wir besaßen keinerlei schwere Waffen und wären in kürzester Frist überrumpelt gewesen.

Am Nachmittag des 17. März verließen wir mit unserer Autokolonne Prag. Jetzt erst begegneten uns die ersten deutschen Truppen, die für die Besetzung der tschechischen Hauptstadt vorgesehen waren. Wir fuhren bis zu unserem Ausgangspunkt zurück und von dort unmittelbar im Eisenbahnzug nach Wien, wo man Hitler bereits erwartete.

Wie jeder Mensch Licht- und Schattenseiten hat, so hatte sicher auch mein Chef seine Fehler.

Wenn ihm heute gelegentlich der Mangel an persönlichem Mut vorgeworfen wird, so ist das bestimmt nicht richtig. Seine Umgebung, an ihrer Spitze Martin Bormann mit der gesamten Generalität, machte ihm sogar sehr oft den Vorwurf, daß er tollkühn sei und seine verantwortliche Pflicht als Staatsführer außer acht lasse.

Ich selbst habe Adolf Hitler in Fronteinsätzen gefahren, im Polenkrieg sogar fast jeden Tag.

Unvergeßlich bleibt mir vor allen Dingen ein Frontflug nach Saporoschje am Dnjepr. Es war im Winter 1942/43, als die Russen mit ungeheurer Anstrengung versuchten, das Donezbecken zurückzuerobern. Das riesige Kraftwerk Saporoschje war das Hauptziel des Ansturms.

Wir landeten auf dem Westflughafen von Saporoschje, den Ostflughafen hatten die Russen gerade mit ihrer Panzerspitze erreicht, als wir auf dem Westflughafen ankamen. Vergebens beschwor die Generalität den Chef, sofort wieder aufzusteigen. Er wollte sich jedoch unbedingt ein persönliches Bild von der Lage verschaffen. Erst als die russischen Ratamaschinen unseren eigenen Flughafen angriffen und er sich nach etwa viertägigem Aufenthalt nach seiner Ansicht genügend persönlich unterrichtet und Gegenmaßnahmen eingeleitet hatte, gab er den Befehl zum Abflug.

Von Saporoschje sind wir dann nach Winniza, dem Sommerhauptquartier an der Ostfront, geflogen, um von dort aus immer bereit zu sein, die gefährdeten Abschnitte der Front aufzusuchen.

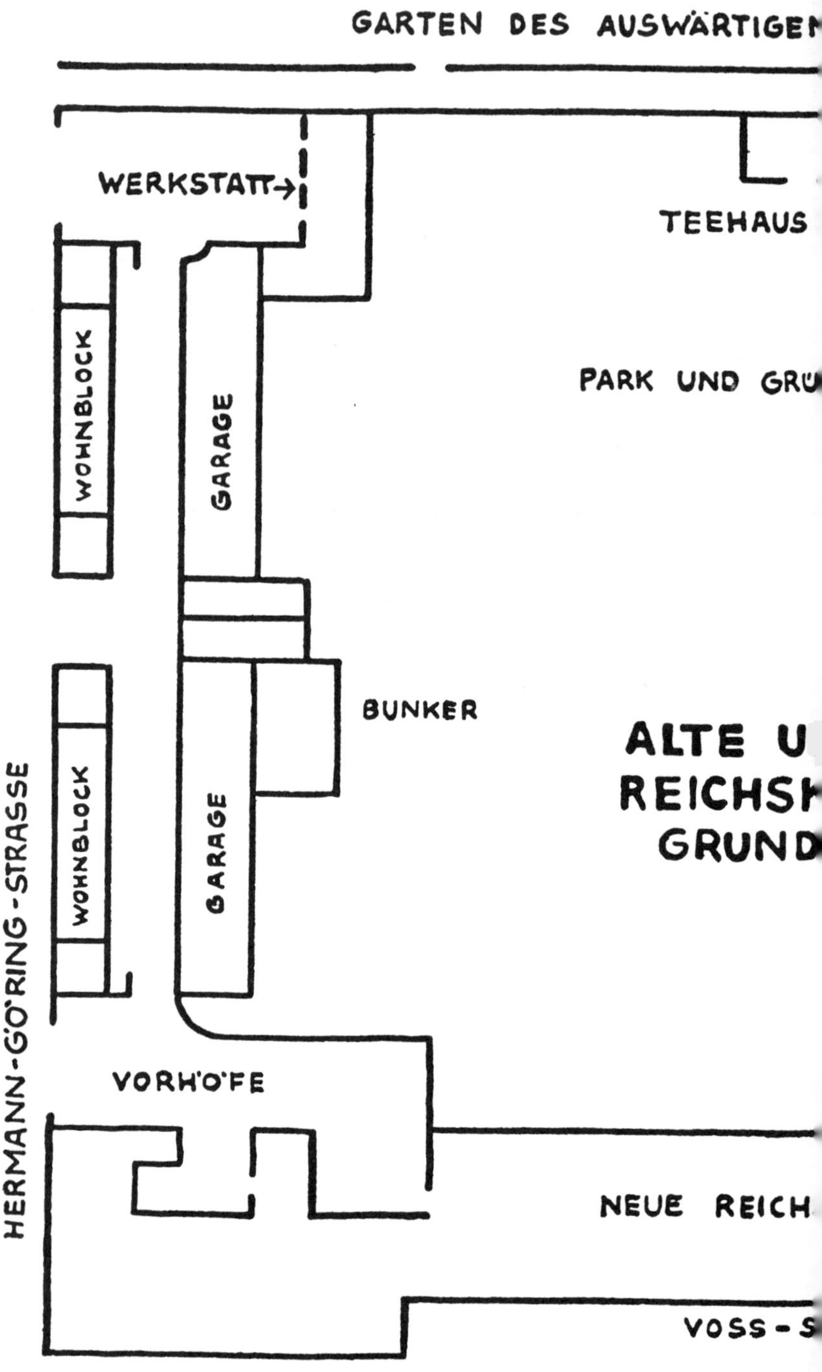

GARTEN DES AUSWÄRTIGEN
WERKSTATT
TEEHAUS
WOHNBLOCK
GARAGE
PARK UND GRÜ
BUNKER
ALTE U
REICHSK
GRUND
WOHNBLOCK
GARAGE
HERMANN-GÖRING-STRASSE
VORHÖFE
NEUE REICH
VOSS-S

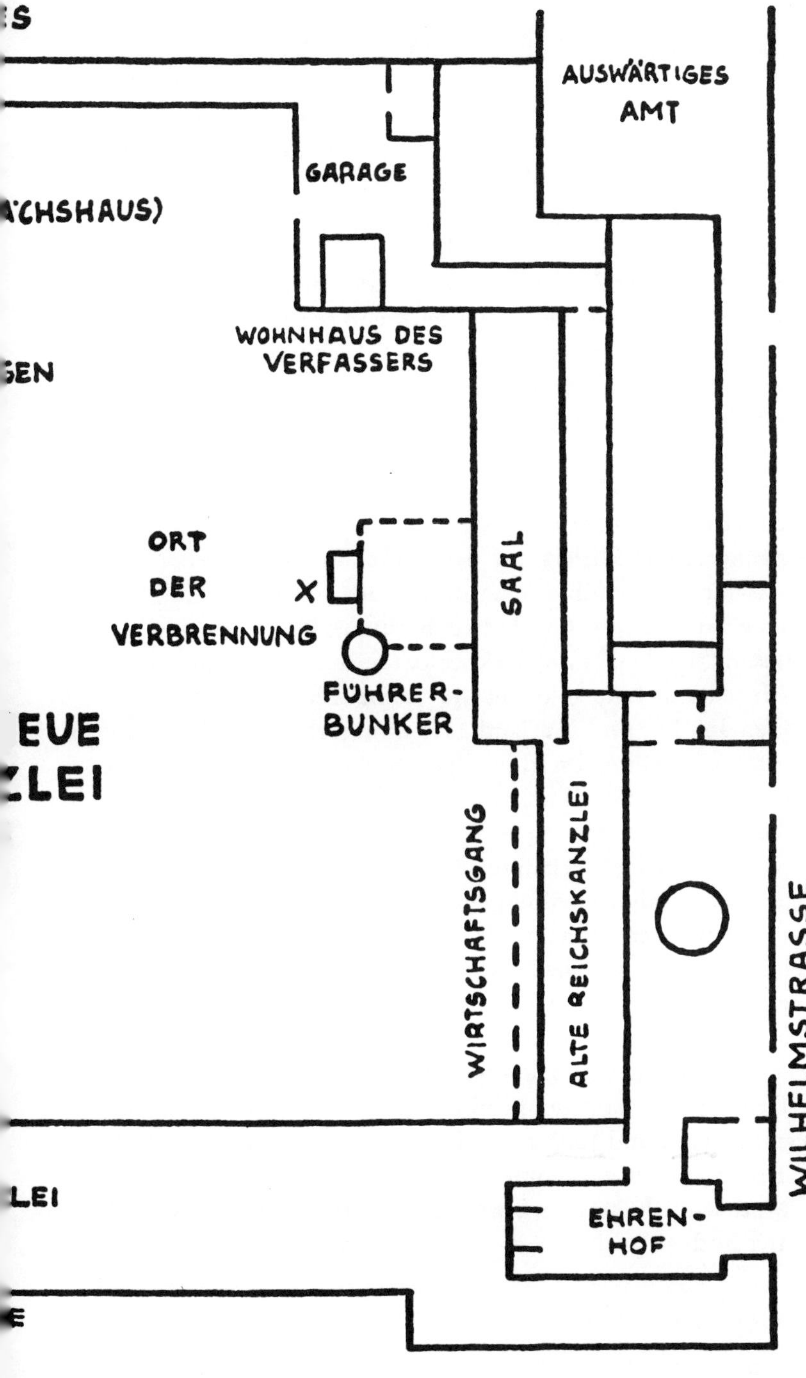
AUSWÄRTIGES AMT
GARAGE
WOHNHAUS DES VERFASSERS
SAAL
ORT DER VERBRENNUNG
X
FÜHRER-BUNKER
WIRTSCHAFTSGANG
ALTE REICHSKANZLEI
WILHELMSTRASSE
EHREN-HOF

Mir liegt jede Glorifizierung Adolf Hitlers völlig fern. Wenn sich aber heute Persönlichkeiten der früheren Zeit berechtigt fühlen, in ihren sogenannten Erinnerungswerken zu behaupten, Adolf Hitler habe stets vermieden, die Front persönlich aufzusuchen, um sein Leben nicht in Gefahr zu bringen, so ist das eine Unwahrheit.

Als die Generale ihm immer wieder erklärten, daß die Führung des Krieges gefährdet sei, wenn er sich selbst längere Zeit vom Hauptquartier entferne, ließ er sich davon überzeugen. Sobald jedoch an Brennpunkten des Krieges Gefahren auftauchten, deren Meisterung nach seiner Ansicht nur durch ihn selbst erreicht werden konnten, ließ er sich von niemandem beeinflussen und setzte seinen Willen durch.

Es ist nicht Aufgabe meines Buches, die persönliche Einwirkung Adolf Hitlers auf den hinter uns liegenden Krieg zu schildern. Ich fühle mich dafür auch nicht zuständig. Es wird einer späteren Geschichtsschreibung überlassen bleiben müssen, Märchen und Wirklichkeiten auseinanderzuhalten.

Ich selbst befand mich bis auf meine wenigen dienstlichen Reisen im In- und Ausland fast ununterbrochen in seiner engsten Umgebung im Führerhauptquartier. Das Leben dort war einfach und schlicht, von morgens bis in die Nacht von Arbeit erfüllt.

Immer wieder verlangte der Chef, daß jeder Angehörige seines Stabes vorübergehend bei einer aktiven Truppe zur sogenannten Frontbewährung eingesetzt würde. Ich aber gehörte zu den wenigen Ausnahmen und bekam trotz wiederholter freiwilliger Meldung keine Genehmigung zum aktiven Einsatz. Er erklärte mir immer wieder, daß er auf meine Person auch vorübergehend nicht verzichten könne.

Den entscheidendsten Einfluß auf die Kriegführung haben fraglos Keitel und Jodl sowie der jeweilige Chef des Generalstabes des Heeres genommen.

Mochte auch Martin Bormanns persönlicher Einfluß auf Hitler noch so groß sein, er durfte bis zum Januar 1945 nicht einmal an den täglichen Lagebesprechungen teilnehmen. Selbst Himmler hatte im Anfang nicht die Berechtigung, an diesen Beratungen teilzunehmen, und hat sie erst im Laufe der Jahre erhalten.

Als Adolf Hitler den Führerbunker in Berlin bezog und der letzte Abschnitt des Krieges begann, erreichte Martin Bormann auch sein letztes Ziel. Er nahm an den militärischen Lagebesprechungen fast immer teil und gehört sicher zu denjenigen Männern, die ihren Einfluß auf Hitler dahingehend ausübten, daß sie ihn bestimmten, bis zum letzten Mann zu kämpfen.

Im Führerbunker Berlin

Von der Beerdigung meines Vaters in Oberhausen kehrte ich noch tief erschüttert zum Führerhauptquartier in Ziegenberg bei Bad Nauheim zurück.

Es war alles anders geworden. Kummer und Sorgen lasteten auf uns. Wir wußten, daß eine harte, schwere Zeit für ganz Deutschland begonnen hatte. Die Verlustmeldungen wurden von Tag zu Tag größer. Schwer angeschlagen fluteten unsere Truppen zurück. Auch der Einsatz unserer letzten Elite-Divisionen bei Malmedy hatte nicht den erwarteten Erfolg gebracht. Der Feind fand an allen Fronten nur noch geringen Widerstand.

Schwerste Bombenangriffe der englischen und amerikanischen Luftflotten zertrümmerten unsere Heimat. Tag und Nacht stürzten sich pausenlos Geschwader um Geschwader auf unsere Städte, auf unsere Frauen und Kinder. Die deutsche Rüstung war auf das schwerste bedroht und angeschlagen, die Versorgung der Truppen mit Waffen und Munition in Frage gestellt.

Wir alle litten innerlich unter dem Ernst der Lage.

„Das Führerhauptquartier ist nach Berlin verlegt!"

Wie ein Unwetter trafen mich diese Worte bei meiner Ankunft in Ziegenberg. Unwillkürlich fragte ich mich nach dem Grund.

Hatten wir bisher gelegentlich unter uns über eine etwaige letzte Entscheidungsschlacht um Deutschland gesprochen, so hatten wir angenommen, daß Adolf Hitler diese von Süddeutschland aus führen würde, da alle technischen Vorbereitungen dafür bereits getroffen waren. Um so überraschter war ich, daß die letzten Phasen dieses Krieges von Berlin aus geleitet werden sollten.

Einige Nachkommandos und Stabsoffiziere traf ich noch in Ziegenberg an. Die letzten Fernschreiben mit neuen Weisungen wurden durchgegeben, Kuriere kamen und gingen, mit Akten und anderem Material, schwerbeladene Lastwagen verließen Ziegenberg in Richtung Berlin.

Ich erfuhr, daß Adolf Hitler erst spät am Nachmittag in Begleitung seines persönlichen Stabes mit seinem Sonderzug von Friedberg in Oberhessen nach der Reichshauptstadt abgefahren war.

Von den Strapazen der letzten Tage noch stark mitgenommen, jagte ich mit meinem Wagen mit Höchstgeschwindigkeit durch die Nacht Berlin entgegen.

Ein Fernschreiben hatte die Fahrbereitschaft der Reichskanzlei schon vorher über die bevorstehende Ankunft des Chefs unterrichtet. Als ich eintraf, fand ich meine Wagen fahrbereit vor.

Als der „Führerzug" punkt sechs Uhr in der Frühe in Berlin-Grunewald einrollte, stand ich bereits mit meiner Kolonne vor dem Bahnhof.

Trotz meiner eigenen Anspannung war ich tief erschüttert, als ich Adolf Hitler sah.

Man konnte ihm vom Gesicht ablesen, wie übermüdet er von der Fahrt war. Sein Sonderzug war mit allen Neuerungen des Nachrichtenwesens ausgestattet, so daß er auf längeren Eisenbahnfahrten ununterbrochen die neuesten Meldungen empfangen und seine Entscheidungen an die zuständigen Dienststellen weiterleiten konnte.

Als ich ihn an diesem Tage von Berlin-Grunewald abholte, dachte wohl niemand daran, daß er die letzte Eisenbahnfahrt seines Lebens beendet hatte.

Bevor sich Adolf Hitler an diesem Morgen zur Ruhe begab, wurde ich noch einmal durch eine Ordonnanz zu ihm gerufen. Ich war sehr beeindruckt, daß er sich trotz eigener, doch viel größerer Sorgen nach dem plötzlichen Tode meines Vaters eingehend erkundigte. Er ließ sich alles ausführlich erzählen. Dann reichte er mir beide Hände und sprach sein Beileid aus. Zum ersten Male bemerkte ich, daß der Krieg nicht spurlos an ihm vorübergegangen und daß er alt geworden war.

In den Räumen der Reichskanzlei herrschte reges Treiben. Niemand war auf unser Kommen vorbereitet. Der Entschluß Adolf Hitlers mußte sehr plötzlich und gegen den Willen Bormanns und seines Stabes gefaßt worden sein.

Durch schwere Bombenangriffe waren bereits Teile der alten Reichskanzlei zerstört. Mit Rücksicht auf die zukünftig verstärkt zu erwartenden Luftangriffe wurden die zu Bunkern ausgebauten Kellerräume eiligst von den verschiedensten Dienststellen, die zum engeren Hauptquartier gehörten, bezogen. Das übrige Hauptquartier, insbesondere der Wehrmachtsführerstab und das Oberkommando des Heeres, waren gleichzeitig von Ziegenberg nach Zossen-Jüterbog verlegt worden.

Die Teilung des Hauptquartiers in das engere eigentliche Führerhauptquartier und den Wehrmachtsstab und die Unterbringung an zwei räumlich weit voneinander entfernt gelegenen Punkten bedingten eine außerordentlich schwierige Situation, auf die wir in keiner Weise vorbereitet waren. Neue Telefonanlagen mußten herbeigeschafft werden, um eine reibungslose Nachrichtenübermittlung zu gewährleisten.

Ununterbrochen surrten die Summer der Funkanlagen, Befehle und Kommandos schallten durch die Gänge der unterirdischen Anlagen der Reichskanzlei.

Besondere Schwierigkeit bereitete die Aufteilung der zur Verfügung stehenden Räume. Alles mußte neu organisiert werden. Eine geeignete Unterkunft für die persönlichen Stenografen Adolf Hitlers wurde benötigt. Seit der Verabschiedung General Halders mußten alle Befehle und jedes Wort des Führers, das in der Lagebesprechung fiel, durch die ehemaligen Reichstagsstenografen aufgenommen werden. Dadurch wollte er eine persönliche Kontrolle bei allen etwa entstehenden Widersprüchen ausüben können. So türmten sich in kurzer Zeit Berge von Unterlagen über seine Befehle und Stenogramme.

Mir selbst oblag es, mit meinen Front-Kolonnen die ständige Verbindung sowohl mit den Wehrmachtsstäben in Zossen-Jüterbog als auch mit allen anderen entscheidenden Dienststellen aufrechtzuerhalten, soweit dies überhaupt noch möglich war.

*

Stalins Divisionen standen vor den Toren Berlins.

Noch wurden unsere Stellungen trotz schwerster feindlicher Angriffe gehalten. Der Druck des Gegners hatte vorübergehend nachgelassen.

Stille vor dem Sturm — —

Starke Truppenverbände und Panzereinheiten der Roten Armee standen in kilometerweiten Räumen zu neuem Angriff bereit. Der letzte große Angriff stand bevor. Würden wir ihn zum Stehen bringen können — — oder würde er uns vernichten — —?

Der täglich schwerer werdende Dienst stellte höchste Anforderungen an Mann und Offizier. Auch meine eigenen

Männer waren Tag und Nacht unterwegs. Eine regelmäßige Schlafenszeit war ihnen unbekannt. Generale und andere Herren des persönlichen Stabes mußten auf schnellsten Wegen zu Frontabschnitten und Befehlsstellen gebracht werden.

Wir hatten das außerordentliche Glück, daß die Wagen mit ihren Insassen ausnahmslos auch unter den schwierigsten Umständen ihre Ziele erreichten. Waren keine Fahrten durchzuführen, so galt es, sich beim Katastropheneinsatz zu bewähren, bei Fliegerangriffen als Feuerwehr mitzuarbeiten und alle die hundertfältigen Aufgaben zu meistern, die an einen pflichtbewußten Soldaten in solchen Situationen herantraten. Niemals kam auch nur ein zögerndes Wort über die Lippen dieser Männer. Jeder war sich des Ernstes der Lage voll bewußt. Dazu kam der große seelische Druck, unter dem wir alle infolge der immer schlechter werdenden Nachrichten von allen Fronten litten. Auch im Westen mußten unsere Truppen den Angriffen des Feindes weichen. Dem Bombenhagel der amerikanischen und englischen Geschwader waren auch unsere besten Grabenbesatzungen nicht gewachsen. Die Wirkung war zu groß, als daß sie unter solchen Umständen noch eine Stellung halten konnten.

Feldmarschall Kesselring wurde zum Befehlshaber West ernannt. Italien war verloren. Unser ehemaliges Hauptquartier Ziegenberg wurde dem neuen Befehlshaber West zugeteilt. Kesselring kam häufig persönlich nach Berlin, um dem Führer einen genauen Front- und Lagebericht selbst vortragen zu können.

Besorgt um das Wohl des wegen seiner militärischen Qualitäten von ihm besonders geschätzten Marschalls Kesselring, verlangte der Chef von mir, einen Mann zu bestimmen, der bei größter Sicherheit den Oberbefehlshaber West nach Bad Nauheim bringen konnte. Soweit eine solche Garantie überhaupt möglich war, konnte ich sie nur selber geben. Ich stellte mich Kesselring persönlich zur Verfügung.

Während dieser Zeit wurden noch schwere Anforderungen an mich gestellt. Mit bis zum Reißen angespannten Nerven raste ich am Steuer meines BMW-Wagens Tag und Nacht zwischen Berlin und Ziegenberg hin und her. Es waren die halsbrecherischsten Fahrten meines Lebens. Bombentrichter klafften in der glatten Decke der Autobahn. Durch feindliche Tiefflieger zerschossene und ausgebrannte Fahrzeuge türmten sich zu Barrikaden.

*

Wieder einmal war ich nach Berlin zurückgekehrt. Es beseelte mich nur noch der eine Wunsch, endlich einmal schlafen zu dürfen, um von den großen Anstrengungen dieser Woche auszuruhen. Kaum hatte ich mich niedergelegt, als eine Ordonnanz mich aufforderte, mich umgehend beim Chef zu melden.

Nachdem er nach meinem gesundheitlichen Zustand gefragt hatte, erkundigte er sich, ob ich mich noch stark genug fühle, Minister Speer auf einer Fahrt an die Front zu begleiten. Er wisse wohl, wieviel ich in den letzten Tagen geleistet, wolle aber Speer nur mir anvertrauen. Die Zuverlässigkeit des eigenen Fahrers von Speer sei ihm keine Garantie.

Reichsminister Speer hatte an diesem Tage Geburtstag. Kurz vor der Abfahrt nahm ich mit den Gratulanten an einer kleinen Feier in seiner Dienststelle teil. Obwohl wir uns alle bemühten, für einige Stunden die Sorgen und Aufregungen zu vergessen, wollte keine Fröhlichkeit aufkommen.

Gegen zwei Uhr morgens rollten wir mit unseren beiden Fahrzeugen von Berlin ab. Bei Erreichen des westlichen Frontgebietes mußte ich unser Fahrzeug mit einem aus Lehm und Wasser hergestellten Tarnanstrich notdürftig überziehen. Die Fahrt ging unter den schwierigsten Bedingungen weiter. Es wurde nur wenig gesprochen. Während der Nacht fuhr ich den Wagen ohne Beleuchtung durch Kolonnen und zusammengeschossene Fahrzeuge hindurch. Der Minister und sein Begleiter schliefen zumeist.

Von einem Befehlstand zum anderen ging die Fahrt. Unaufhörlich mußten die Gruppenkommandeure Auskunft geben! Wieviel Waffen sind noch vorhanden ... wieviel Munition ... wieviel Fahrzeuge ... welches Kriegsmaterial ...? Jede Frage wollte der Minister genau beantwortet haben.

Fünf Tage und Nächte dauerte diese Inspektionsreise. Fast ständig wurden wir von Tieffliegern beschossen. Die Bomben der Jabos explodierten links und rechts von meinem Fahrzeug, das wie durch ein Wunder unbeschädigt blieb.

Der Minister und wir sprangen wie die Wiesel.

Bremsen an! ... Raus aus dem Wagen! ... Die Nase tief in den Dreck des Chausseegrabens! ...

Ein vorsichtiger Blick zum Himmel.

Sie flogen tatsächlich ab! ... In ständigem Wechsel suchten wir volle Deckung, um Sekunden später unser Fahrzeug wieder zu besteigen! ...

Wieder gab ich Vollgas — bis wir einen neuen Anflug sichteten.

*

Am Abend nach meiner Ankunft in Berlin begab ich mich in den Lage-Vorraum des Führerbunkers. In diesen Räumen wurde damals das Schicksal Deutschlands geleitet. Von hier aus wurden Millionen Soldaten befehligt. Fernschreiber und Telefonisten arbeiteten in ständiger Ablösung ununterbrochen — Tag und Nacht.

Befehlsempfänger kamen und gingen. Trotz der ungeheuren Arbeitsleistung, die sich hier konzentrierte, lag eine fast unheimliche Ruhe in diesem Gehirnzentrum des Reiches. —

Hitler hatte eine Lagebesprechung.

Ich wartete im Lage-Vorraum. Viele alte Bekannte kamen und gingen. Mit leise geflüsterten Worten erkundigte man sich nach dem gegenseitigen Wohlergehen. Jeder wußte Neuigkeiten zu berichten. Ich selbst wurde natürlich gefragt, wie es im Westen stand. Die Lagebesprechung war beendet. Im Kreise seiner Mitarbeiter verließ Hitler den Lage-Raum. Sofort stand ich auf, um mich von meiner Frontfahrt zurückzumelden. Minister Speer, der bei der Lagebesprechung zugegen war, hatte ihm wohl schon von dem Erfolg unserer Fahrt berichtet.

Sobald Hitler mich erblickte, löste er sich in seiner spontanen Art von seinem Gefolge, umarmte mich wie einen verlorenen Sohn und schüttelte mir kräftig beide Hände. Immer wieder bedankte er sich, daß ich ihm seinen Minister für Waffen und Munition gesund wiedergebracht hatte.

Mit verbissenem Gesicht stand Martin Bormann hinter der Gruppe. Nervös rieb er sich die Knöchel, wie er es immer zu tun pflegte, wenn er sich über etwas ärgerte. Wie ich später erfuhr, hatte er während meiner Abwesenheit wieder einmal versucht, Hitler für einen anderen, ihm genehmeren persönlichen Fahrer und Begleiter zu interessieren. Mir war es genau bekannt, daß er schon seit einem Jahr einen Mann in Reservestellung hielt, den er dem Chef präsentieren wollte, sobald es ihm gelungen war, mich in Ungnade zu stürzen. Mit aller Gewalt wollte er mich von Hitler entfernen. Ich war der letzte aus dem Stabe der alten Getreuen mit einer eigenen Dienststelle, der ohne besonderen Befehl oder besondere Aufforderung den Chef persönlich in seinen Privat- oder Diensträumen aufsuchen durfte. Diese Tatsache allein hatte natürlich schon genügt, mich Martin Bormann verhaßt zu machen.

Da mir selbst eine derartige Anfeindung aus der unmittelbarsten Umgebung meines Chefs sehr unangenehm war, hatte ich mich des öfteren freiwillig zu einer Fronteinheit gemeldet. Hitler hatte diese Gesuche stets abgelehnt. Als ich ihn eines Tages — über Bormanns Benehmen besonders verbittert — dieserhalb erneut drängte, erklärte er mir:

„Hier haben Sie eine größere Verantwortung zu tragen

FÜHRERBUNKER

ERBAUT 1944

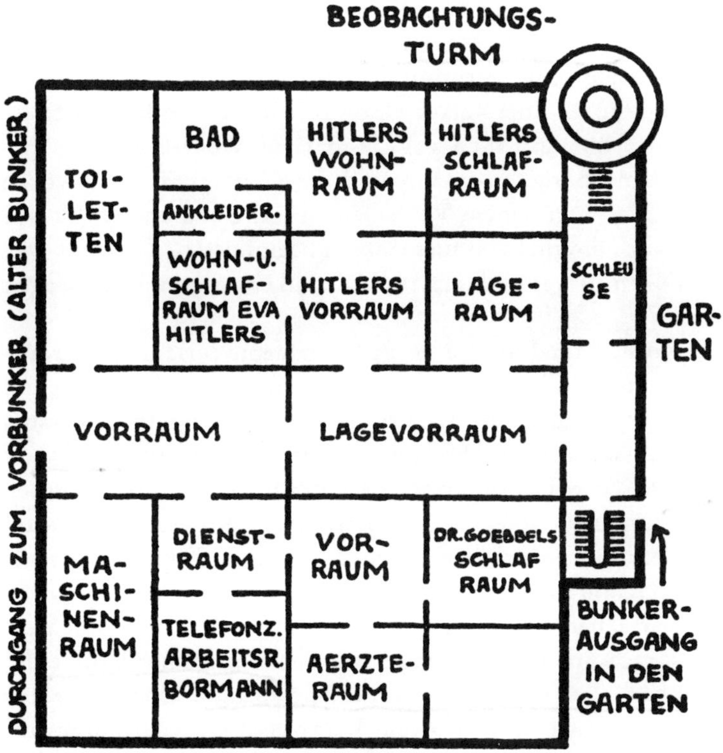

als an der Front. Im übrigen ist mir mein Leben, das ich Ihnen so oft anvertrauen muß, wichtiger als die ständigen Anfeindungen des Herrn Bormann."

*

Wochen höchster Anspannung vergingen. Pausenlos flogen die Bomberverbände in das bisher noch unbesetzte Reichsgebiet ein. Immer stärkere Truppenmassen ballte Marschall Schukow vor den Toren Berlins zusammen. Noch hatte er nicht zum entscheidenden Schlag ausgeholt.

Am 15. oder 16. März 1945 (den genauen Tag vermag ich nicht mehr mit bestimmter Sicherheit zu sagen) verlangte Adolf Hitler unerwartet eine Frontfahrt. Noch stärker als in den früheren Fällen war diesmal der Widerstand der näheren Umgebung. Bormann und die Generalität beschworen den Chef, von seinem Vorhaben Abstand zu nehmen. Er ließ sich auch diesmal von niemandem beeinflussen.

Für mich war es das letzte Mal, daß er neben mir im Wagen saß.

Noch einmal wollte er sich von dem Verlauf der Frontlinien persönlich überzeugen, um die Truppenstärken und ihre Versorgung mit Munition zu überprüfen. In den ersten Mittagsstunden verließen wir Berlin in Richtung Frankfurt/Oder. Wo wir erkannt wurden, drängten sich die Menschen um unseren Wagen. Die persönliche Anwesenheit Adolf Hitlers gab ihnen neue Hoffnung in einer Situation, die wir selbst schon für verloren ansahen.

Der Chef unterhielt sich mit Offizieren und Soldaten, er sprach mit Frauen und Müttern. Noch immer haftete der Zauber einer großen Persönlichkeit an ihm. Und oft gelang es ihm mit wenigen Worten, Verzweifelte wieder aufzurichten. Auf der Heimfahrt saß Hitler gedankenverloren neben mir. Ein tiefer Ernst beschattete sein Gesicht. Kein Wort wurde gesprochen.

Nach dieser Fahrt hat Adolf Hitler keinen Wagen mehr bestiegen. Bis zu seinem Tode verbrachte er Tag und Nacht in seinem Bunker.

*

20. April 1945 — Sechsundfünfzigster Geburtstag des Führers. Unwillkürlich dachte ich an die Jahre zurück, wo das deutsche Volk diesen Tag feierte und große Empfänge und Paraden stattfanden.

Bei meiner Einstellung 1932 ersehnte ich mir, ihn ständig fahren und begleiten zu dürfen, um damit an einem bescheidenen Platz an seinen Erfolgen für den Frieden teilhaben zu können. Soweit das Schicksal es erlaubte, hatte mir das Leben diesen Wunsch erfüllt.

Der 20. April 1945 war ein anderer Tag. Rings um die Mauern der Hauptstadt des Reiches drohten die Armeen seines größten Feindes. Keine Festlichkeiten und Paraden! Nur im Bunker herrschte ein etwas lebhafteres Treiben als sonst.

Schon am 19. April, kurz vor 24 Uhr, erschien der militärische und persönliche Stab des Reichskanzlers zur Gratulation. Feldmarschall Keitel und Generaloberst Jodl sowie General Burgdorf hatten sich mit sämtlichen Adjutanten eingefunden. Eine feierliche Stimmung herrschte in dem Augenblick, als Adolf Hitler die Glückwünsche entgegennahm.

Während des 20. April erschienen laufend Persönlichkeiten, um Hitler zu gratulieren. Auch Hermann Göring und Dönitz waren anwesend. Nach überraschend kurzer Zeit kam Göring jedoch wieder aus dem Arbeitszimmer Hitlers und verließ den Führerbunker. Noch am gleichen Tage verließ Göring Berlin, um es nie wieder zu betreten.

Kaum beendete die Mitternacht den letzten Geburtstag Adolf Hitlers, so setzten die Großangriffe der Roten Armeen auf Berlin ein. Der Endkampf hatte begonnen.

Die ersten Funksprüche trafen in der Frühe des 21. April ein. Die Reichshauptstadt lag unter dem Beschuß der schweren russischen Artillerie. Schon waren die ersten Detonationen zu hören. Wie eine donnernde Brandung rollten sie näher und näher.

Es war, als ob sich die erregte Atmosphäre der Stadt, die nun um ihr Leben kämpfte, unmittelbar auf das Führerhauptquartier übertrug. Jeder von den Männern, von Adolf Hitler bis zur letzten Ordonnanz, wußte, daß es nun um das Letzte ging.

Die ersten russischen Granaten schlugen bereits im Regierungsviertel ein. Im Garten der Reichskanzlei bildeten sich zunehmend neue Krater. Splitter surrten umher, Fensterscheiben zersprangen. Die Luft war voller Staub und Rauch.

In der Lagebesprechung bestürmten die Herren des engeren Gefolges, an ihrer Spitze Keitel, Jodl und Bormann, den Führer erneut, von den bereitstehenden Flugzeugen Gebrauch zu machen und sich selbst sowie den Führungsstab auf den Obersalzberg in Sicherheit zu bringen. Von dort aus konnte ein letzter Kampf besser geführt werden als aus dem von den Russen umzingelten Berlin.

Adolf Hitler lehnte es ab. Er erklärte, daß er, wie sich die Lage entwickeln möge, die Reichshauptstadt Berlin nicht verlassen würde. Seitdem er sich in Berlin befand, hatte er seinen Herren gegenüber immer wieder diesen Standpunkt zum Ausdruck gebracht. Auf seinen Befehl mußten sämtliche zur Verfügung stehenden Flugzeuge sofort für den Abtransport von Frauen und Kindern startbereit gemacht werden. Ferner hatte er allen seinen Mitarbeitern freigestellt, Berlin zu verlassen.

Trotz des schweren Feuers der Artillerie und der feindlichen Flakbatterien gelang es den überladenen Maschinen, Höhe zu gewinnen und in Richtung Süden über die russische Front abzufliegen. Hausangestellte und Stenografen, Sekretärinnen und Angehörige des persönlichen Stabes befanden sich unter den Fluggästen. Auch Professor Dr. Morell, der bisherige Leibarzt des Chefs, erlebte so den Flug aus der eingeschlossenen Reichshauptstadt. Der empfindliche Arzt erwies sich den Situationen der belagerten Stadt nicht gewachsen und litt unter Angstzuständen. So ordnete der Führer seinen Abflug persönlich an.

Nach dem Abschied Dr. Morells äußerte der Chef, er wolle keinen Arzt mehr für sich in Anspruch nehmen, da er keinem Menschen mehr traue. Er habe das Gefühl, es könne einer seiner Ärzte ihm eine Morphiumspritze verabreichen, um ihn im betäubten Zustande gegen seinen Willen aus Berlin herauszuschaffen.

Da die Flugkapitäne Hans Baur und Georg Beetz im Hauptquartier zurückgeblieben waren, mußte Adolf Hitler damit rechnen, daß auch gegen seinen Willen die beiden Reserveflugzeuge dieser Flugkapitäne auf dem Flughafen Gatow noch immer für ihn in Bereitschaft gehalten wurden.

Weil nach der Entlassung Dr. Morells der Posten eines Leibarztes des Reichskanzlers neu besetzt werden mußte, wurde der anwesende Chirurg, SS-Arzt Dr. Stumpfegger, offiziell zum Nachfolger Professor Dr. Morells ernannt. Zu einer ärztlichen Behandlung des Führers ist er jedoch nie aufgefordert worden.

Obwohl hier alle — soweit ich es beurteilen kann — fest entschlossen waren, bis zur letzten Stunde pflichtgemäß auszuharren, wurden jedoch auch wir durch die Ereignisse stark beeindruckt. Ich entsinne mich der großen Erschütterung, die uns alle befiel, als Botschafter Hewel (der Verbindungsmann des Reichsaußenministers beim Reichskanzler) uns ein Flugblatt des bekannten russischen Dichters Ilja Ehrenburg vorlas. Dieses Flugblatt war bei den Roten Armeen verteilt worden, als sie die deutsche Reichsgrenze überschritten.

Eines dieser Flugblätter war aus dem Besitz eines russischen Gefangenen in die Hände des Botschafters gelangt, der es sofort von einem Dolmetscher hatte übersetzen lassen. Unauslöschbar haben sich in meinem Gedächtnis die Worte eingeprägt, die der Botschafter uns Männern aus Hitlers engerer Umgebung damals im Führerbunker vorlas.

Nach Kriegsende erfuhr ich, daß Botschafter Hewel sich im Bierkeller der Schultheiß-Brauerei in Berlin in der Schönhauser Allee nach dem Ausbruch aus der Reichskanzlei selbst erschossen hat. Auf Grund des vorgefundenen Flugblattes hatte Hewel bereits vorher bemerkt, daß er sich das Leben nehmen würde, um nicht in Gefangenschaft zu geraten.

Wenn ich an dieser Stelle solche Einzelheiten schildere, so tue ich es, um ein möglichst wahrheitsgetreues Bild von jener Stimmung zu geben, die uns Männer im letzten Führerhauptquartier damals beseelt hat.

Enger und enger schloß sich der Ring um Berlin. Die Schlacht um die Reichshauptstadt nahm an Heftigkeit zu. Wir erfuhren von den schweren Verlusten der Zivilbevölkerung. Noch aber fuhren die Straßen-, Untergrund- und Stadtbahnen. Natürlich fuhren sie nicht mehr alle. Wo aber irgendwie die Geleise noch in Ordnung waren, der elektrische Strom noch funktionierte, taten diese Männer und Frauen ihre Pflicht wie Soldaten. Auch eine große Anzahl von Fabriken arbeitete noch immer. Durch das Feuer der russischen Granaten gingen Berlins Männer und Frauen den Weg zu ihren Arbeitsstätten. Im Hagel der russischen Granaten hielten die Berliner genauso stand, wie sie die schwersten Bomben auf ihre Stadt in Ruhe und Haltung ertragen hatten. Bis zur Eroberung des letzten Berliner Straßenzuges hat jeder Bewohner der Reichshauptstadt Übermenschliches geleistet.

Berlin wurde weiter verteidigt.

Dr. Morells früherer Unterkunftsraum wurde von Dr. Goebbels und seiner Frau bezogen. Ihre Kinder wurden im Vorbunker untergebracht. Auch Dr. Goebbels wollte Berlin nicht verlassen und mit seiner Familie bleiben.

Durch den ständig wachsenden Beschuß waren die Gebäude der Reichskanzlei schwer getroffen worden. Die Telefonleitungen waren zum größten Teil zerstört. Es kam vor, daß der Führerbunker über mehrere Stunden völlig von der Außenwelt abgeschlossen war. Die Nachrichtenleute versuchten im schweren russischen Artilleriefeuer immer wieder, die notwendigen Verbindungskabel in Ordnung zu bringen. Ordonnanzen kamen und gingen, um Befehle oder Meldungen zu überbringen.

In den frühen Morgenstunden des 24. April vernichteten russische Granaten einen großen Teil meines Fahrzeugparkes. Sechzig Fahrzeuge waren unbrauchbar geworden. Durch einstürzende Betondecken wurde alles zu einem Chaos zerdrückt und zerschmettert.

*

Plötzlich wurden wir durch das unerwartete Eintreffen von Minister Speer überrascht, der den Führer noch einmal aufsuchte. Er hatte sich bereits am 20. April von uns allen verabschiedet, um sich befehlsgemäß von Berlin abzusetzen. Nun flog er am 25. April nochmals mit einem Fieseler-Storch nach Berlin und landete auf der Ost-West-Achse. Von dort kam er zu Fuß in die Reichskanzlei.

Nach einer längeren Besprechung mit Adolf Hitler unterhielt er sich mit dem ebenfalls im Bunker anwesenden Reichsaußenminister Ribbentrop, um darauf die Reichshauptstadt wieder zu verlassen. Anschließend an diese Besprechung hat auch der Reichsaußenminister mit seinem eigenen Wagen die Reichskanzlei und somit Berlin in Richtung Norden verlassen. In uns allen war eine Vorahnung, daß außerordentliche Ereignisse eintreten mußten.

Am späten Nachmittag hatten wir die Sensation, deren Kommen wir gefühlt hatten. Ein Telegramm Görings vom

Obersalzberg traf ein. Mit größter Empörung hörten wir den Wortlaut, der etwa folgendermaßen lautete:

„Nachdem Sie, mein Führer, mich zu Ihrem Nachfolger bestimmten, falls Sie durch den Tod oder sonstige Umstände nicht mehr in der Lage sein sollten, die Regierungsgeschäfte weiterzuführen, halte ich die Zeit für gekommen, mein Amt als Nachfolger anzutreten. Sollte ich bis zum 26. April 1945, 24 Uhr, keine Antwort von Ihnen erhalten haben, nehme ich an, daß Sie mit meinen Forderungen einverstanden sind. gez. Göring."

In dem kleinen Kreise, in dem dieses Telegramm bekannt wurde, war seine Wirkung größer als das Einschlagen einer Bombe.

Gut — seit dem Versagen der Luftwaffenführung bestand eine Mißstimmung zwischen dem Chef und dem Reichsmarschall, von der wir Eingeweihten wußten. Ein solches Telegramm aber hätte niemand von uns Hermann Göring zugetraut. Der Reichsmarschall stellte nahezu diktatorische Forderungen an den Chef. Wir einfachen Männer empfanden diesen Schritt Görings als offenen Hochverrat.

Die Dinge spitzten sich immer mehr zu. Kurz nach dem Eintreffen des Telegrammes von Hermann Göring startete der persönliche Adjutant, SS-Gruppenführer Schaub, mit einer der beiden letzten Maschinen, die noch zur Verfügung standen, nach München. Ich hörte, der Chef habe angeordnet, sämtliche persönliche Akten von ihm in München und auf dem Obersalzberg zu vernichten. In Berlin war dies bereits geschehen.

Die gedrückte Stimmung im Bunker nahm nun immer ernstere Formen an. Mit bleichen Gesichtern und einer geradezu erschütternden Gelassenheit versahen die Männer und Frauen ihren Dienst. Der Krieg galt als verloren. Jeder war der Ansicht, daß es keine Rettung für Deutschland mehr gäbe.

Oder sollte es General Wenck doch noch gelingen, Berlin zu entsetzen —?

Nach dem Abflug Schaubs fand eine Besprechung zwischen dem Chef und Bormann statt. Mit der Erklärung, er handele im Auftrage Adolf Hitlers, gab Bormann etwa folgenden Funkspruch an Göring auf:

„Ihre Absicht, die Staatsführung zu übernehmen, ist Hochverrat. Hochverräter werden mit dem Tode bestraft. Unter Würdigung der guten Verdienste, die Sie sich durch Ihre jahrelange Tätigkeit in Partei und Staat erworben haben, will der Führer nochmals von der Todesstrafe Abstand nehmen, verlangt aber sofort Ihren Rücktritt mit der Begründung, daß Sie infolge Erkrankung nicht mehr in der Lage sind, die Ihnen übertragenen Geschäfte wahrzunehmen. gez. Bormann."

Gleichzeitig richtete Bormann einen Funkspruch an SS-Obersturmbannführer Dr. Frank, den Kommandeur der SS-Einheiten auf dem Obersalzberg, mit etwa folgendem Inhalt:

„Göring hegt hochverräterische Absichten. Ich befehle Ihnen, Göring sofort festzunehmen, um alle Möglichkeiten zu unterbinden. Vollzugsmeldung hierher. gez. Bormann."

Kurze Zeit darauf ließ Bormann nochmals ein Telegramm mit etwa folgendem Inhalt an den Obersalzberg abgehen:

„Sollte Berlin fallen, so sind die Verräter vom 22. April 1945 zu erschießen. gez. Bormann."

Lange Zeit nach Kriegsende erfuhr ich von der Wirkung dieser Telegramme.

SS-Obersturmbannführer Dr. Frank hatte nach Empfang der Telegramme von Bormann mit den ihm zur Verfügung stehenden drei Kompanien der Waffen-SS sofort sämtliche Baulichkeiten des Obersalzbergs besetzt und den gesamten Komplex hermetisch von der Außenwelt abgeschlossen. Selbst die auf dem Obersalzberg befindliche Dienststelle des Reichssicherheitsdienstes wurde unter seine Kontrolle gestellt.

Hermann Göring wurde aus Sicherheitsgründen nach Österreich verbracht, wo er bis zur Gefangennahme durch die Amerikaner unter SS-Bewachung Martin Bormanns Gefangener verblieb.

Das Ende naht

Wenige Wochen vor dem Geburtstage Adolf Hitlers war Eva Braun in Berlin eingetroffen. Gegen seinen Willen verbrachte sie gemeinsam mit ihm seinen Geburtstag und teilte mit ihm seine letzten Tage bis zu seinem Tode.

Erst am 26. April fand ich Gelegenheit, mich mit Eva Braun, die ich seit 1932 gut kannte, längere Zeit zu unterhalten. Sie schilderte mir ihren Willen, in Berlin zu bleiben, ruhig und gefaßt. Sie war sich in dieser Stunde völlig darüber klar, daß es aus dieser Situation keinen Ausweg mehr gäbe.

„Ich will den Führer unter keinen Umständen verlassen, sondern, wenn es sein muß, gemeinsam mit ihm sterben. Er hat zuerst darauf bestanden, daß ich Berlin mit dem Flugzeug verlasse. Ich habe ihm geantwortet: ‚Ich will nicht! Dein Schicksal ist auch mein Schicksal!'"

Wir kamen auf Martin Bormann zu sprechen, der in diesem Augenblick gerade an uns vorüberging. Eva Braun gab mir klar zu verstehen, daß der Führer ihn bereits seit längerer Zeit durchschaut habe. Es sei ihm jedoch unmöglich, Bormann während des Krieges aus seiner Machtstellung zu entfernen, da er sich nur schwer an neue Mitarbeiter gewöhnen könne. Abschließend meinte sie, es wäre auch der Tag gekommen, wo ein Bormann hätte gehen müssen. —

Der Führerbunker hatte bereits verschiedene Volltreffer erhalten. Die dicken Betondecken hielten jedoch stand. Die Posten der Reichskanzlei wurden mit Maschinenpistolen und

Handgranaten gegen eventuell eingesetzte Fallschirmjäger oder Stoßtrupps ausgerüstet.

Im Berliner Norden tobten inzwischen schwere Straßenkämpfe. Die wenigen deutschen Truppen und der Volkssturm, der nur mangelhaft ausgerüstet war, kämpften verzweifelt. Die Übermacht war zu groß. Unsere Hoffnung auf den Einsatz der Armee Wenck und des Panzerkorps Steiner wurde zunichte.

Offiziere und Ordonnanzen berichteten, daß die Straßen von Verwundeten und Toten umsäumt seien. Brennende Fahrzeuge und Panzer zeugten von der Schwere der Kämpfe.

Die Räume der neuen Reichskanzlei, die früher als Luftschutzbunker für Kinder des Berliner Nordens und werdende Mütter Verwendung gefunden hatten, wurden zum Lazarett. Durch das ständige Einströmen von Verwundeten waren auch wir in der engeren Umgebung des Führers ständig über die Lage an den einzelnen Kampfabschnitten unterrichtet. Mehrmals begleite ich Professor Dr. Haase, der übrigens früher persönlicher Begleitarzt des Chefs war, durch das Lazarett und besuchte dort meine verwundeten Kameraden.

General der Flieger Ritter von Greim war anstelle des Reichsmarschalls zum Oberbefehlshaber der Luftwaffe ernannt worden. Ein Befehl des Chefs veranlaßte Greim, am 26. April nach Berlin zu fliegen. Nach einer Zwischenlandung in Gatow traf der Fieseler-Storch, von Hanna Reitsch gesteuert, in Berlin ein und landete in der Nähe des Brandenburger Tores auf der Ost-West-Achse. Als der General durch russisches Feuer verwundet worden war, gelang es ihr unter schwierigen Umständen, über den im Sitz hingesunkenen General hinweg das Steuer zu ergreifen, um das Flugzeug aufzusetzen.

Sofort nach seinem Eintreffen in Berlin wurde der neue Luftwaffenbefehlshaber verbunden und erhielt schmerzstillende Medikamente. In der Zwischenzeit berichtete Hanna

Reitsch dem Führer über den Flug. Unbegreiflich waren ihm die kühnen Leistungen dieser Frau. Schon immer hatte ihr flugtechnisches Können seine besondere Bewunderung gefunden.

Als Ritter von Greim das Zimmer Adolf Hitlers betrat, war sie im Begriffe, sich vom Führer zu verabschieden. Auch ich hatte die große Freude, sie kurz zu begrüßen. Anschließend begab sie sich zu den Kindern der Familie Goebbels, um ihnen Trost zu geben und ihnen über ein paar schwere Stunden hinwegzuhelfen. Die gleiche Frau, die noch eben eine wohl beispiellose Leistung vollbracht und männlichen Mut in höchster Vollendung aufgebracht hatte, wurde nun zur mütterlichen Frau. Sie erzählte den Kindern Märchen, sie sang und spielte mit ihnen und ließ sie ihr trauriges Los vergessen.

*

Am 27. April 1945, nachmittags gegen 17 Uhr, rief mich der Verbindungsoffizier von Himmler zu Hitler, SS-Obergruppenführer und General der Waffen-SS Hermann Fegelein, telefonisch an und fragte mich, ob ich ihm für eine Informationsfahrt zwei Wagen zur Verfügung stellen könne. Außerdem wäre er mir dankbar, wenn ich ihm noch einen persönlichen Gefallen erweisen könne. Es handele sich um eine Aktentasche mit wichtigen Handakten des Reichsführers-SS Heinrich Himmler und ihm selbst, die ich in Verwahrung nehmen solle. Er wolle sie mir gegen 22 Uhr persönlich im Führerbunker übergeben. Es sei unbedingt erforderlich, sie sicher zu verwahren und bei einem eventuellen Durchbruch des Feindes entweder gut zu verstecken oder zu vernichten. Keinesfalls dürfe sie in die Hände des Gegners fallen.

Da ich mich mit Fegelein seit langen Jahren kameradschaftlich duzte und er gleichzeitig als Schwager von Eva

Braun das vollste Vertrauen des Chefs genoß, hatte ich keinerlei Bedenken, ihm die Erfüllung seiner Bitten zuzusagen. Ich hatte in diesem Augenblick wirklich nicht gedacht, daß ich mit meiner Bereitschaft, ihm gefällig zu sein, mein eigenes Leben an einen Faden gehängt hatte.

Kurze Zeit darauf verließ Fegelein mit den beiden von mir wieder instand gesetzten und zur Verfügung gestellten Fahrzeugen die Reichskanzlei. Es waren die beiden letzten Fahrzeuge aus meinem einstmals so großen Wagenpark, die noch einigermaßen betriebsfähig waren.

Zu meiner großen Verwunderung trafen die beiden Wagen etwa eine halbe Stunde später wieder bei mir ein, jedoch ohne Fegelein. Von den Fahrern erfuhr ich, daß er in der Nähe des Kurfürstendammes ausgestiegen sei, um zu Fuß seine weiteren Informationen anzustellen. Fegelein hatte die Reichskanzlei in der Uniform eines Generals der Waffen-SS verlassen.

Als ich etwa eine halbe Stunde vor 22 Uhr gemäß meiner Verabredung mit Fegelein im Führerbunker eintraf, war dort alles in größter Erregung. Soeben war eine wichtige Nachricht des Deutschen Nachrichtenbüros als Reuter-Meldung durchgegeben worden. Da alle Funkeinrichtungen der Reichskanzlei ausgefallen waren, hatte ein Funkwagen meiner Frontkolonne im Kohlenbunker den Funkbetrieb seit Tagen übernommen. Ohne diesen Nachrichtenwagen wäre der Führerbunker schon lange ohne jede Funkverbindung mit der Außenwelt gewesen.

Fieberhaft arbeitete der Bunker an seinen Geräten, und gespannt warteten wir auf die angekündigte Nachricht:

„Reuter meldet über DNB, Himmler hat mit dem Grafen Bernadotte Verbindung aufgenommen, um mit den Westalliierten über einen Separatfrieden zu verhandeln. Als Verhandlungsgrundlage gibt Himmler an, der Führer sei eingeschlossen und leide unter Gehirnblutungen. Er sei nicht mehr Herr seiner Sinne und würde höchstens noch zweimal 24 Stunden am Leben bleiben."

Die Meldung schlug wie ein Blitz bei uns ein. Sie wirkte noch niederschmetternder als das Telegramm des Reichsmarschalls Göring.

Bormann kam aus dem Lage-Raum und hielt den aufgenommenen Spruch in der geballten Faust. Voller Empörung kam es über seine Lippen:

„Ich habe schon immer gewußt, man darf die Treue [auf dem Koppelschloß der SS stand bekanntlich ‚Meine Ehre heißt Treue'] nicht auf dem Koppelschloß, sondern muß sie im Herzen tragen."

Seine erste Frage galt mir:

„Wo ist Fegelein?"

Wahrheitsgemäß berichtete ich mein Gespräch mit Fegelein und dessen Abfahrt mit meinen Wagen. Ich fügte hinzu, daß er mir um 22 Uhr eine Aktentasche übergeben wolle. Obgleich jeder, ob Mann oder Frau, sich bemühte, Haltung zu bewahren, war jedoch die innere Nervosität aller Anwesenden auf das höchste gestiegen. Für jeden von uns war Fegelein ein untadeliger Mann gewesen. Er trug die höchsten Auszeichnungen des deutschen Reiches. Er duzte sich außer mit mir auch mit Martin Bormann und den SS-Generalen Rattenhuber und Baur.

Die Sekretärinnen und Botschafter Hewel baten den Chef um Gift. Es war bekannt, daß Hitler von Himmler schon vor einiger Zeit Ampullen mit Gift erhalten hatte.

Wo war Fegelein —?

Wenn jemand über den Verrat Himmlers unterrichtet gewesen sein konnte, dann mußte es Fegelein sein!

Inzwischen war der Adjutant Fegeleins in die Reichskanzlei zurückgekehrt. Er wurde sofort von dem „Chef der Dienststelle des Reichssicherheitsamtes beim Führer", Kriminaldirektor Högl, vernommen. Er gab zu Protokoll, daß Fegelein den Entschluß gefaßt habe, die Wagen zurückzusenden und den Weg zu Fuß fortzusetzen. Sie seien gemeinsam in die Berliner Wohnung Fegeleins gegangen. Dort habe sich der General Zivilkleider angezogen und ihm vorgeschlagen, das gleiche zu tun.

Durch das sonderbare Verhalten seines Generals sei er stutzig geworden und habe es unter diesen Umständen für korrekt gehalten, in Uniform in die Reichskanzlei zurückzukehren. Fegelein habe die Absicht gehabt, sich von den Russen überrollen zu lassen, um sich anschließend zu Himmler durchzuschlagen.

Das waren offenkundiger Verrat und Treuebruch Fegeleins. Auf Befehl Bormanns wurden sofort alle noch erreichbaren Dienststellen verständigt, Fegelein festzunehmen, wo sie ihn fänden und sofort zum Führerbunker zu bringen.

Für das unerhörte Tempo, in dem sich damals die Ereignisse in der Reichskanzlei abspielten, mag folgendes typisch sein:

Während noch alles auf das Auffinden Fegeleins wartete, wurden durch Staatssekretär Naumann in Gegenwart des Chefs und Eva Brauns zwei Ordonnanzen standesamtlich getraut. Von irgendwo aus der Stadt waren die beiden Mädchen vor den Russen zu ihren Verlobten geflüchtet, um bei ihnen Schutz und Hilfe zu finden. In aller Stille wurde die Trauung in einem Raum der Alten Reichskanzlei, der in einem toten Winkel lag und nicht dem Beschuß ausgesetzt war, vollzogen.

Gegen Mitternacht verband die Telefonzentrale in einem Anruf aus Berlin General Fegelein mit Eva Braun. Hastig forderte er seine Schwägerin auf, gemeinsam mit Hitler Berlin zu verlassen. Er hielt ein Herauskommen noch unbedingt für möglich und wollte die Flucht organisieren. Eva Braun lehnte das Angebot ab und erklärte, daß sie auf seine Hilfe verzichte. Sie machte ihn auf die Folgen seines Vorhabens aufmerksam und bat ihn, zu seinem Dienst zurückzukehren. Fegelein lehnte das ab. Er betonte, er käme nicht zurück; den

Entschluß, zu Himmler zu gelangen, würde er nicht aufgeben.

Anschließend an den Kohlenbunker befanden sich mehrere Kellerräume, in denen verschiedene Persönlichkeiten aus der engeren Umgebung des Chefs, u. a. auch Fegelein, ihre persönlichen Räume hatten.

Kurz nach Mitternacht wurde in dem von Flüchtlingen überfüllten Kohlenbunker ein verdächtiger Zivilist beobachtet, der sich — anscheinend von den hinteren Kellerräumen kommend — einen Weg nach dem Ausgang des Kohlenbunkers bahnte. Da man annahm, daß es sich vielleicht um einen Saboteur handelte, der vom Kohlenbunker aus seinen Weg zur Voß-Straße nehmen wollte, wurde ein Posten auf diesen Mann aufmerksam gemacht.

Als er ihn verhaften wollte, erklärte der Verdächtige, er sei General Fegelein und verbäte sich derartige Anrempelungen. Da dem Posten jedoch bekannt war, daß der General Fegelein gesucht wurde, ließ er sich nicht einschüchtern und führte die Verhaftung durch. Er brachte Fegelein zum Verteidigungskommandanten des Regierungsviertels, SS-Brigadeführer Mohnke.

Mit Hausschuhen und Ledermantel, Schal und einer Sportmütze bekleidet, machte er, als wir ihn bei Mohnke erblickten, einen sonderbaren Eindruck. Er mußte zugeben, die Aktentasche soeben aus seinem Zimmer hinter dem Kohlenbunker geholt zu haben.

Mohnke übergab Fegelein sofort dem zuständigen Kriminaldirektor Högl zum Verhör. In der Aktentasche wurden die Unterlagen für den Hochverrat Himmlers und Fegeleins, auf denen sich die Reutermeldung aufbaute, gefunden. Im Verhör mußte er zugeben, daß er die Absicht gehabt hatte, mit der Aktentasche von neuem aus der Reichskanzlei herauszukommen.

Es wurde nun sofort eine Durchsuchung von Fegeleins Zimmer angeordnet. Es befand sich darin ein Reisekoffer, auf dessen Boden sich zwei je über einen halben Meter lange Rollen englischen Goldes sowie Pakete mit englischen Pfund- und Dollarnoten befanden. Nach oberflächlicher Schätzung mußte es sich um ein Millionenvermögen in Feinddevisen gehandelt haben. (In diesem Zusammenhange sei aus historischem Interesse erwähnt, daß mit an Sicherheit grenzender Wahrscheinlichkeit auch dieser Schatzkoffer der Herren Himmler und Fegelein bei der Plünderung der Reichskanzlei in die Hände des Feindes gefallen ist.)

Auf Befehl des Chefs wurde sofort ein Kriegsgericht zusammengerufen. Nach einer kurzen Verhandlung wurde das Urteil auf Grund der vorliegenden Unterlagen gesprochen:

Tod durch Erschießen wegen Hochverrats.

Ohne eine Miene zu verziehen, nahm Fegelein sein Todesurteil entgegen.

Das Urteil wurde Hitler zur Unterschrift und Bestätigung vorgelegt. Hitler schwankte. Es handelte sich um einen Mann, der sich als Frontsoldat bewährt hatte und obendrein der Schwager der Frau war, die er liebte. Er überlegte, ob er diesem Mann, anstatt ihn zu erschießen, eine Frontbewährung zuerkennen sollte. Sie konnte Fegelein die Möglichkeit geben, sich zu rehabilitieren.

Eva Braun erinnerte darauf Adolf Hitler an das nächtliche Gespräch, welches sie noch vor wenigen Stunden mit ihrem Schwager geführt hatte. Sie machte auf die Möglichkeit aufmerksam, daß es Fegeleins und Himmlers Plan gewesen sein könnte, ihn und sie lebend in die Hände des Feindes fallenzulassen. Sie wollte keine Rücksicht auf sich und ihre Familie nehmen, denn Recht mußte Recht bleiben.

Darauf unterzeichnete Adolf Hitler ohne weiteres Zögern das Todesurteil. Unmittelbar darauf wurde der SS-Obergruppenführer General Fegelein durch seine eigenen SS-Männer im Garten des Auswärtigen Amtes hingerichtet.

*

In Anbetracht der sich zuspitzenden Lage beauftragte der Chef Professor Dr. Haase, zur Erprobung des ihm von Himmler übergebenen Giftes einen Tierversuch durchzuführen. Es fiel ihm sichtbar schwer, dafür seinen Lieblingshund Blondi zur Verfügung zu stellen. Auf vielen Reisen und in Stunden der Einsamkeit war der Schäferhund sein treuer Freund und Begleiter gewesen. Hitler zweifelte nach den Erfahrungen, die er mit Himmler gemacht hatte, daran, daß dieser ihm auch tatsächlich wirkungsvolles Gift übergeben hatte.

In diesem Falle jedoch war er nicht getäuscht worden. Sofort nach der Einspritzung lag der Schäferhund tot auf dem Teppich.

Die Panzersperren in den Straßen Berlins waren längst geschlossen worden. Schwere und leichte deutsche Panzerwagen stellten sich in den Straßen und Plätzen auf. Zum Teil eingegraben, überragten sie nur mit den Türmen die Straßenoberfläche.

Lebensmittel wurden an die Bevölkerung verteilt. Trotz des schweren Feuers standen die Menschen Schlange vor den Geschäften. Jeder versuchte, in den Besitz von Nahrungsmitteln oder Kleidern zu gelangen. Die ersten Plünderungen von Läden setzten ein.

Die Flak-Artillerie griff in den Erdeinsatz ein. Straße um Straße mußte von der feindlichen Infanterie und den Panzern unter schweren Verlusten erkämpft werden.

Am 28. April verließen Feldmarschall Ritter von Greim und Hanna Reitsch mit dem letzten Flugzeug die Reichshauptstadt.

*

Schon seit Tagen wurde im engeren Kreis von einer bevorstehenden Heirat Hitlers und Eva Brauns gesprochen. Noch zweifelten viele daran, aber bald sollten wir davon überzeugt werden.

Die ersten Vorbereitungen wurden am 28. April getroffen. Die Trauung Hitlers sollte in seinem Arbeitsraum stattfinden. Vorher diktierte er seiner persönlichen Sekretärin, Frau Traute Junge, sein Testament. Es war das erste Mal, daß sie ein Diktat des Chefs in Stenografie aufzunehmen hatte. Bis dahin hatte er stets direkt in die Maschine diktiert. Es wurde sowohl sein politisches, als auch sein persönliches Testament niedergelegt.

Zur Teilnahme an der Hochzeit waren die Familie Goebbels, Bormann, Burgdorf, Hewel, die Sekretärin Frau Christian, Reichsjugendführer Axmann sowie der persönliche Adjutant, Oberst von Below, erschienen. Ein mir nicht bekannter Jurist aus dem Propagandaministerium übernahm die standesamtliche Trauung. Während die Granaten barsten und der Bunker von Volltreffern leicht erschüttert wurde, erfüllte der Jurist seine Pflicht als Standesbeamter.

Feierliche Stimmung herrschte unter den Anwesenden. Vor einem Tisch standen Hitler und Eva Braun. Als Trauzeugen traten ihnen Dr. Goebbels und Martin Bormann zur Seite.

Der schweren und unglücklichen Zeit angepaßte Worte über Ehe und eheliche Pflichten kamen gedämpft über die Lippen des Beamten. Die Urkunden wurden beiden zur Unterschrift vorgelegt. Die Eheschließung zwischen Adolf Hitler und Eva Braun war gesetzlich vollzogen.

Zwangslos saßen die Beteiligten, wie an den sonst üblichen Teeabenden zusammen. Obwohl die Anwesenden wohl ausnahmslos ahnten, daß Hitler und seine Frau in den Tod gehen wollte, versuchte der Chef in höflicher und verbindlicher Art die Stimmung zu heben. Eine angeregte Unterhaltung kam zustande. Noch einmal saßen die engsten Mitarbeiter zusammen. Gespräche über frühere Erlebnisse wurden laut, und so mancher dachte mit Wehmut an die Vergangenheit zurück.

Nur langsam wurde die Trauung der Außenwelt bekannt. Wer wußte bisher etwas in Deutschland von Eva Braun. Jeder fragte sich, warum Hitler erst kurz vor seinem Tode noch geheiratet hatte. Wir wenigen Eingeweihten sahen es richtig. Wir wußten, in welcher bescheidenen Treue diese Frau in langen Jahren der Einsamkeit der Mensch war, der Adolf Hitler sicher am nächsten gestanden hat.

Man mag heute über die politische Persönlichkeit Adolf Hitlers urteilen, wie man will. In den letzten menschlichen Bezirken war er, solange ich ihn kannte, einsam. Der einzige Mensch, der diese Einsamkeit mit ihm teilte, war Eva Braun. Dabei war sie von der größten Bescheidenheit, derer eine liebende Frau fähig sein kann. Sie hielt sich stets zurück und ist mit Ausnahme der letzten Wochen seines Lebens, die sie mit ihm teilte, niemals in einem Hauptquartier gewesen oder sonst öffentlich hervorgetreten. Hitler hat nicht anders gehandelt, als jeder ritterliche Mann aus allen Schichten des Volkes einer Frau gegenüber auch heute handeln würde. Er wollte nicht, daß die treueste Gefährtin seines Lebens vor der Geschichte als seine Geliebte dastünde. Im Augenblick der Trauung wußten sie beide, daß sie in Kürze gemeinsam in den Tod gehen würden.

Für Eva Braun war es das Frauenschicksal, das sie sich mit der ihr innewohnenden Demut aus eigenem Willen erwählt hatte.

*

Der 29. April 1945 brach an.

Beim ersten Morgengrauen berieten Dr. Goebbels und Bormann auf Veranlassung des Chefs mit ihm über die Zusammensetzung einer neuen Reichsregierung. Dr. Goebbels wurde von Adolf Hitler gebeten, das Amt des Reichskanzlers zu übernehmen. Er war damit einverstanden. Großadmiral Dönitz sollte in Abwesenheit mit den Geschäften eines Reichspräsidenten beauftragt werden.

Die Besprechung war zu Ende.

Alles schien nunmehr geklärt zu sein. Der Chef forderte Dr. Goebbels auf, Berlin sofort mit seiner Familie zu verlassen. Eine neue dramatische Situation zog herauf. Goebbels empfand diesen Befehl des Führers als einen Faustschlag ins Gesicht. Er verweigerte seine Ausführung. Er wollte Adolf Hitler nie verlassen, solange er lebte.

Als der Chef auf seiner Forderung bestand, erklärte Dr. Goebbels, daß er als Verteidigungskommissar von Berlin die Reichshauptstadt vor seinem Gewissen nicht verlassen dürfe. Das Gespräch nahm immer temperamentvollere Formen an. Der Führer war verzweifelt. In erregten Worten machte er Goebbels den Vorwurf, daß nicht einmal er, einer seiner getreuesten Anhänger, seine Befehle mehr befolgen wolle!

Mit Tränen in den Augen wandte Goebbels sich ab und verließ den Beratungsraum. Erschüttert von den Vorwürfen begab er sich in sein Arbeitszimmer und diktierte der Sekretärin Frau Junge sein Testament.

Am Nachmittag dieses Tages gegen 18 Uhr stand ich selbst zum letzten Male vor meinem Chef, dem ich dreizehn Jahre in Treue gedient hatte.

Er trug wie immer seinen feldgrauen Rock mit der schwarzen langen Hose. Er war vollständig ruhig und gefaßt. Auch ich, der ihn so gut kannte, konnte ihm nicht ansehen, daß er bereits mit dem Leben abgeschlossen hatte. In der rechten Hand hielt er eine Karte der Stadt Berlin. Seine Linke vibrierte leicht, wie es nach der Kopfgrippe in Winniza-Ukraine häufiger auftrat und in den letzten Monaten fast immer der Fall war.

„Wie sieht es bei Ihnen aus, Kempka?"

Ich berichtete, daß ich mit meinen Männern die Sicherung der Reichskanzlei vom Brandenburger Tor bis zum Potsdamer Platz aufrechterhielte.

„Was denken Ihre Männer?"

Auf meine Antwort, daß sie ausnahmslos eine tadellose Haltung bewahrten und auf den Entsatz durch General Wenck warteten, antwortete er ruhig:

„Auf Wenck warten wir alle!"

Zum letzten Male gab er mir die Hand.

Wieder rief mich der Dienst. Die Russen waren bereits im Reichstag. Immer mehr Stoßtrupps sickerten in den Tiergarten ein. Meine Männer brauchten mich.

Noch in dieser Nacht wurden die von Frau Junge geschriebenen Testamente Adolf Hitlers und Dr. Goebbels' unterzeichnet. Lorenz, der Vertreter des Reichspressechefs Dietrich, sowie Oberst von Below und SS-Standartenführer Zander, der persönliche Adjutant von Bormann, erhielten den Befehl, mit je einem Exemplar der ausgefertigten Dokumente den Durchbruch zu versuchen. In verschiedenen Richtungen verließen sie das eingeschlossene Berlin in der Hoffnung, mit den Dokumenten den neuen Reichspräsidenten, Großadmiral Dönitz, zu erreichen.

Kurz darauf erhielt ich von Bormann und General Burgdorf den Befehl, zwei zuverlässige Kradmelder mit einer Sonderbotschaft an General Wenck loszuschicken.

Mit Mühe und Not gelang es mir, zwei leichte Sachs-Motorräder zu beschaffen, auf denen die beiden Melder, in Zivil verkleidet, die Reichskanzlei verließen.

„Wenck, höchste Zeit! gez. Bormann, gez. Burgdorf", lautete der knappe Inhalt der Sonderbotschaft, welche als Begleitschreiben den Kradmeldern mitgegeben wurde.

Im starken Granatfeuer rasten sie durch die Straßen. Jeder versuchte, auf anderen Wegen und durch andere Stadtteile Berlin zu verlassen, um Ferch bei Potsdam zu erreichen, wo Wenck mit seinem Stabe liegen sollte.

Der eine Fahrer sollte nicht weit kommen. Mit höchster Kraftanstrengung fuhr er auf Nebenwegen durch den noch teilweise von deutschen Truppen besetzten Grunewald. Einige Landser versperrtem ihm den Weg und hinderten ihn am

Weiterfahren. Obgleich er seine Papiere und das Soldbuch vorzeigte, wurde er als Fahnenfluchtverdächtiger abgeführt. Gerade die Tatsache, daß er Zivil trug, hatte diesen Verdacht erhöht.

Im Gefechtsstand eines Bataillons wurde er verhört. Obwohl er das von Bormann und Burgdorf unterzeichnete Schreiben mit dem Briefkopf der Wehrmachtsadjutantur beim Führer vorzeigte, hielt man ihn fest. Man erklärte, daß die unterzeichneten Persönlichkeiten nicht bekannt seien.

Er wurde von Gefechtsstand zu Gefechtsstand gebracht. Überall wurde das Schreiben an General Wenck angezweifelt.

Erst am nächsten Morgen brachte man ihn in einem Schützenpanzerwagen zum Flakbunker am Zoo. Nach einem Anruf im Bunker der Reichskanzlei konnte der Irrtum aufgeklärt werden und er nach etlichen aufregenden Stunden wieder in Marsch zur Reichskanzlei gesetzt werden.

Der zweite Fahrer kehrte nicht wieder zurück und hat wohl auch sein Ziel nicht erreicht.

Der Tod Adolf Hitlers

Es war gegen Mittag des 30. April 1945.

Ununterbrochen schlugen die Granaten der russischen Artillerie im Bereich der Reichskanzlei und des Regierungsviertels ein. Der Kampf nahm an Heftigkeit immer mehr zu. Donnernd und krachend stürzten Häuser zusammen, die Straßen rings um die Reichskanzlei wurden zu Steinwüsten.

Der Führer verabschiedete sich von den noch anwesenden Personen. Jedem drückte er noch einmal die Hand und bedankte sich für die geleistete Arbeit und die ihm persönlich gehaltene Treue.

Die Sekretärinnen, Frau Junge und Frau Christian, sowie seine Diätköchin, Fräulein Manziali, wurden zum Mittagessen eingeladen. Neben Adolf Hitler saß seine Frau.

Wie in seinen besten Tagen bemühte er sich, das Gespräch zwanglos zu führen und auf jeden einzelnen der Anwesenden einzugehen.

Als dieses letzte Mahl beendet war und die drei Damen sich bereits zurückgezogen hatten, rief der Chef sie durch seinen Adjutanten Günsche nochmals zu sich. Am Eingang zum Vorraum seines Zimmers standen er und seine Frau. Er verabschiedete sich nochmals von den drei Damen. Frau Hitler umarmte die langjährigen Mitarbeiterinnen ihres Mannes und gab jeder noch einmal zum Abschied die Hand.

Auch von Bormann und seinem Adjutanten Günsche nahm der Chef den letzten Abschied. Sein Adjutant Günsche bekam nochmals den ausdrücklichen Befehl, sich sofort mit mir in Verbindung zu setzen und genügend Brennstoff für seine und seiner Frau Verbrennung bereitstellen zu lassen. Erklärend sagte der Chef zu seinem Adjutanten:

„Ich wünsche nicht, nach meinem Tode in einem russischen Panoptikum ausgestellt zu werden."

Ich befand mich in einem noch wenig zerstörten Aufenthaltsraum der unterirdischen Garagen. Ich war gerade von draußen gekommen, um für die Ablösung der Wachen zu sorgen. In diesem Augenblick läutete mein Telefonapparat. Ich ergriff den Hörer und meldete mich.

Günsche war am Apparat.

„Erich, ich brauche unbedingt etwas zu trinken. Hast du nicht eine Flasche Schnaps?"

Ich war von dieser Frage sehr überrascht. Wir hatten in diesen Tagen keinen Sinn für Alkohol.

Da drängte Günsches Stimme schon wieder.

„Hast du nicht irgend etwas drüben?"

Was war nur mit Günsche los! Da mußte doch irgend etwas nicht stimmen. Nun, ich würde es ja doch gleich erfahren, nachdem er erklärt hatte, er würde sofort zu mir herüberkommen. Ich stellte eine Flasche Kognak bereit.

Dann wartete ich. Was war nun wieder los! Günsche kam nicht. Ich wußte nicht, von welchem Apparat aus er angerufen hatte und wo ich ihn erreichen konnte.

Über eine halbe Stunde verging so. Da läutete das Telefon von neuem.

Wieder meldete sich Günsche. Mit vor Erregung heiser Stimme meldete er sich.

„Ich muß sofort zweihundert Liter Benzin von dir haben!"

Ich hielt es zunächst für einen schlechten Scherz und versuchte ihm klarzumachen, daß es ein unmögliches Verlangen an mich sei.

Seine Stimme überschrie sich jetzt beinahe:

„Benzin — Erich — Benzin!"

„Ja, wozu brauchst du denn bloß zweihundert Liter Benzin . . . ?"

„Kann ich dir am Telefon nicht sagen. Aber ich muß es haben, hörst du, Erich. Ich muß es sofort hier am Führerbunkerausgang haben, und wenn du die ganze Welt auf den Kopf stellst."

Ich machte ihn darauf aufmerksam, daß ich Benzin nur aus dem Tiergarten beschaffen könne, wo noch einige tausend Liter vergraben seien. Deswegen könne ich jedoch meine Männer nicht in den sicheren Tod schicken, da bei dem jetzigen schweren Artilleriefeuer dort gar nicht hinzukommen sei.

Ich bat ihn:

„Warte wenigstens bis um 17 Uhr, denn um diese Zeit wird die Beschießung im allgemeinen wesentlich geringer. Solange wirst du schon damit Zeit haben."

Günsche ließ sich auf nichts ein.

„Ich kann nicht eine einzige Stunde mehr warten. Versuche, was du aus den Benzintanks deiner zusammengeschossenen Wagen noch herausholen kannst. Schicke deine Männer mit den Kanistern sofort zum Ausgang des Führerbunkers und komme dann sogleich hierher!"

Günsche hängte ab.

Die Wagen im Garagenbunker waren zum großen Teil noch nicht ausgebrannt, sondern nur von den eingestürzten Betondecken verschüttet und zusammengedrückt.

In größter Eile veranlaßte ich meinen Vertreter, mit einigen meiner Männer sofort an die Arbeit zu gehen und das irgendwie erreichbare Benzin in Kanistern an den befohlenen Ort zu bringen.

Ich selbst eilte auf dem schnellsten Wege über Trümmer und zusammengeschossene Fahrzeuge zu Günsche, um zu erfahren, was denn nur los sei.

Im Augenblick, wo ich den Führerbunker betrat, verließ Günsche den Arbeitsraum Hitlers, so daß wir uns im Lage-Vorraum trafen.

Seine Züge hatten sich sichtbar verändert. Totenbleich und verstört schaute er mich an.

„Um Gottes willen, was ist denn passiert, Otto?" stieß ich hervor. „Du bist wohl wahnsinnig geworden, von mir zu verlangen, daß ich dir bei einem derartigen Artilleriebeschuß Benzin hierher bringe und das Leben von einem halben Dutzend Männern gefährde!"

Günsche schien meine Worte nicht gehört zu haben. Er stürzte zu den Türen und schloß sie.

Dann drehte er sich zu mir um, sah mich mit weit aufgerissenen Augen an und sagte: „Der Chef ist tot!"

Ich war wie vor den Kopf geschlagen. Dann überhasteten sich meine Fragen.

„Wie konnte das passieren? Gestern habe ich doch noch mit ihm gesprochen! Er war gesund und völlig aufgeschlossen!"

Günsche ist noch so erschüttert, daß er keine Worte findet. Er hebt nur den rechten Arm und deutet mit einer zum Pistolengriff geformten Faust nach seinem Munde.

STERBERAUM
VON ADOLF UND EVA HITLER

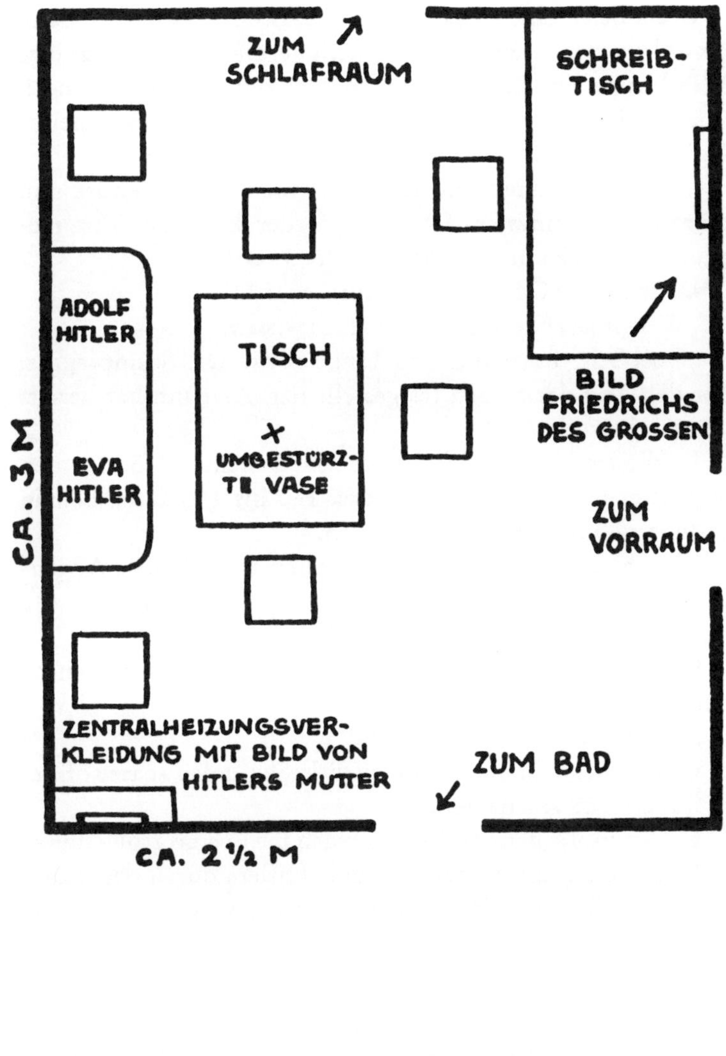

„Und wo ist Eva?“ fragte ich ihn tief bewegt.

Günsche deutete mit der Hand auf die nun wieder geschlossene Tür zum Zimmer des Chefs.

„Sie ist bei ihm.“

Nur mühsam erfuhr ich den Ablauf der letzten Stunden. Der Chef hatte sich in seinem Arbeitsraum mit seiner Pistole erschossen und war dann mit dem Kopf vornüber auf die Tischplatte gesunken.

Eva Hitler saß, schräg gegen die Lehne der Polsterbank gesunken, neben ihm. Sie hatte sich vergiftet. Aber auch ihre Hand hatte eine Pistole gehalten. Der rechte Arm hing noch über die Lehne der Polsterbank, und auf dem Boden daneben lag ihr Revolver.

„Bormann, Linge und ich hatten den Schuß gehört und stürzten ins Zimmer. Dr. Stumpfegger kam zur Untersuchung. Goebbels und Axmann wurden gerufen.“

Diese Worte Günsches überstürzten sich.

„Wer ist jetzt bei ihm?“ wollte ich wissen.

„Goebbels, Bormann und Linge sowie Dr. Stumpfegger, der den Tod der beiden festgestellt hat. Axmann hat bereits den Raum verlassen.“

In diesem Augenblick betrat einer meiner Männer den Vorraum und meldete, daß etwa 160 bis 180 Liter Benzin oben am Bunkerausgang stünden.

Ich schickte den Mann wieder hinaus. In diesem Augenblick öffnete sich die Tür zum Zimmer Adolf Hitlers.

„Das Benzin! . . . Wo bleibt das Benzin?!“

Die persönliche Ordonnanz Linge schrie verzweifelt nach dem Brennstoff.

Ich antwortete: „Benzin ist da!“

Linge stürzte in den Raum zurück. Sekunden später öffnete sich die Tür von neuem.

Dr. Stumpfegger und Linge trugen die in eine große dunkle Felddecke gehüllte Leiche Adolf Hitlers durch den Lage-Vorraum. Bis zur Nasenwurzel war das Gesicht des Chefs verdeckt. Unter seinen Haaren, die inzwischen stark ergraut waren, lag die Stirn im wächsernen Bleich des Todes. Der linke Arm war aus der Decke herausgerutscht und hing bis zum Ellenbogen schlaff herunter.

Hinter den beiden folgte Martin Bormann mit der toten Eva Hitler. In einem leichten schwarzen Kleid lag sie auf seinen Armen. Ihr Kopf mit den blonden Locken war nach hinten geneigt. Dieser Anblick erschütterte mich fast noch mehr als das Bild meines toten Chefs. Eva hatte Bormann gehaßt. Sie hatte viel Ärger durch ihn gehabt. Sein Spiel um die Macht war schon lange von ihr erkannt worden. Jetzt in ihrem Tode trug sie ihr größter Feind zur letzten Ruhe. Keinen Schritt weiter durfte sie in Martin Bormanns Armen verbleiben.

Ein kurzes Wort zu Günsche:

„Hilf du den Chef mit tragen, ich nehme Eva!"

Dann trat ich zu Bormann und nahm ihm Evas Leiche wortlos aus den Armen.

Ihre Seite war naß. Unwillkürlich glaubte ich, auch sie habe sich erschossen. (Später sagte mir Günsche, daß der Chef beim Niederstürzen auf den Tisch die Vase umgeworfen habe, daß wohl so das Wasser auf seine tote Frau geflossen sei.)

Mit den zwanzig Stufen, die zum Bunkerausgang führten, hatte ich nicht gerechnet. Meine Kraft versagte. Ich mußte stehenbleiben. Auf halber Höhe der Treppe eilte mir Otto Günsche zu Hilfe. Gemeinsam trugen wir den toten Körper Eva Hitlers ins Freie.

Inzwischen war es gegen zwei Uhr nachmittags geworden. Starker Beschuß lag auf dem Gebiete der Reichskanzlei. In unserer nächsten Nachbarschaft krepierten die russischen Granaten. Unzählige Erdfontänen stiegen auf. Die Luft war mit Mörtelstaub durchsetzt.

In der Hast hatten Dr. Stumpfegger und Linge den toten Chef ungefähr drei Meter halbrechts vor den Bunkerausgang auf die Erde gelegt. Unmittelbar daneben stand noch die große Betonmaschine, mit der ursprünglich einmal die Decke des Führerbunkers um einen Meter hatte verstärkt werden sollen.

So wie sie Adolf Hitler aus seinem Arbeitszimmer herausgetragen hatten, lag er nun dort, in seine graue Decke eingehüllt, mit den Beinen zum Bunkerausstieg gewandt. Die Decke, die nur zum Tragen des Körpers benutzt worden war, wurde nicht entfernt. Die langen schwarzen Hosen lagen nach oben geschoben. Der rechte Fuß war mit der für ihn typischen Haltung nach innen gekehrt. In dieser Stellung hatte ich seinen Fuß sehr oft gesehen, wenn er, neben mir sitzend, auf den Fahrten übermüdet eingenickt war.

Günsche und ich legten Eva Hitler neben ihren Mann. In der ungeheuren Erregung des Augenblicks hatten wir sie etwas schräg zu Adolf Hitler niedergleiten lassen.

Rings um uns krepierten die russischen Granaten, als ob die Artillerie in diesem Moment das Feuer auf den Garten der Reichskanzlei und auch auf den Führerbunker verdoppelt hätte.

Ich war zum Bunker zurückgestürzt und hielt einen Augenblick tief aufatmend still, um die nächsten Einschläge der Granaten abzuwarten. Dann ergriff ich einen Benzinkanister, rannte zum Bunker hinaus und stellte denselben neben die beiden Leichen. Schnell bückte ich mich und legte Hitlers linken Arm enger an seinen Körper. Vor mir flatterten seine Haare zerzaust im Winde.

Ich riß den Verschluß des Bezinkanisters auf. —

In unmittelbarer Nähe schlagen Granaten ein. Wir werden von Schmutz und Dreck überschüttet, Splitter surren und pfeifen über uns her.

Eiligst stürzen wir zum Bunkereingang zurück, um dort Schutz zu finden.

Unsere Nerven sind überspannt. Aufgeregt warten wir, bis das Einschlagen der Granaten in unserer Nähe nachgelas-

General der Artillerie, Helmuth Weidling, der letzte Verteidiger Berlins (links).

Bis zum letzten Mann wurde alles mobilisiert: vom HJ-Knaben bis zum alten Volkssturmmann (rechts).

Um jede Straße, um jedes Haus wurde erbittert gekämpft. Besonders die Kampfgruppen der Waffen-SS schlugen sich buchstäblich bis zur letzten Patrone (oben). Die wehrlose Zivilbevölkerung im Hagel roter Bomben und Granaten (unten).

Adolf Hitler mit seinem Fahrer, SS-Sturmbannführer Erich Kempka (oben links), das letzte Mal auf einem Gefechtsstand im Osten bei Feldmarschall Ferdinand Schörner (oben rechts). Die Landser umdrängten Adolf Hitler bei dem Verlassen des Gefechtsstandes. Bis zuletzt setzten sie alle Hoffnung in ihn (unten).

Immer enger zog die Rote Armee ihren Ring um die Reichshauptstadt. Ganz Berlin wurde zur Hauptkampflinie. Deutsche Posten vor der Gedächtniskirche (oben links). Zum letzten Mal zog durch die bereits zerstörten Straßen in Berlin die Wache auf (oben rechts). Nachdem die Seelower Höhen von den Rotarmisten mit großer Übermacht gestürmt worden waren, näherten sich die sowjetischen Stoßkeile im Eiltempo Berlin. Wohlwissend, welche Bedeutung diese beherrschenden Höhen für die Verteidigung Berlins hatten, errichteten die Sowjets nach dem Kriege auf dem Gräberfeld ein pompöses Denkmal (unten).

Die deutschen Generale, die Berlin nicht erreichten. Oben links: Generaloberst Gotthard Heinrici, Oberbefehlshaber der Heeresgruppe Weichsel; oben rechts: Generalleutnant Walther Wenck, Oberbefehlshaber der 12. Armee; unten links: Generalleutnant Theodor Busse, Oberbefehlshaber der 9. Armee; unten rechts: SS-Obergruppenführer Felix Steiner, Oberbefehlshaber der Armeegruppe Steiner.

Tag und Nacht arbeitete der Volkssturm an der Errichtung von Barrikaden und Deckungslöchern (oben). Gegen die rote Flut der Angreifer halfen auch die mutigsten Parolen Dr. Goebbels nichts (unten).

Unter den Einschlägen roter Granaten und Bomben wurde Berlin immer stärker zum Trümmerfeld (oben). Verbissen arbeiteten sich die Rotarmisten über die Ruinen gegen die sich zäh verteidigenden deutschen Soldaten immer näher heran (unten).

Bald standen die roten Panzer trotz Brückensprengung am Hallschen Tor auf beiden Seiten des Landwehrkanals (oben). Verzweifelt versuchten die Berlinerinnen vor der entmenschten roten Soldateska zu fliehen (unten).

sen hat, um das Benzin über die Leichen gießen zu können.

In gebeugter Stellung laufe ich wieder hinaus und greife zu dem Kanister. Am ganzen Körper zitternd, gieße ich mit unendlicher Überwindung, aber im Bewußtsein, daß es Adolf Hitlers allerletzter Befehl war, den Inhalt über die beiden Toten.

Immer wieder überwallt es mich.

„Ich kann das nicht tun!“

Und doch überwand mein Pflichtgefühl stets von neuem mein widerstrebendes Empfinden. Neben mir erfüllten Günsche und Linge die gleiche letzte Pflicht an Adolf Hitler und seiner Frau, deren Kleider leise im Winde wehten, bis sie allmählich durch die Schwere des Benzins niedersanken.

Aus den Gesichtszügen von Günsche und Linge las ich, daß auch sie mit innerem Kampf den letzten Befehl ihres Chefs ausführten.

Stets von neuem wurden wir durch das Einschlagen der Granaten von der aufgewühlten Erde überschüttet. Mit Todesverachtung holte ich einen Benzinkanister nach dem anderen aus dem Bunkereingang heraus, bis beide Körper für das grausige Spiel genügend mit Brennstoff getränkt waren. Durch den Arbeitsvorgang der Betonmaschine hatte sich gerade dort, wo die beiden Leichen lagen, eine kleine Mulde gebildet, worin sich das Benzin sammelte und von den Kleidern der beiden Toten aufgesogen wurde.

Noch einmal stürzten wir zum Bunker zurück, um neue Kanister zu holen. Dann nahm der Artilleriebeschuß derart an Heftigkeit zu, daß es uns nicht mehr möglich war, die Bunkerschleuse zu verlassen. Ein ans Wunderbare grenzender Zufall muß gewirkt haben, um zu verhindern, daß eine Granate ihren Verderben bringenden Weg bei diesem rasenden Artilleriefeuer zu uns fand.

Im Bunkereingang standen neben uns, die wir dieses grausige Werk verrichteten, Dr. Goebbels, Bormann und Dr.

Stumpfegger. Keiner wagte es mehr, in diesem Augenblick den Bunkereingang zu verlassen. Draußen tobte die Hölle!

Wie sollten wir das Benzin entzünden?

Der Vorschlag, es durch eine Handgranate zum Entflammen zu bringen, wurde von mir abgelehnt. Durch einen Zufall fiel mein Blick auf einen größeren Lappen, der neben den Feuerwehrschläuchen am Bunkerausgang lag.

„Dort liegt ein Lappen!" rief ich erregt.

Günsche stürzte sich darauf und zerriß ihn. Den Verschluß des Benzinkanisters öffnen und den Lappen darauf pressen, war das Werk einer Sekunde. Den Behälter neigte ich vornüber. Der Lappen saugte sich voll.

„Ein Streichholz!"

Dr. Goebbels zerrte eine Schachtel aus der Tasche und reichte sie mir. Ich entzündete die Streichhölzer und steckte den Lappen an. Kaum fing er Feuer, da flog er schon als brennender Ball im hohen Bogen auf die mit Benzin übergossenen Toten.

Mit weitaufgerissenen Augen starrten wir auf die dort liegenden Körper.

In Sekundenschnelle schoß gurgelnd und brodelnd eine helle Flamme hoch. Zu gleicher Zeit stiegen schwarze Rauchwolken zum Himmel empor.

Die dunkle Rauchsäule vor dem Hintergrund der brennenden Reichshauptstadt ergab ein grausiges Bild. Wie gebannt blickten Dr. Goebbels, Bormann, Dr. Stumpfegger, Günsche, Linge und ich auf das furchtbare Schauspiel.

Langsam nagte das Feuer an den Toten.

Noch einmal grüßten wir sechs Mann unseren toten Chef und seine Frau. Dann traten wir erschüttert und tief beeindruckt von dem furchtbaren Geschehen in den Bunker zurück.

Die Flammen verzehrten das Benzin. Ein Zugießen von neuem Brennstoff in die erlöschenden Flammen war unmöglich. Immer wieder mußten die Reste der noch nicht verkohlten Körper mit frischem Benzin übergossen und dieses neu angezündet werden. Durch das andauernde Einschlagen der russischen Granaten schien eine restlose Einäscherung fast ausgeschlossen.

Von mittags gegen 14 Uhr bis ungefähr 19.30 Uhr abends dauerte die Verbrennung an. Ich hatte durch meine Männer unter den schwierigsten Bedingungen noch mehrere hundert Liter Benzin im Laufe des Nachmittags heranschaffen lassen.

Als wir in den Bunker zurückkehrten, hatte sich dort inzwischen der gesamte engere Stab eingefunden. Viele gingen noch einmal hinauf, um ihrem toten Chef und seiner Frau den letzten Gruß zu erweisen. So erprobten kampfharten Männern wie Brigadeführer Mohnke, dem Kampfkommandanten des Regierungsviertels, und General der Polizei Rattenhuber sowie anderen liefen die Tränen über die Wangen.

Wenn auch schon viele auf diesen Augenblick vorbereitet waren, traf doch die vollendete Tatsache jeden wie ein Keulenschlag. Die Gelassenheit, die bisher noch in allen Situationen geherrscht hatte, hatte mit dem Tode Adolf Hitlers schlagartig ein Ende gefunden. Jeder war aufgeregt, keiner wußte, was werden sollte. Mutlosigkeit schien bei ihnen aufzutreten.

Als erster hatte Dr. Goebbels sich wieder in voller Gewalt.

„Bormann, Burgdorf, Krebs, Mohnke, ich bitte Sie sofort zu einer Lagebesprechung!"

Günsche und ich gingen noch einmal zusammen in das Sterbezimmer unseres Chefs. Das Gefühl einer vollständigen Leere umgab uns. Die Spuren des Todes lagen noch sichtbar vor den Augen. Die Pistolen Eva und Adolf Hitlers lagen auf dem roten Teppich. Sowohl der Tisch als auch der Bodenbelag wiesen noch deutlich die Blutspuren vom Tode des Führers auf. Die umgestürzte Vase lag auf dem Tisch. Schräg vor uns stand ein kleines Jugendbildnis von Hitlers Mutter. Über dem Schreibtisch hing vereinsamt das Bild Friedrichs des Großen.

Gedankenverloren verließ ich den Raum, um mich wieder meinen soldatischen Pflichten zu widmen.

Im Vorraum des Ärztezimmers sah ich Frau Magda Goebbels niedergeschlagen an einem Tisch sitzen. Als sie mich erblickte, bat sie mich, bei ihr Platz zu nehmen. Ich merkte, wie die tiefe seelische Erschütterung noch immer in ihr nachklang. Sie erzählte mir von ihrem Abschied vom Führer.

„Ich bin vor ihm auf die Knie gefallen und habe ihn gebeten, nicht aus dem Leben zu scheiden. Er hat mich gütig aufgehoben und mir mit ruhigen Worten erklärt, daß er aus dieser Welt gehen müsse. Nur so würde der Weg für Dönitz frei, noch etwas für Deutschland zu retten."

Um sie abzulenken, begann ich, über die Möglichkeiten einer Flucht der Familie Goebbels aus Berlin zu sprechen. Ich hatte noch drei Schützenpanzerwagen zur Verfügung, die mir in den letzten Tagen zugeteilt worden waren. Damit konnte ich sie eventuell mit ihrer ganzen Familie aus der Gefahrenzone herausbringen.

Verständnisvoll bejahte sie meine Vorschläge, und ich hatte den Eindruck, daß ihr eine große Last vom Herzen gefallen sei.

In diesem Moment wurde unsere Unterhaltung durch den Eintritt von Dr. Goebbels unterbrochen. Sofort begann sie ihm meinen Fluchtplan vorzuschlagen. Goebbels lehnte entschieden den Vorschlag ab.

„General Krebs fährt als mein beauftragter Parlamentär zu General Schukow, um über einen freien Abzug zu verhandeln. Falls die Verhandlung scheitert, ist mein Weg festgelegt. Ich bleibe in Berlin und habe keine Lust, als ewiger Flüchtling in der ganzen Welt umherzulaufen."

Er wandte sich an mich.

„Meiner Frau und den Kindern steht der Weg aus Berlin natürlich frei."

Frau Dr. Goebbels fuhr auf.

„Selbstverständlich bleibe ich auch bei meinem Mann. Der Weg, den er wählt, ist auch der meine."

Anschließend begab ich mich in den Ärzteraum, wo der Führer des SS-Begleitkommandos, Sturmbannführer Franz Schädle, schwerverwundet darniederlag, und erzählte ihm, was sich zugetragen hatte. Während der Unterhaltung gesellten sich Günsche und Kriminaldirektor Högl zu uns. Günsche unterbrach unser Gespräch und überbrachte mir den Befehl des Kampfkommandanten Mohnke, mich am Abend um 21 Uhr mit meinen Männern im Kohlenbunker der Neuen Reichskanzlei zum Ausmarsch bzw. zum gewaltsamen Ausbruch einzufinden.

Schädle erklärte, was er später auch ausführte, daß er nach unserem Abzug sich eine Kugel durch den Kopf schießen werde, weil er nicht lebend in die Hände des Feindes fallen wolle.

Als ich abends zum Befehlsempfang in den Führerbunker ging, traf ich den General der Polizei Rattenhuber. Von diesem erfuhr ich, daß er gemeinsam mit einigen seiner Polizeimänner und Adolf Hitlers persönlicher Ordonnanz Linge bei Erlöschen des Feuers zugegen war.

Es wurden dann die verkohlten Überreste der Leichen Adolf Hitlers und seiner Frau zusammengescharrt. In einem kleinen Grab an der Wand meines Wohnhauses setzte man diese bei.

Nach der Verbrennung

Nach der Besprechung von Goebbels, Burgdorf, Bormann, Krebs und Mohnke, auf der die Punkte für die Verhandlungen mit General Schukow festgelegt worden waren, hatte sich General Krebs als Parlamentär zu den Russen begeben. Um 21 Uhr war der General noch nicht zurückgekehrt.

Mohnke befahl, den Ausbruch um 24 Stunden zu verschieben.

Spät am Abend kam General Krebs endlich wieder in der Reichskanzlei an. Er berichtete Dr. Goebbels, daß der russische General Schukow die bedingungslose Kapitulation verlange. Er habe allein die Zusicherung erreichen können, daß Verwundete und Gefangene nach den Bestimmungen der Genfer Konvention behandelt werden sollten.

Unser Entschluß stand fest. Der gewaltsame Ausbruch wurde auf den 1. Mai 1945 um 21 Uhr endgültig festgesetzt. Uns war alles egal. Es gab nur noch zwei Möglichkeiten: entweder lebend die feindlichen Linien zu durchbrechen oder einen anständigen Soldatentod zu finden. Immer mehr russische Soldaten sickerten im Tiergarten ein. Wir würden Mühe haben, bei größeren Angriffen unsere Stellung bis zur Stunde des Ausbruchs zu halten.

Unwillkürlich flogen unter dem Eindruck dieser unerbittlich harten Tatsachen meine Gedanken zu Frau Dr. Goebbels.

Was sollte aus ihr werden, was aus den kleinen Kindern?

Sie hatte nicht von ihrem Manne fortgehen wollen und jetzt — war es zu spät.

Meine Gedanken überstürzten sich. Sollte es denn keinen Weg mehr geben, wenigstens die unschuldigen Kinder aus diesem Chaos zu retten . . . ?

Der 1. Mai 1945 war angebrochen.

Die Stimmung im Führerbunker war fast unerträglich geworden. Nachmittags kam Staatssekretär Naumann zu mir und bat, ich möge noch einmal zweihundert Liter Benzin in den Bunker schaffen lassen. Dr. Goebbels und seine Frau hätten den Entschluß gefaßt, ebenso wie Adolf Hitler und seine Frau sofort nach unserem Ausbruch aus der Reichskanzlei gemeinsam aus dem Leben zu gehen und sich verbrennen zu lassen.

Zu diesem Zeitpunkt waren nur noch der Belle-Allianz-Platz, Anhalter Bahnhof, Potsdamer Brücke, Brandenburger

Tor und Bahnhof Friedrichstraße sowie das Schloßviertel in den Händen der deutschen Truppen.

Ein junges Mädchen wurde schwerverwundet in das Bunkerlazarett der Neuen Reichskanzlei eingeliefert. Ihr Kleid war zerrissen und mit Blut befleckt. Sofort wurden die Wunden gesäubert und ein Verband angelegt. Trotz der großen Schmerzen, die sie ertragen mußte, kam kein Klagelaut von ihren Lippen. Bleich und ermüdet lag sie da. Kaum hörbar fragte sie nach ihrem Verlobten. Sie wußte, daß er hier in der Reichskanzlei bei mir als Fahrer tätig war. Sie hatte nur wenig Hoffnung, ihn hier zu finden, und glaubte ihn mit einem Auftrag unterwegs.

Ihre Sorgen waren unnötig. Ich ließ den Mann sofort kommen und ihn von seinem Sicherungsposten ablösen. Sobald sie ihren Verlobten bei sich sah, schien sie alles andere, auch ihre Schmerzen, vergessen zu haben.

Dann stand der Mann vor mir und erklärte mir, daß er einen Wunsch seiner Braut erfüllen wolle. Es sei ihre Herzensbitte, daß sie einander heirateten. Ich ging sofort zu Staatssekretär Dr. Naumann, der als Jurist dafür zuständig war, und der auch einige Tage vorher schon einige Not-Trauungen vorgenommen hatte, und trug ihm den Fall vor.

Naumann lehnte ab. Er sagte, er sei mit Arbeit überlastet und könne sich im Augenblick nicht damit befassen. Sein eigener Chef, Dr. Goebbels, nähme in zu stark in Anspruch.

So blieb mir als dem Vorgesetzten dieses Mannes und seinem zuständigen Einheitsführer nichts anderes übrig, als die Trauung persönlich vorzunehmen. Ich ließ die Heiratsurkunden eiligst schreiben und bestellte das Paar für 18 Uhr in die Diätküche des Bunkers, um dort die Trauung vorzunehmen.

Gestützt von den Trauzeugen betrat das Mädchen mit ihrem Verlobten den Raum. Wie bei den anderen Trauungen herrschte auch hier feierliche Stille. Nur die Granateinschläge unweit der Reichskanzlei oder im Garten waren dumpf zu hören. Trafen die Geschosse der feindlichen Artillerie den

Bunker, so hörte es sich an, als würden Gläser zerbrochen.

Es war schwer für mich, den beiden die für diese Stunde richtigen Worte zu sagen. Uns war es seltsam feierlich zumute, als in dieser unvorstellbar schweren Situation die Augen dieser beiden jungen Menschen mich mit solchem innigen Leuchten und so tiefem Vertrauen anschauten, wie es glückliche Brautpaare auch in anderen Zeiten nicht anders tun können.

Kurz nach der Trauung meines jungen Kameraden erfuhr ich, daß die Kinder der Familie Goebbels inzwischen gestorben waren.

Dr. Stumpfegger erzählte mir, Goebbels habe ihn gebeten, seine Kinder durch Einspritzungen eines schnell wirkenden Giftes aus dem Leben scheiden zu lassen. Er, Dr. Stumpfegger, sei dazu nicht fähig gewesen, in Gedanken an seine eigenen Kinder könne er diese Tat unmöglich mit seinem Gewissen vereinbaren. Goebbels sei verzweifelt gewesen. Um keinen Preis habe er seine Kinder lebend in die Hände des Feindes fallenlassen wollen. Schließlich habe er unter den Flüchtlingen im Kohlenbunker einen Arzt ausfindig gemacht, der für die Einstellung des Ehepaares Goebbels Verständnis gefunden hatte. Dieser Arzt habe den Tod der Kinder herbeigeführt.

Die letzten Vorbereitungen zum Ausbruch waren getroffen. Überflüssiges Gepäck mußte zurückgelassen werden. Auch der Nachlaß Frau Eva Hitlers, den sie kurz vor ihrem Tode verteilt hatte, konnte nur teilweise mitgenommen werden.

Die Uhr zeigte 20 Uhr 45 Minuten.

Die Vorbereitungen für die Verbrennung von Dr. Goebbels und seiner Frau waren getroffen. Er selbst hatte alles persönlich angeordnet.

Alle, die sich an diesem Ausbruch beteiligen wollten, ob Soldaten, Flüchtlinge oder Verwundete, wurden in verschiedene Gruppen aufgeteilt. Der von mir befehligten Gruppe wurden noch ungefähr dreißig Frauen zugeteilt.

Noch einmal ging ich in den Führerbunker zurück, um mich von Dr. Goebbels und seiner Frau zu verabschieden. Obwohl ihre Kinder erst mehrere Stunden tot waren, zeigten sie sich ruhig und gefaßt. Mit schmerzerfülltem Gesicht bat mich Frau Magda Goebbels, ihren Sohn Harald aus erster Ehe, falls ich ihn treffen würde, herzlich von ihr zu grüßen. Ich solle ihm berichten, unter welchen Umständen seine Mutter gestorben sei.

*

Es war dunkel geworden.

Die einzelnen Gruppen hatten die Reichskanzlei verlassen. Schnell ging es über den ausgestorbenen Wilhelmsplatz. Wir stiegen in den U-Bahnschacht und marschierten in Richtung Friedrichstraße. Über Schwellen und Schienen erreichten wir nach etwa einer Stunde den Bahnhof Friedrichstraße.

Ein erschütterndes Bild bot sich unseren Augen. Zu Tode erschöpfte Soldaten, Verwundete ohne jegliche Betreuung und Geflüchtete lagen an den Wänden, auf den Bahnsteigen und Treppen umher. Die meisten von ihnen hatten jede Hoffnung auf eine glückliche Flucht aufgegeben und waren völlig apathisch.

Ich verließ vorläufig allein den Bahnhof, um eine Möglichkeit für den Durchbruch in Richtung Norden zu erkunden. Der mir gegebene Befehl hatte gelautet, daß ich versuchen solle, mit meiner Gruppe, die etwa hundert Mann umfaßte, Fehrbellin zu erreichen. Dort sollte sich dem Vernehmen nach eine im Kampf stehende größere deutsche Kampfgruppe befinden.

Wenige Meter hinter der Weidendammer Brücke befand sich eine Straßensperre. Hohl schallten Abschüsse zu mir herüber. Die Umgegend lag wie ausgestorben. Einige Männer, welche die Straßensperre besetzt hielten, berichteten mir, daß es zwar verschiedenen Trupps gelungen sei, durchzubrechen, daß andere dagegen unter schwersten Verlusten zurückgeschlagen wurden.

Ein Blick durch die Sperre überzeugte mich von der Wahrheit des Gesagten. Tote und Verletzte lagen wie dunkle Schatten auf der Straße. Der Anblick war grauenhaft.

Im Hintergrund, in der Höhe der Ziegelstraße, unterhielten die Feinde ein Riesenfeuer, um die Friedrichstraße übersehen zu können. Nach Aussagen der Männer von der Straßensperre hatten sich russische Soldaten in den Häusern und Trümmern der Friedrichstraße verschanzt. Mit ihren Schnellfeuerwaffen mähten sie alles nieder.

Nachdem ich meine Gruppe nachgezogen hatte, wurde der Admiralpalast von mir als ständiger Sammelpunkt festgelegt. Jedem einzelnen sollte die Möglichkeit gegeben werden, unabhängig von der eigenen Gruppe sich einer anderen Kampfgruppe beim Durchstoß anzuschließen.

Es war gegen zwei Uhr morgens, als ein kleiner Trupp Leute auf mich zukam. Ich erkannte Bormann in der Uniform eines SS-Obergruppenführers. In seiner Begleitung erblickte ich Dr. Naumann, den Adjutanten von Dr. Goebbels, SS-Hauptsturmführer Schwägermann und Dr. Stumpfegger. Sie hatten nach uns die Reichskanzlei verlassen.

Ich wandte mich sofort an Schwägermann und fragte ihn, was aus Dr. Goebbels und seiner Frau geworden sei. Schwägermann, der bis zum Schluß bei Dr. Goebbels gewesen war, gab mir einen kurzen Bericht. Das Ehepaar Goebbels sei genauso aus dem Leben geschieden wie das Ehepaar Hitler. Der Minister habe sich erschossen und Frau Magda Goebbels habe Gift genommen.

Die Hochspannung der Situation erlaubte es nicht, sich noch länger hierüber zu unterhalten. Bormann besprach mit Dr. Naumann und mir die Lage. Er brauchte Panzer für den Durchbruch. Ich erklärte ihm aber, daß voraussichtlich keine Panzer mehr im Stadtgebiet vorhanden seien.

Es kam uns wie ein Wunder vor, daß nach kurzer Zeit doch plötzlich aus dem noch von uns besetzten Stadtviertel Kettengeräusche näher und näher kamen. Wir atmeten erleichtert auf, als drei Panzer IV in Begleitung von drei Schützenpanzerwagen vor uns an der Panzersperre hielten.

Ich wandte mich an den Kommandanten des ersten Panzers. Er meldete sich mir als der SS-Obersturmführer Hansen mit den Resten einer Panzerkompanie von der SS-Division Nord, die sich befehlsgemäß nach Norden absetze.

Ich setzte ihn von der Absicht unseres Ausbruchs in Kenntnis und befahl ihm, langsam zu fahren, damit unsere Gruppe im Schutze der Panzer bis zur Ziegelstraße folgen könne.

Um die einzelnen Wagen bildeten wir Trauben. Schritt für Schritt schoben sich die Panzerwagen voran. Geduckt folgten wir als schwarze Schatten. Bormann und Dr. Naumann gingen etwa in Höhe des Turms links neben dem Panzer. Dr. Stumpfegger und ich folgten unmittelbar hinter ihnen.

Die Nerven waren bis zum Zerreißen gespannt. Jeder wußte, es ging auf Leben und Tod. Plötzlich feuerte der Gegner aus allen Rohren. In Sekundenschnelle schoß unerwartet eine grelle Stichflamme aus der Seite unseres Panzers hervor. Bormann und Dr. Stumpfegger waren unmittelbar vor mir und wurden vom Luftdruck der Explosion fortgeschleudert.

In derselben Sekunde verlor auch ich meinen Halt. Dr. Stumpfegger flog gegen meinen Körper. Ich wurde weggeschleudert und verlor die Besinnung.

Meine Flucht aus Berlin

Als ich nach einem mir unbekannten Zeitraum das Bewußtsein wiedererlangte, waren meine Augen von der Stichflamme der Explosion noch völlig geblendet. Unwillkürlich dachte ich, daß ich mein Augenlicht verloren hätte. Ich tastete mit den Händen um mich. Mein Bewußtsein begann wieder zu arbeiten.

Anscheinend hatte mich die Explosion in die Häusertrümmer neben der Straße geschleudert. Noch immer konnte ich nichts sehen. Mühsam kroch ich auf Händen und Füßen etwa vierzig Meter weiter, bis ich gegen einen unüberwindbaren Widerstand stieß. Ich tastete mich an der vor mir aufragenden Mauer entlang. Es mußte die Panzersperre sein, von der unser mißglückter Ausbruch seinen Ausgang genommen hatte.

Allmählich konnte ich wieder erste Umrisse erkennen. Im Eingang der Panzersperre blieb ich hocken. Nach geraumer Zeit konnte ich meine Umwelt wieder erkennen und erblickte eine schwankende Gestalt. Ich ging auf sie zu und erkannte den zweiten Flugkapitän des Chefs, Georg Beetz, der ebenfalls an dem Ausbruch teilgenommen hatte. Zu meinem Schrecken stellte ich fest, das sein Kopf anscheinend von einem Granatsplitter von der Stirn bis zum Hinterkopf aufgerissen war.

Er erklärte mir, das müsse wohl beim Auseinanderfliegen des Panzers passiert sein, dessen Explosion auch Bormann, Dr. Naumann, Stumpfegger und mich fortgeschleudert hatte.

Arm in Arm, um uns gegenseitig zu stützen, gingen wir langsam in Richtung Admiralspalast. Kurz hinter der Weidendammer Brücke fühlte sich Beetz außerstande, weiterzugehen. Ich setzte ihn auf den stehengebliebenen Handwagen eines Flüchtlings. Zu meiner großen Beruhigung erblickte ich jetzt Frau Dr. Häusermann, die als Zahnärztin bei Professor Dr. Blaschke, dem persönlichen Zahnarzt des Führers, tätig war.

Ich bat sie, sich um Beetz zu kümmern, und holte Verbandszeug aus dem Admiralspalast. Gemeinsam verbanden wir den Schwerverwundeten. Es schien ausgeschlossen, ihn in diesem Zustand noch aus Berlin herauszubringen. Frau Dr. Häusermann versprach mir, Beetz in ihre Berliner Wohnung

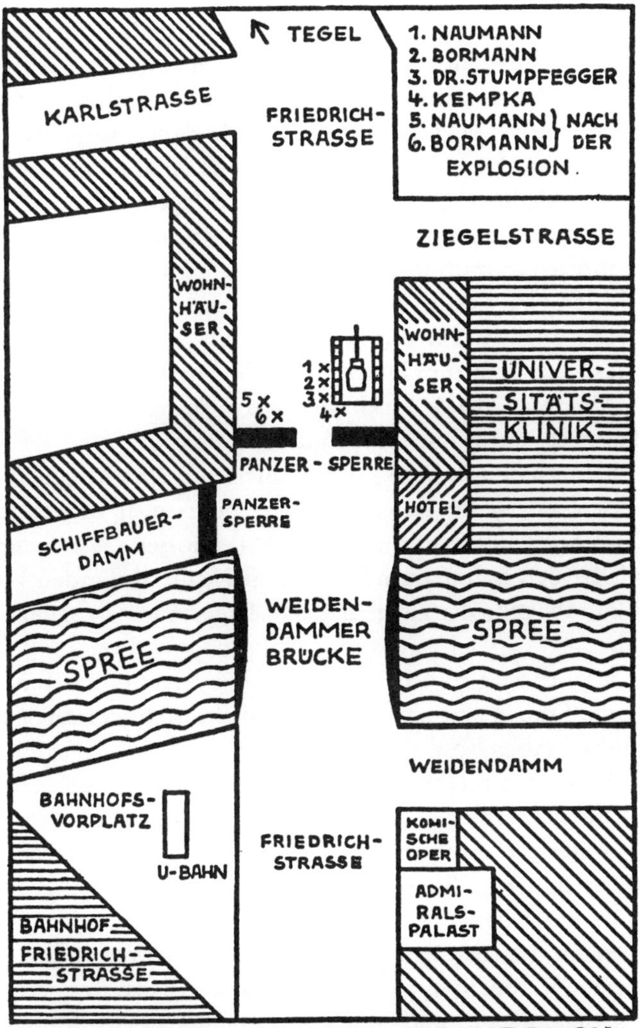

DER LETZTE PANZERDURCHBRUCH
DIE TODESFAHRT BORMANNS

mitzunehmen und dort für ihn zu sorgen. Leider mußte ich später erfahren, daß er kurz darauf gestorben war.

Ich selbst begab mich in den Admiralspalast zurück. Nach meiner Überzeugung gab es nach dem, was ich erlebt hatte, keine Möglichkeit mehr, Berlin in einer geschlossenen Gruppe zu verlassen. Die Gruppe wurde daher aufgelöst. Jeder sollte versuchen, sich nach Möglichkeit Zivil zu besorgen und sich durch die feindlichen Linien zu schlagen.

Nachdem so meine letzte soldatische Pflicht erfüllt war, mußte ich an mich selber denken.

Mit etwa sieben Mann lief ich zum Bahnhof Friedrichstraße zurück. Dort erkletterten wir die Stadtbahngeleise, um so den Weg zum Lehrter Bahnhof zu finden.

Aber auch dieser Fluchtweg war nicht möglich. Der Bahndamm lag unter starkem feindlichen Beschuß.

Fieberhaft arbeitete mein Gehirn, um eine Möglichkeit zu finden, entweder zu entkommen oder mich zu verstecken. Wohin ich hörte und sah wurde geschossen. Wir ließen uns wieder den Bahndamm hinuntergleiten und standen vor den S-Bahnbögen, die als gemauerte Lagerräume ausgebaut waren.

Vorsichtig ging ich in einen dieser Räume und fand dort einige Frauen, die sich als ausländische Arbeiterinnen zu erkennen gaben, sowie einige Arbeiter.

Aufgeregt redeten sie auf uns ein, wir müßten sofort die Uniformen ablegen, sonst sei es um unser Leben geschehen. Eine der Arbeiterinnen gab mir einen verschmierten, alten Monteuranzug. Sie schickte mich auf den Boden, damit ich mich umziehen und meine Uniform zwischen den dort lagernden verrosteten Heizkörpern verstecken sollte. Auch meinen Kameraden wurde Zivilzeug beschafft. Erst jetzt beim Umziehen konnte ich mich von meinen Verwundungen am rechten Oberarm genauer überzeugen. Wir waren völlig erschöpft. Nichts war jetzt wichtiger als zu schlafen, um neue Kräfte zu gewinnen.

Kaum hatte ich mich lang ausgestreckt, als ich unter mir lautes Gerede und einen Wortschwall von Stimmen in russischer Sprache hörte.

Neugierig beugte ich mich über die Bodenluke und schaute nach unten zum Torbogen. Eine größere Anzahl russischer Soldaten hatten die Fremdarbeiter und Arbeiterinnen entdeckt. Mit lautem Jubel feierten sie die Begrüßung, sanken sich in die Arme und küßten sich.

Vor lauter Apathie empfand ich die Gefahr überhaupt nicht mehr, die wieder plötzlich so unmittelbar vor mir stand.

Die gleiche Jugoslawin, die mir den Monteuranzug gegeben hatte, rief jetzt zu mir herauf, ich sollte herunterkommen. Was blieb mir anderes übrig, als dieser Aufforderung zu folgen. Wenn ich es nicht getan hätte, wäre sowieso alles für uns verloren gewesen. Also ging ich hinunter und trat zu den Fremdarbeitern und den russischen Soldaten auf den Hof. Lachend nahm mich die junge Jugoslawin an die Hand und führte mich zu dem russischen Kommissar. Dieser schaute mich kurz prüfend an, dann umarmte er mich genauso, wie ich es einige Minuten vorher bei den Fremdarbeitern gesehen hatte. Das jugoslawische Mädchen stellte mich als ihren Mann vor.

Auch mir wurde die „Ehre“ zuteil, von dem russischen Kommissar umarmt zu werden.

„Towarisch! Berlin kaputt, — Hitler kaputt, — Stalin großer Mann!“

Die Russen brachten Wodka, Fleisch in Konserven, Butter, Brot. — Ich holte meine Kameraden von oben, weil der Kommissar in seinem begeisterten Siegestaumel auch die deutschen Arbeiter begrüßen wollte.

Wie eine wilde Traumjagd gingen die Szenen an mir vorüber. Der Kommissar hatte wohl das Gefühl, an dieser Stelle seine Pflicht seinem Vaterlande gegenüber getan zu haben. Er zog mit seinen Soldaten wieder ab.

Wieder gingen wir nach oben. Diese erlebten Augenblicke hatten uns mehr strapaziert als alles, was wir in den letzten Stunden durchgemacht hatten. Wie hingemäht sanken wir auf die Fußbodenbretter. — — Schlafen — nichts als schlafen, wenn auch nur für eine kurze Zeit.

Eine Stunde durften wir alles, was um uns war, vergessen. Durch die innerliche Unruhe erwachte ich und stand plötzlich wieder auf den Beinen.

Noch waren wir Herren unserer Entschlüsse. Ich weckte sofort meine Kameraden, die noch tief im Schlafe lagen. Ich gab ihnen den Befehl, sofort sämtliche noch vorhandenen Ausweise, Urkunden, Befehle sowie die Soldbücher zu verbrennen. Ich selbst nahm aus den Taschen, was ich an beschriebenem Papier bei mir trug, packte meine Standarte auf den Haufen und legte auch den Stander meines Wagens dazu. Alles wurde ein Raub der Flammen.

Jetzt waren wir alle zu anonymen Menschen geworden. Keiner konnte uns unsere frühere Tätigkeit beweisen. Vor einer Stunde noch trugen wir Uniformen, auf die wir unser Leben lang stolz gewesen waren, jetzt sahen wir aus wie heruntergerissene Vagabunden.

Trotz der Vernichtung unserer Papiere und unserer mehr als originellen Verkleidung waren wir uns darüber klar, daß es uns als geschlossenem Trupp nicht gelingen würde, uns von den Gegnern abzusetzen. So schwer es mir fiel, ich mußte mich auch von diesen treuen Kameraden trennen. Es war die einzige Möglichkeit für jeden von uns, auf eigene Faust sein Glück zu versuchen.

Als ich selbst meinen Zufluchtsort verließ, traf ich durch einen Zufall wieder auf die mir bekannten russischen Soldaten. Mit großer Überschwenglichkeit wurde ich begrüßt. Sie waren gerade im Begriff, in den Stadtbahnbogen zurückzukehren. Es blieb mir nichts anderes übrig, als mich ihnen anzuschließen.

Kaum betraten wir wieder meine letzte Unterkunft im S-Bahnbogen, als auch das jugoslawische Mädel, das mich als seinen Ehemann bezeichnet hatte, uns lachend begrüßte. Der Kommissar erklärte, jetzt müsse eine große Siegesfeier stattfinden. Unmengen von alkoholischen Getränken wurden herbeigeschafft. Unter den S-Bahngleisen fand die Siegesfeier statt.

Immer wieder irrten meine Gedanken zu meinem zerborstenen Wohnhaus im Garten der Reichskanzlei, neben dessen zusammengestürzten Mauern der Mann, dem ich mein ganzes Leben geweiht hatte, mit einer Frau, die ich geschätzt und verehrt hatte, vor kaum mehr als 48 Stunden zur letzten Ruhe gebettet worden war.

Alle meine Gedanken waren noch dort, wo ich die schwerste Pflicht meines Lebens hatte erfüllen müssen. Und dennoch — — um dieses lächerliche bißchen Leben, an dem man so hängt und das man so liebt, zu erhalten, mußte ich mitmachen. Pausenlos wurde mir von allen Seiten zugeprostet, und ich mußte immer wieder mit den russischen Soldaten anstoßen.

Ich habe in ruhigen Tagen einmal, ohne es ganz zu verstehen, in einer guten deutschen Übersetzung Dantes „Inferno“ gelesen. Damals habe ich darüber gelächelt und mir gesagt, daß große Dichter doch letzten Endes Phantasten sind.

In einem nicht mehr ganz nüchternen Zustande forderte mich der Kommissar auf, mit meiner „jugoslawischen Frau“ zu tanzen. Während des Tanzes bemerkte ich, daß aus meinem rechten Ärmel das Blut von meinen Wunden heraustropfte. Damit dieser Vorfall nicht bemerkt wurde, steckte ich die Hand in meine Tasche.

Auch diese furchtbarsten Stunden, die ich nicht gerade in angenehmer Erinnerung habe, sind vorübergegangen. Das tapfere kleine Mädel aus Jugoslawien, mit dem mich nichts weiter verband als eine aus dem Schicksal entstandene Sympathie, ist mir an dem Tage eine Kameradin gewesen, an der sich mancher Mann hätte ein Beispiel nehmen können.

Auf wechselvollen Wegen durch alle russischen Sperren hindurch, die gerade die zertrümmerte Stadt nach Soldaten durchkämmten, brachte sie mich und eine inzwischen aufgetauchte ungarische Baronin bis nach Tegel hindurch. Dort verließ sie uns und kehrte zu ihren Landsleuten zurück.

Heute noch weiß ich nicht, was dieses fremde Mädchen wohl an mir gefunden hat. Sollte es so sein, daß sie als Fremdarbeiterin in diesem heute so geschmähten Deutschland doch zufrieden und glücklich war?

Am 30. Mai 1945 erreichte ich endlich Wittenberge. Nachdem ich die Elbe durchschwommen hatte, führte mich mein Weg über Weimar, Nürnberg und München nach Berchtesgaden. Niemand erkannte mich, niemand nahm mich fest. Unterwegs hatte ich wieder einmal namenloses Glück. Ein deutsches Mädchen, das inzwischen bei den Alliierten als Dolmetscherin eingestellt war, besorgte mir Papiere auf meinen eigenen Namen. Dadurch war mir die Möglichkeit gegeben, ungehindert mein Ziel, Berchtesgaden, zu erreichen. Eineinhalb Tage konnte ich mich in allem Frieden in Berchtesgaden bei meiner Frau von den furchtbarsten Strapazen, die hinter mir lagen, erholen. Niemand hat sich um mich gekümmert. Ich hatte ja auch in meinem ganzen Leben niemals einem Menschen etwas Böses zugefügt.

Aber, wie es bei jedem Volk und zu jeder Zeit immer nach einem Zusammenbruch der Fall ist, der Ungeist der Zeit ließ die böswilligen Charaktere nicht ruhen.

Ich selbst hatte die Absicht, mich — nachdem ich mich genügend erholt hatte — als „Chef für das Kraftfahrwesen beim Führer und Reichskanzler“ bei den Besatzungsbehörden zu melden. Das war meine Pflicht. Und ich war mir dessen voll bewußt.

„Der größte Lump im ganzen Land, das ist und bleibt der Denunziant“, hat unser größter deutscher Dichter Goethe, den die ganze Welt anerkennt, gesagt. Ich wurde denunziert. In der folgenden Nacht wurde ich vom amerikanischen C.I.C. verhaftet und nach einem zwölfstündigen Verhör in das Gefängnis Berchtesgaden eingeliefert.

Nun begann eine Zeit, in der ich von einem Kriegsgefangenenlager in das nächste verbracht wurde. Man glaubte, daß Adolf Hitler noch immer lebte. In jedem Lager hatte der zuständige Offizier den besonderen Ehrgeiz, durch ein langwieriges Verhör festzustellen, was aus meinem Chef und seinen engeren Mitarbeitern geworden war.

Dieser — objektiv gesehen — sehr anerkennenswerte Ehrgeiz, wurde für mich zu einer Qual. Immer waren es die gleichen Fragen. Immer wurden es schließlich auch — die gleichen Fallen, die man mir zu stellen sich verpflichtet fühlte. Man hat mich damals nicht schlecht behandelt. Die amerikanischen Offiziere respektierten meistens meinen alten Dienstgrad und traten mir menschlich oft sehr aufgeschlossen gegenüber.

Und doch konnte sich damals keiner von ihnen vorstellen, daß ein Mann wie Adolf Hitler so schlicht und einfach aus dem Leben gegangen sei, wie ich es ihnen der Wahrheit gemäß berichtete. Den Tod von Dr. Goebbels glaubten sie mir, da die Russen die Auffindung der Leichen des Propagandaministers, seiner Frau Magda und ihrer Kinder amtlich bestätigt hatten.

Aber daß Adolf Hitler keine der tausend Möglichkeiten, die sich einem Manne wie ihm geboten hätten, für sich in Anspruch genommen hatte — — nein, der Obersturmbannführer der Waffen-SS Erich Kempka mußte lügen.

„Ein deutscher U-Boot-Kommandant hat im Verhör durch den C.I.C. angegeben, daß er mit seinem U-Boot seit dem 25. April 1945 zur besonderen Verfügung des ‚Führers‘ in Bremen auslaufbereit gelegen habe. Er erklärte, daß mindestens zehn andere U-Boot-Kommandanten den gleichen Befehl erhalten hatten. — Was sagen Sie dazu, Herr Kempka?"

Ich konnte nur wehmütig lächeln.

„Wir haben bei zwölf Flugkapitänen festgestellt, daß sie eine Geheimorder des Führerhauptquartiers vorzulegen hatten, sich für die Flucht Adolf Hitlers ins Ausland bereit zu halten."

Tatsächlich meldeten sich auch Phantasten oder Dummköpfe, die, um sich interessant zu machen, in Verhören angegeben hatten, sie hätten Adolf Hitler und seine Frau ins Ausland gebracht.

Unwillkürlich dachte ich bei diesen Dutzenden von Verhören immer wieder an ein Gespräch, das ich mit meinem Chef im Jahre 1933 gehabt hatte.

Es war kurz nachdem Adolf Hitler die Staatsgeschäfte übernommen hatte. Ich fuhr wohl zum zweiten oder dritten Male mit ihm aus der Reichskanzlei heraus. Damals schon berührten mich diese Worte eigentümlich, und ich werde sie nicht vergessen.

„Wissen Sie, Kempka, hier gehe ich nicht mehr lebend wieder heraus!" —

Vielleicht braucht jede Zeit ihre Illusionen. Für mich, der ich es bis meiner letzten Stunde nicht vergessen werde, wie an jenem Aprilnachmittag das Benzin über den Körper jenes Mannes floß, den ich so geachtet und geehrt hatte, waren das alles nur tönende Worte, die an meinem Ohr sinnlos vorbeiklangen.

Oftmals ekelte es mich an, überhaupt noch auf solche Fragen zu antworten.

„Stand Hitler morgens mit dem linken oder rechten Bein zuerst auf? — — Hielt er die Gabel in der linken oder rechten Hand?"

Wie Kinder nach einem Märchen fragten mich die Amerikaner aus. Sie meinten es sicher, ihrer Veranlagung nach, gar nicht einmal schlecht. Für sie war Adolf Hitler das zwar furchtbare, aber doch höchst interessante Wundertier dieses Jahrhunderts.

Vom Kriegsgefangenen- und Internierungslager Darmstadt wurde ich Ende Juni 1946 zum großen Nürnberger Prozeß mit einem Jeep abgeholt, nachdem man mich vorher zwei Tage lang durch den Rundfunk gesucht hatte.

Bevor ich vom Gefängnis in das Gericht überführt wurde, untersuchte ein amerikanischer Offizier den Zustand meiner Kleidung. Er war sehr korrekt. Er erklärte mir, ich sei besser angezogen als z. B. der Herausgeber des „Stürmer", Julius Streicher. Das einzige, was mir fehlte, sei eine anständige Krawatte. Auf seinen Befehl wurde mir daher eine neue ausgehändigt.

Den Nachmittag verbrachte ich in der Wachstube der amerikanischen Gerichtswache, ohne vernommen zu werden. Nach 17 Uhr wurde ich ohne nähere Erklärung wieder in meine Zelle zurückgeführt.

Die Nacht war nicht ganz einfach. Bei Einbruch der Dunkelheit wurde in die Öffnung der Türklappe ein Scheinwerfer gehängt, der mir während meiner Nachtruhe ständig ins Gesicht strahlte.

Am nächsten Morgen wurde ich gegen 11 Uhr dem Gericht vorgeführt, wo ich unter Eid aussagte. Man wollte viel von mir wissen. Und man war mehr als erstaunt, daß ich — — tatsächlich sehr vieles wußte. Im Kreuzverhör des amerikanischen Anklägers sagte dieser unter anderem zu mir:

„Es ist komisch, daß ausgerechnet Sie überall mit dabei waren."

Für mich war das gar nicht komisch. Fast alle meine Kameraden, die den Tod Adolf Hitlers und seiner Frau, von Familie Goebbels, von Bormann und Dr. Naumann miterlebt hatten, waren entweder tot oder — in russischer Gefangenschaft.

Für mich, als einen Mann, der sich dem ehemaligen Führer und Reichskanzler gegenüber in einer ganz besonderen Vertrauensstellung befunden hatte, war es mehr als bitter, einem solchen Kreuzverhör über meinen toten Chef ausgesetzt zu werden.

Ich hatte nichts zu verbergen.

Was ich auch immer in meinem Leben getan hatte, war aus der ehrlichen Überzeugung eines jungen Menschen aus bürgerlichen Kreisen ohne höhere Schulbildung erfolgt. Zu mir waren diese, jetzt auf das schwerste angegriffenen Männer immer anständig und gütig gewesen. Ich wäre mir selber als Lump vorgekommen, wenn ich mich durch irgendeine noch so geschickte Kreuzfrage von der Wahrheit hätte abbringen lassen. Und wenn mich trotz allem mit einem der höchsten amerikanischen Gerichtsoffiziere aus den Nürnberger Prozessen eine starke menschliche Sympathie verbindet, so gibt mir als jungem Menschen das eine Hoffnung für die Zukunft.

In den irrsinnigen Zeiten, die hinter uns liegen, wußte keiner mehr, was Gut und Böse war. Noch während der Kriegszeit hatte ich ein Buch in den Händen gehalten, in dem Churchill selbst in seinem Vorwort geschrieben hatte: „Vielleicht ist Adolf Hitler der größte Europäer, der je gelebt hat."

Über die Urteile der Nürnberger Prozesse eine Meinung abzugeben, steht mir nicht zu. Der Führer hat mir oft gesagt, daß es nur der Zukunft zusteht, über die Vergangenheit zu richten. Wir leben heute noch in der Gegenwart.

Fast vier Wochen wurde ich in Nürnberg im Zeugenflügel festgehalten. Ich sah so manchen Kameraden aus besseren Tagen wieder. Der eine, dem ich es nie zugetraut hätte, war zum echten Manne emporgewachsen, andere wieder, die ich verehrt hatte, waren zu Waschlappen geworden.

Wir hatten nicht viel Gelegenheit miteinander zu sprechen. Aber die wenigen Worte, die wir austauschen konnten, haben mich mehr gelehrt als Gespräche, die wir ein Dutzend Jahre miteinander geführt hatten.

Es ist mir schwergefallen, in dieser Zeit meinen Glauben an das Gute im Menschen zu bewahren. Wie ich es in diesem meinem Tatsachenbericht schon oft gesagt habe, steht mir auch kein Urteil darüber zu, was Recht und Unrecht war. Mich, als einfachen Menschen, interessierte allein, wie sich die Charaktere bewährten. Fast ausnahmslos hatten diese Menschen von meinem Chef nur Gutes genossen. Er hatte sie oft — und solche Gespräche haben wir miteinander, wenn wir im Wagen saßen, geführt — gegen seine eigene Überzeugung gehalten, weil er an ihren inneren Anstand glaubte.

Ich kann es nicht beurteilen, aber vielleicht wird die Geschichte dem Führer dies dereinst zum größten Vorwurf machen, daß er zu gutgläubig war.

Von Nürnberg wurde ich in das Lager Langwasser gebracht, um aus der Kriegsgefangenschaft entlassen zu werden. Da dort die Entlassungen bereits abgeschlossen waren, brachte man mich weiter ins Lager Regensburg, um mich von dort aus der Kriegsgefangenschaft in die Internierung zu überführen.

Auf der Fahrt mit einem Transportwagen von Regensburg nach Ludwigsburg erlitt ich einen schweren Unfall.

Im Oktober 1947 wurde ich durch ein Omgus-Verfahren entlassen. Ich weiß, daß viele deutsche Menschen unendlich Schweres erleiden mußten. Ich weiß auch, daß Adolf Hitler heute als eine der umstrittensten Persönlichkeiten in der Geschichte gilt.

Erst spätere Generationen können über diesen Mann ein genaues Urteil fällen.

Erklärung

Am 17. August 1950 habe ich bei dem Notar Hans Bauer, dem amtlich bestellten Vertreter des Notars Dr. Walter Bader in München — Notariat München V — an der Geschäftsstelle in München 2, Karlsplatz 10/I, mit URNo 7715 nachstehende

eidesstattliche Erklärung

abgegeben.

Nach der Belehrung über die Bedeutung einer eidesstattlichen Versicherung gab ich folgendes zu Protokoll:

„Ich habe ein Buch geschrieben mit dem Titel:

‚Ich habe Adolf Hitler verbrannt'

Die in diesem Buch aufgeführten Ereignisse habe ich nach bestem Wissen und Gewissen geschildert.

Ich habe nichts fortgelassen und nichts hinzugefügt, sondern die historischen Tatsachen so geschildert, wie ich sie selbst erlebt habe."

Erich Kempka

Hintergründe und Zusammenhänge

von

Erich Kern

Adolf Hitler und die Generale

Am 30. April verabschiedete sich Hitler von seinem Flugkapitän Hans Baur, der, obwohl seine letzten Maschinen, von denen Hitler bewußt keinen Gebrauch gemacht hatte, in Gatow, jenseits der Havel, standen, bei Hitler im Bunker geblieben war.

Baur berichtet: „Am 30. April wurde ich, der ich ja die Adjutantendienste von Below übernommen hatte, wiederholt in den Führerbunker gerufen, das letzte Mal mit der Aufforderung, meinen Adjutanten Beetz mitzubringen. Als ich in das kleine, etwa zwei mal drei Meter große, mit einer Holztäfelung bekleidete Bunkerzimmer kam, in dem ein kleines Sofa, ein bescheidenes Büfett und ein paar Stühle die Einrichtung ausmachten, kam Hitler sofort auf mich zu, faßte mich mit beiden Händen und sagte zu mir: ‚Baur, ich möchte mich von Ihnen verabschieden!' Außerordentlich erregt entgegnete ich: ‚Sie wollen doch nicht Schluß machen?' Darauf Hitler: ‚Es ist leider so weit. Meine Generale haben mich verraten und verkauft, meine Soldaten wollen nicht mehr, und ich kann nicht mehr!' Ich redete auf Hitler ein, daß noch Maschinen da seien, mit denen er nach Argentinien, nach Japan oder zu einem der Scheiche, die ihm auf Grund der Judenfrage immer sehr gewogen waren und während des Krieges oft mit Kaffee versorgt hatten, in die Sahara gebracht werden könne, um dort irgendwo unterzutauchen. Das Judenproblem hatte Hitler viele Feinde, aber auch einige Freunde gebracht. Er glaubte, es nach beendigtem Krieg dadurch zu lösen, daß er den Franzosen Madagaskar wegnahm, um daraus einen selbständigen, souveränen Judenstaat zu machen, nach dem auch die in Ägypten lebenden Juden abgeschoben werden sollten. Mit diesem Plan hatte er selbstverständlich auch die Sympathien des in Ägypten lebenden Mufti gewonnen, den Hitler übrigens einen außergewöhnlich schlauen Fuchs nannte, der wiederholt bei ihm gewesen war und den ich mehrere Male in seiner Gegenwart im Reichskanzleigarten gesehen hatte.

Hitler gab mir zu verstehen, daß er Deutschland nicht verlassen werde. ‚Ich habe noch zwei Möglichkeiten: Ich könnte in die Berge gehen oder zu Dönitz nach Flensburg. Vierzehn Tage später aber wäre ich genauso weit wie heute, ich stände vor der gleichen Alternative. Der Krieg geht mit Berlin zu Ende, ich stehe und falle mit Berlin. Man muß den Mut haben, die Konsequenzen zu ziehen — ich mache Schluß! Ich weiß, morgen schon werden mich Millionen Menschen verfluchen — das Schicksal wollte es nicht anders. Die Russen wissen genau, daß ich noch hier im Bunker bin, und ich befürchte, daß sie mit Gas schießen. Wir haben im Laufe des Krieges ein Gas hergestellt, das die Menschen 24 Stunden betäubt. Durch unseren Nachrichtendienst haben wir in Erfahrung gebracht, daß auch die Russen dieses Gas besitzen. Es wäre nicht auszudenken, wenn sie mich lebendig in die Hände bekämen. Es sind hier wohl Gasschleusen eingebaut, aber wer mag ihnen trauen? Ich jedenfalls nicht — und so mache ich heute Schluß!‘ Hitler bedankte sich dann für die jahrelange Dienstleistung und schaute suchend im Zimmer umher: ‚Ich möchte Ihnen noch ein Geschenk machen. Sehen Sie das Bild hier an der Wand? Es ist ein alter Lenbach, und zwar von Fridericus Rex, vom großen Friedrich. Ich habe viele Bilder in meinem Leben besessen, weitaus wertvollere als dieses Stück hier, das damals, im Jahre 1934 34 000 Mark gekostet hat. Ich will nicht, daß das Bild verlorengeht, ich möchte, daß es der Nachwelt erhalten bleibt. Es hat einen großen historischen Wert.‘ Ich erwiderte, daß ich das Bild gern nähme, um es einmal einem

Museum oder einer Galerie zuzuweisen, worauf Hitler meinte: ‚Das ist nicht notwendig. Es ist für Sie bestimmt. Es genügt, wenn Sie es in Händen haben . . .[1]'"

Hitler beendete das Gespräch mit den Worten: „Baur, man müßte auf meinen Grabstein setzen: ‚Er war das Opfer seiner Generale'! Auf meinen Einwand erklärte er: ‚Baur, Sie wissen sehr vieles nicht, Sie werden noch manches erfahren, was Sie wundern wird.'"

Die Umerziehungsliteratur pflegt diese erschütternde Szene als einen Beweis dafür anzuführen, daß Hitler bis zur letzten Stunde ein großer Schauspieler gewesen sei und sich mit diesem orakelhaften Ausspruch aus der Verantwortung der Niederlage herausstehlen wollte.

Eine sorgfältige Analyse der Tätigkeit des großen Generalstabs vor und während des Krieges, vor allem in seinem Verhältnis zu Adolf Hitler, widerlegt diese gängige Schablone. Der große Generalstab hatte durch den unglücklichen Ausgang des Ersten Weltkrieges nur einen Wunsch: diese Scharte auszuwetzen.

Der Zusammenbruch, die Flucht Kaiser Wilhelms II. nach Holland, beendete nicht nur das deutsche Kaiserreich. Es bedeutete in Wahrheit mehr. Es war das Ende des echten, alten, strahlenden Preußentums, geprägt vom Soldatenkönig, von Friedrich dem Großen. Otto von Bismarck glückte es, gegen den Widerstand seines eigenen Königs, noch einmal, Preußen im Zweiten Reich auferstehen zu lassen. Das lag nun 1918 in Trümmern. Wohl opferten sich in den Freikorps noch einmal die deutschen Frontsoldaten, von den verzweifelten Totengräbern des Kaiserreichs, den Sozialdemokraten, gerufen, und verhinderten die Bolschewisierung Deutschlands.

Im weiteren Verlauf bewiesen sich die demokratischen Politiker als unfähig, die Weimarer Republik zu halten. Im

1 Hans Baur, „Ich flog Mächtige der Erde", Seite 275 f.

Chaos der Zwanziger Jahre stieg die Konfrontation: Deutschland unter Hitler oder Sowjetprovinz unter Thälmann. Die Reichswehr unter General von Seeckt blieb in diesem schicksalsentscheidenden Ringen vornehm Gewehr bei Fuß und überließ es den Sturmabteilungen der SA, gegen die rote Flut anzukämpfen. Das deutsche Volk, von wirtschaftlicher Not geschüttelt, entschied sich für Deutschland, in diesem Falle für Adolf Hitler. Sicherlich schweren Herzens übergab der greise, ratlose Feldmarschall von Hindenburg, des Kaisers General, vom Gesetz her demokratischer Präsident der Republik, Hitler die Macht. Die deutschen Wähler bestätigten sie am 5. März 1933 in freier demokratischer Wahl.

Hitlers politischer Motor seines ganzen Lebens war sein immer wieder offen bekanntes Streben, den Versailler Vertrag mit all seinen für Deutschland unerträglichen Folgen zu beseitigen. Da weder Frankreich noch England Willens waren, Deutschland freiwillig aus den Fesseln des Versailler Vertrages zu entlassen, konnte das Ziel nur erreicht werden, wenn hinter den deutschen Forderungen eine entsprechende politische, wirtschaftliche, aber auch militärische Macht stand. Dazu war die 100 000 Mann Berufssoldaten-Reichswehr nicht in der Lage. Daher war es Hitler vom ersten Moment an klar, daß die Reichswehr wieder zu einer deutschen Armee erweitert werden mußte, und das ging nur durch die Wiedereinführung der allgemeinen Wehrpflicht.

Genau hier trafen sich seine Interessen mit denen der Generalität. Die Stimmung unter den meist aus preußischen Adeligen bestehenden Generalstabsoffizieren in der Reichswehr geriet in einen schweren Zwiespalt. Auf der einen Seite begrüßten sie den Mann, der ihnen sozusagen über Nacht die große Chance schenkte, auf der anderen blickten sie leicht angewidert auf Adolf Hitler, der für sie von Anfang an zwei Fehler hatte, die nicht reparabel waren: er war

Österreicher, also ein „Kamerad Schnürschuh“, auf den man ungeachtet der Kriegskameradschaft gegen Dänemark und im Ersten Weltkrieg seit Königsgrätz überheblich herabblickte. Und was fast noch übler war: Hitler war im Ersten Weltkrieg kein Offizier gewesen, sondern nur ein Gefreiter. Beide Minuspunkte wurden in der spöttischen Abqualifizierung vom „böhmischen Gefreiten“ zusammengefaßt. (Da Hindenburgs Hauptquartier im Ersten Weltkrieg zeitweise in Braunau im Sudentenland lag, wurde dies irrtümlich mit Braunau am Inn an der bayerisch-oberösterreichischen Grenze verwechselt.)

Beide Partner wußten von Anfang an, was sie voneinander zu halten hatten. Denn auch Hitler war sich über die Einstellung eines Teils der Generale nicht im unklaren. Er wußte aber: Wollte er sein Ziel, die Zertrümmerung des Versailler Vertrages, erreichen, mußte er die Mitarbeit der Reichswehr-Generale gewinnen.

Joachim C. Fest beschreibt den ersten offiziellen Kontakt am 3. 2. 1933 zwischen Hitler und dem Generalstab in der Dienstwohnung des Chefs der Heeresleitung, General von Hammerstein, folgendermaßen: „Die auffallende Hast, mit der er, ungeachtet der zahllos auf ihn eindrängenden Aufgaben, die Gelegenheit zu dieser Begegnung gesucht hat, war nicht nur in der Schlüsselstellung begründet, die dem Militär in seinem Machteroberungskonzept zugewiesen war; vielmehr drängte es ihn auch im Rausch und Überschwang dieser Tage, für seine grandiosen Perspektiven, allen Selbstverheimlichungsbedürfnissen zum Trotz, Mitwisser zu finden. Kaum etwas unterstreicht so deutlich wie diese Ungeduld, daß es Hitlers innerster, zentraler Gedanke war, den er den Befehlshabern vortrug.

v. Hammerstein stellte, so hat einer der Teilnehmer die Zusammenkunft beschrieben, etwas ‚wohltuend‘ von oben herab den ‚Herrn Reichskanzler‘ vor, die Generalsphalanx quittierte höflich kühl, Hitler machte bescheidene linkische

Verbeugungen und blieb verlegen, bis er nach dem Essen die Gelegenheit zu einer längeren Rede am Tisch bekam. Er sicherte der Wehrmacht als dem einzigen Waffenträger eine ruhige Entwicklung zu und stellte an den Anfang der fast zweistündigen Ansprache, wie schon vor dem Düsseldorfer Industrieklub, den Gedanken vom Primat der Innenpolitik: das vordringlichste Ziel der neuen Regierung sei die Wiedergewinnung der politischen Macht durch die ‚völlige Umkehrung der gegenwärtigen innenpolitischen Zustände, die rücksichtslose Ausrottung von Marxismus und Pazifismus sowie die Schaffung einer breiten Kampf- und Wehrbereitschaft durch ‚straffste autoritäre Staatsführung'; sie allein biete die Gewähr, zunächst mit Hilfe einer vorsichtig operierenden Außenpolitik den Kampf gegen Versailles aufzunehmen, um anschließend mit gesammelter Kraft zur Eroberung neuen Lebensraumes im Osten und dessen rücksichtsloser Germanisierung' überzugehen. Den Zwang zur Expansion begründete er inzwischen nicht mehr nur mit militärgeographischen und ernährungspolitischen Argumenten, sondern auch mit dem Hinweis auf die Wirtschaftskrise; ihre Ursachen wie ihre Lösung liege im Lebensraum. Problematisch erschienen ihm, wenn er die Lage überprüfe, lediglich die Jahre des versteckten, politisch-militärischen Wiederaufbaus; in dieser Zeit werde sich erweisen, ob Frankreich Staatsmänner habe: ‚Wenn ja, wird es uns nicht Zeit lassen, sondern über uns herfallen (vermutlich mit Osttrabanten)', hielt einer der Teilnehmer fest[2]."

Admiral Raeder sagte in Nürnberg über diese Besprechung vor dem Tribunal aus: „Von irgendwelchen Kriegsabsichten sei dabei in gar keiner Weise die Rede gewesen" (IMT XVI, Seite 28). Über die Aufnahme der Rede, von der Hitler zu Blomberg geäußert haben soll, „sie sei seine schwie-

2 Joachim C. Fest, „Hitler", Seite 535 f.

rigste gewesen, da er die ganze Zeit gegen die Wand geredet habe", gibt es keinen historischen Nachweis[3].

Was die Reichswehr-Generale dachten, faßte Hans Rothfels zusammen, „daß man den ‚Trommler', den ‚böhmischen Gefreiten' als Werkzeug benutzen und beliebig wieder loswerden könne, wenn er seine Schuldigkeit getan habe"[3a].

Um die Generale endgültig für die Revision des Versailler Vertrages und die dazu notwendige Aufrüstung zu gewinnen, benutzte Hitler die nächsten Marine-Manöver in Kiel. Am 11. April 1934 ging er an Bord des Kreuzers „Deutschland". In seiner Begleitung befanden sich General von Blomberg, Generaloberst Freiherr von Fritsch, der Chef der Obersten Heeresleitung, und der Chef der Marineleitung, Admiral Raeder. Offensichtlich garantierte Hitler den Generalen noch einmal, daß die Reichswehr alleinige Waffenträgerin der Nation bleiben würde[4].

Da tauchte plötzlich eine Gefahr auf, die die sich anbahnende Zusammenarbeit Hitlers mit den Generalen zu zerstören drohte: Die Forderung des siegreichen Stabschefs der SA, Ernst Röhm, nach einer Volksmiliz. Während die Reichswehr schon ohne Rücksicht auf den Versailler Vertrag, abgedeckt durch die neue Reichsregierung, ihren 100 000-Mann-Bestand auf 300 000 Mann aufzustocken begann, verfügte Röhm über drei Millionen SA-Männer, die nun nach dem Sieg ohne Aufgabe dastanden und sich politisch zu beschäftigen versuchten, da für sie einfach kein Auftrag mehr vorhanden war. Röhm forderte, daß die Aufstockung der Reichswehr auf 300 000 Mann durch den Eintritt von 200 000 SA-Männern geschehen sollte. Die SA-Ränge der Unterführer und Führer sollten automatisch den Dienstgraden des Heeres angeglichen werden.

3 Hermann Foertsch, „Schuld und Verhängnis", Seite 23
3a Hans Rothfels, „Die deutsche Opposition gegen Hitler", Seite 80
4 Allan Bullock, „Hitler", Seite 288

Die Reichswehrführung erstarrte. Das mußte nicht mehr und nicht weniger als das Ende des preußisch-deutschen Offizierkorps bedeuten. Dies tatenlos hinzunehmen, war die Reichswehrführung nicht bereit.

Als Röhm schließlich erkannte, daß die Reichswehr nicht gewillt war, mit der SA zu partizipieren, entwickelte er den Plan, neben der Reichswehr eine bewaffnete Volksmiliz vorerst in der Stärke von 300 000 Mann aufzustellen, ähnlich der faschistischen Miliz in Italien. Doch auch dieser Plan stieß bei der Reichswehr auf eisige Ablehnung. Sie fühlte sich als die alleinige Waffenträgerin der Nation. Zwei konkurrierende Heeresverbände — das mußte, auf die Dauer gesehen, sich zu einer Gefahr für den Staat entwickeln.

So gerieten sowohl Adolf Hitler, der von Anfang an eine großdeutsche Vereinigung aller Deutschen in einem Reich erstrebte und dazu keine defensive Volksmiliz, sondern eine offensiv bereite Armee brauchte, als auch Ernst Röhm in einen schicksalhaften Zwang. Hitler warnte klar und eindeutig und versicherte in aller Offenheit, daß die SA niemals Waffenträgerin der Nation werden könnte.

Röhm begriff einfach nicht, daß sein Milizplan mit dem Wehrkonzept Hitlers nicht zu vereinen war. Er wiegte sich in der Illusion, Hitler sei ein Gefangener seiner Umgebung, und tobte vor seinen SA-Führern: „Ich werde Adolf befreien von den minderwertigen Kreaturen wie diesem Göring, Goebbels, Rosenberg und Ley." Röhm hatte sich so in seine Milizidee verbissen, daß er nicht willens war, sich an die Wand spielen und sich mit der Statistenrolle des vormilitärischen Ausbilders abspeisen zu lassen. Er versuchte nun, um seine Gegner zu überspielen, auf eigene Faust Politik zu machen. Das war ein falscher und verhängnisvoller Weg.

Hitler war längst über die Rolle des Parteiführers hinausgewachsen. Als Reichskanzler hatte er das Schicksal der Nation in Händen. Obgleich er im allgemeinen seinen alten

Kameraden aus der Kampfzeit oftmals beinahe zu lange die Treue hielt, war er nicht bereit, seine große Konzeption um einer Kameraderie willen zu opfern.

Während Hitler noch zögerte, ergriff die wütende Generalität die Initiative. Am 2. Mai 1934 wandte sich Blomberg schriftlich an Hitler und machte ihn auf die Bewaffnung der SA-Stabswache aufmerksam: „Zahlenmäßig würde sich das im Bereich des Wehrkreiskommandos VI allein auf 6000 bis 8000 ständig mit Gewehr und Maschinengewehr bewaffnete SA-Männer auswirken[5]."

Am 4. Juni 1934 beschwor Hitler Röhm noch einmal eindringlich in einer fünfstündigen Aussprache, in der sich Röhm standhaft geweigert zu haben scheint, die SA in einen Sportverein umwandeln zu lassen, zu der sie später auch wurde. Einen Zeugen dieser entscheidenden Aussprache gibt es nicht.

Jedenfalls ergriffen jetzt die Generale der Reichwehr, offensichtlich in Furcht, Hitler könne mit seinen alten Kampfgefährten einen Kompromiß eingehen, die Initiative. Sie fanden in ihrem Streben, die SA auszuschalten, zwei seltsame Verbündete: Hermann Göring und Heinrich Himmler. Beide waren seit Jahr und Tag Intimfeinde Röhms gewesen, der sie unbekümmert mit seinem Spott überschüttete. Dazu kam, daß Himmler mit seiner machtvoll angewachsenen SS noch immer organisatorisch Röhm unterstellt war und endlich freie Hand gewinnen wollte.

Hitler wurde am 21. Juni zum kranken Reichspräsidenten von Hindenburg nach Neudeck gebeten, wo der Reichswehrminister von Blomberg eintraf, der energisch von Hitler forderte, die Regierung müsse für die notwendige Entspannung sorgen, sonst würde der Reichspräsident den Alarmzustand verhängen und der Reichswehr entsprechende Vollmachten übertragen[6].

5 Nürnberger Beweisurkunden 951-D
6 Allan Bullock, a.a.O., Seite 304

Am 29. Juni 1934 veröffentlichte der „Völkische Beobachter“ einen Aufsatz des Reichswehrministers General von Blomberg, in dem es hieß: „Die Rolle der Reichswehr ist eindeutig und klar. Sie dient diesem Staat, den sie aus innerster Überzeugung bejaht, und sie steht zu dieser Führung, die ihr das vornehmste Recht wiedergab, nicht nur Träger der Waffe, sondern auch der von Staat und Volk anerkannte Träger des unbegrenzten Vertrauens zu sein. In engster Verbundenheit mit dem ganzen Volke steht die Wehrmacht in Treue und Manneszucht hinter der Führung des Staates, dem Feldmarschall des großen Krieges, Reichspräsident von Hindenburg, ihrem Oberbefehlshaber, und dem Führer des Reiches, Adolf Hitler, der einst aus grauen Reihen kam und stets einer der unseren bleiben wird[7].“

Gleichzeitig wurde das Führungskorps der Reichswehr über den angeblich bevorstehenden SA-Putsch unterrichtet und ausführlich darauf hingewiesen, daß sich die SS auf seiten der Reichswehr befinde und ihr daher im Bedarfsfall Waffen auszuhändigen seien. Ein Befehl des Generalleutnants Ludwig Beck vom 29. Juni wies alle Offiziere in der Bendlerstraße an, die Pistolen griffbereit zu halten[8].

So gut organisiert nahm die blutige Tragödie ihren Lauf. Hitler, von drei Seiten: Reichswehr, Göring und Himmler in eine Putschpsychose hineingehetzt, schlug zu und ließ geschehen, daß die Führerschaft seiner alten Garde, die SA, mit rund 190 Mann liquidiert wurde.

Die Reichswehr-Generale waren darüber in keiner Weise empört, ganz im Gegenteil. General von Witzleben, Wehrkreisbefehlshaber III in Berlin, fragte bei General von Reichenau an, was denn die Schießerei in Lichterfelde bedeute. Reichenau erwiderte: „Die Partei räumt mit ihren verwilderten und verwüsteten SA-Führern auf.“

7 Allan Bullock, a.a.O., Seite 299
8 Joachim C. Fest, a.a.aO., Seite 634

Witzleben lachte. „Schade“, sagte er, „da müßte ich dabei sein.“

Die Begeisterung der Reichswehr-Generale ging so weit, daß sie sogar, ohne mit der Wimper zu zucken, die Erschießungen ihrer Standesgenossen, General von Schleicher und General von Bredow, die der SS zum Opfer fielen, durch eine offizielle Erklärung am 30. Juni 1934, die General von Reichenau mit Genehmigung des Heeresministers von Blomberg herausgab, deckte.

Reichswehrminister von Blomberg gab an die Truppe folgenden Tagesbefehl heraus:

„An die Wehrmacht, Berlin, 1. Juli 1934.

Der Führer hat mit soldatischer Entschlossenheit und vorbildlichem Mut die Verräter und Meuterer selbst angegriffen und niedergeschmettert. Die Wehrmacht als Waffenträger des gesamten Volkes, fern vom innerpolitischen Kampf, wird danken durch Hingabe und Treue! Das vom Führer geforderte gute Verhältnis zur neuen SA wird die Wehrmacht mit Treue pflegen im Bewußtsein der gemeinsamen Ideale. Der Alarmzustand ist überall aufgehoben.

von Blomberg[9].“

Nach dieser „Siegesmeldung“ marschierte die Kompanie des Wachregiments Berlin unter den Klängen des Badenweiler Marsches im Stechschritt an Hitler vorbei.

Jahre später, in der Zerreißprobe des totalen Krieges, in den Stunden höchster Gefahr, fehlten jene Hagengestalten eines Röhm und seiner Kameraden und ihre Todestreue. Ein Großteil jener Generalstabsoffiziere, die Nutznießer des 30. Juni waren, ging in dem Augenblick von Bord, als das Glück Hitler verließ, oder war nur mehr mit halbem Herzen dabei.

Hier muß man das Wort dem Franzosen Pierre Drieu la Rochelle geben, einem Kameraden des Dichters Robert Bra-

9 DNB-Text vom 30. Juni 1934

silach, der, weil er an ein Europa unter deutscher Führung glaubte, von den Siegern 1945 erschossen wurde. Pierre Drieu la Rochelle, ein leidenschaftlicher Freund Deutschlands, wußte, was ihn erwartete: er nahm sich Ende 1944 das Leben. Kurz vor seinem Freitod schrieb er nieder:

„Der Grund für den Zusammenbruch der deutschen Politik liegt nicht in ihrer Maßlosigkeit, sondern in ihrer mangelnden Entschiedenheit. Die deutsche Revolution ist in keinem Bereich weit genug vorangetrieben worden ... Die deutsche Revolution ist viel zu behutsam umgegangen mit den alten Männern der Wirtschaft und der Reichswehr; sie schonte allzusehr die alte Bürokratie. Dieser doppelte Irrtum wurde am 20. Juli enthüllt. Hitler hätte mit aller Schärfe die abtrünnige Linke, aber auch unnachsichtig die abtrünnige Rechte treffen müssen. Da er es nicht oder unzulänglich tat, stellten sich im Verlauf des Krieges die nicht wiedergutzumachenden Folgen immer verhängnisvoller heraus: In allen besetzten Ländern Europas erwies sich die deutsche Politik stark belastet mit sämtlichen Vorurteilen alter Kriegführung und veralteter Diplomatie; sie vermochte das Neue und Weite der großartigen Aufgabe, die sich ihr bot, nicht auszunützen; sie zeigte sich unfähig, einen Eroberungskrieg alten Stils überzuführen in einen Revolutionskrieg. Sie glaubte, die Heftigkeit der Kriegführung auf ein Mindestmaß herunterdrücken zu können, um dadurch die europäische Meinung für sich zu gewinnen — und sie mußte zusehen, wie diese Meinung sich gegen sie wandte, weil ihr nichts an Neuem und Zwingendem geboten wurde[10]."

Als die französische Regierung die Dienstzeit ihrer Armee verdoppelte und das wehrpflichtige Alter herabsetzte, gab die Deutsche Reichsregierung am 16. März 1935 die Wiedereinführung der allgemeinen Wehrpflicht bekannt und ihren Willen, eine neue Wehrmacht mit 36 Divisionen in Friedens-

10 Zitiert bei Joachim C. Fest, a.a.O., Seite 1151

stärke von 550 000 Mann aufzustellen. Im August 1936 wurde die Wehrdienstzeit auf zwei Jahre erhöht.

Die Generale waren am Ziel. Die deutsche Armee war wieder da. Auch Hitler glaubte sein Ziel erreicht zu haben: eine Generalität, die als militärisches Instrument den Traum seines Lebens verwirklichte, die Beseitigung und Revision des Versailler Vertrages. In der Zukunft sollte es sich erweisen, daß dies nur durch Überwindung größter Schwierigkeiten ermöglicht werden konnte. Die Generale waren nämlich zum Großteil nicht gewillt, sich bedingungslos dem „böhmischen Gefreiten“ unterzuordnen. Es begann ein Tauziehen in der Wehrmachtsführung, das im Verlauf der Entwicklung verhängnisvolle Formen zeitigte.

Ordnungshalber muß hier festgestellt werden, daß es sich aber nur um einen Teil der Generalität handelte, der von Anfang an der nationalsozialistischen Reichsführung feindlich gegenüberstand. Tragischerweise befanden sich aber die regimefeindlichen Generale an den entscheidenden Führungsstellen der Armee. Die spätere Entlassung des Kriegsministers Feldmarschall von Blomberg, der eine Dame recht zweifelhaften Rufes geheiratet hatte, und die ungerechtfertigte Entlassung des Generalobersten Freiherr von Fritsch, der fälschlich widernatürlicher Veranlagung beschuldigt worden war, hatte, obwohl Fritsch in einem abschließenden Verfahren völlig rehabilitiert wurde, der Gegnerschaft, besonders im adeligen Teil des Generalstabs, die moralische Rechtfertigung ihrer Gegnerschaft zu Hitler geliefert.

Neben ihnen aber standen Tausende Generale und ungezählte Stabsoffiziere aus innerster Überzeugung oder einfach getreu ihres Fahneneides und erfüllten bewundernswert ihre soldatische Pflicht. Man denke da, um nur einige Namen zu nennen, an Männer vom Schlage Model, Guderian, Schörner, Dietl, Kesselring, Dönitz, Raeder, Rendulic. Interessanterweise gab es Regimegegner nur bei der Führung im Heer. Weder in der Luftwaffe noch in der Marine und natürlich schon gar nicht in der Waffen-SS gab es irgendwelche Verschwörungen.

Aber auch beim Heer war die Masse der Generale pflichtgetreu. Vor dem Feind fielen oder starben in der Gefangenschaft: Vom Heer 676 Generale, von der Luftwaffe 113, von der Marine 73, von der Waffen-SS 63 und von der Polizei 39; alles in allem 936 Feldmarschälle, Generaloberste, Generäle und Admirale. Sie und nicht die Gruppe pflichtvergessener Regimegegner repräsentierten in Wahrheit das deutsche Heer im Zweiten Weltkrieg.

Vor dem Feind fielen vom Heer:

Angern, Günther; Generalleutnat Kdr. 16. Pz.Div.	1943	Osten
Apell v., Georg; Generalleutnant a. D. zul. Kdr. 9. I.D.	1945	Heimat
Arndt, Edgar; Generalmajor Kdr. 708. I.D.	1944	Westen
Baade, Ernst Günther; Generalleutnant Inspekteur v. Volkssturm	1945	Heimat
Baentsch, Alfred; Generalleutnat Kdr. 82. I.D.	1943	Osten
Baer, Karl; Generalmajor Arko 110	1944	Osten
Bärenfänger, Erich; Generalmajor Abschnittskommandant Berlin	1945	Berlin
Baeßler, Johannes; Generalleutnat Kdr. 242. Sich.Div.	1944	Westen
Baltzer, Richard; Generalleutnant Kdr. 182. I.D.	1945	Osten
Bartsch Dr.; Generalveterinär Korpsveterinär	1941	Osten

Berger, Hanns; Generalmajor		
Nebeltruppenführer	1942	Osten
Bergmann, Friedrich; Generalleutnat		
Kdr. 137. I.D.	1941	Osten
Bernecker, Erich; Generalleutnant		
Arko 5	1941	Osten
Bernuth v., Julius; Generalmajor		
Chef Gen.St. Pz.A.O.K. 4	1942	Osten
Berthold, Gerhard; Generalmajor		
Kdr. 31. I.D.	1942	Osten
Betz, Paul; Generalmajor		
m. d. F. b. 50. I.D.	1944	Osten
Betzel, Clemens; Generalleutnant		
Kdr. 539. I.D.	1945	Osten
Beutler, Otto; Generalmajor		
Kdr. 340. I.D.	1944	Osten
Biermann; Generalmajor		
Abtlg.Chef Landesbef. OKH	1945	Berlin
Bismarck v., Georg; Generalmajor		
Kdr. 21. Pz.Div.	1942	Afrika
Block, Johannes; General der Inf.		
Komm. Gen. LVI. Pz.-Korps	1945	Osten
Blümke, Friedrich; Generalmajor		
Kdr. 257. I.D.	1944	Osten
Bock v., Fedor; Generalfeldmarschall		
zul. O.B. HGr. Süd	1945	Heimat
Braun, Georg; Generalmajor		
Kdr. 68. I.D.	1941	Osten
Briesen v., Kurt; General der Inf.		
Komm. Gen. LII. A.K.	1941	Osten
Brodowski v.; Generalleunant		
O.Feldkdt. 588 u. Kpf.-Gr.Fhr.	1944	Westen

Buck, Albert; Generalmajor		
Kdr. 198. I.D.	1942	Osten
Büchting; Generalmajor		
Nafü. Pz.-Armee Afrika	1942	Afrika
Bülow v., Cord; Generalmajor		
Kdr. 10. Schützenbrigade	1942	Osten
Büsing; Generalmajor		
Führer einer Panzerdivision	1943	Osten
Crisolli, Wilhelm; Generalmajor		
Kdr. 20. Lw. Felddivision	1944	Italien
Dawans, Ritter und Edler v., Sigismund; Generalmajor		
Chef Gen.Stab Pz.Gr. West	1944	Westen
Digeon v. Monteton, Baron, Konstantin; Generalmajor		
Kdr. Waffenschule Armee	1944	Osten
Doering v., Bernd; Generalmajor		
Adjutant HGr. C	1944	Italien
Dollmann, Friedrich; Generaloberst		
O.B. 7. Armee	1944	Westen
Domansky, Kurt; Generalmajor		
Kdr. 50. I.D.	1945	Osten
Dabrich-Waechter v., Viktor; Generalleutnant		
Kdr. 326. I.D.	1944	Westen
Drescher, Otto; Generalleunant		
Kdr. 267. I.D.	1944	Osten
Dürking, Werner; Generalmajor		
Kdr. 96. I.D.	1944	Osten
Dürrstein; Generalmajor		
Feldkdt. 581 Radom	1945	Osten
Eberle, René; Generalleutnant		
Inspekt. Landesbefest. West	1944	Westen
Eckert Dr.; Generalstabs-Veterinär		
Armee-Vet. 7	1943	Heimat

Eibl, Karl; Generalleutnant
m. d. F. b. XXIV. Pz.-Korps 1943 Osten

Eichstedt v., Werner; Generalmajor
Kdr. 294. I.D. 1944 Osten

Elster, Wolfgang; Generalmajor
Arko 121 1944 Osten

Elverfeldt Frhr. v., Harald; Generalmajor
Kdr. 9. Pz.Div. 1945 Westen

Erdmannsdorff v., Werner; General der Inf.
Komm. Gen. LXXXXI. A.K. 1945 Balkan

Falley, Wilhelm; Generalleutnant
Kdr. 91. Luftlandedivision 1944 Westen

Fehn, Gustav; General d. Panzertruppen
Komm. Gen. XV. Geb.-Korps 1945 Balkan

Finger, Arthur; Generalmajor
Kdr. 291. I.D. 1944 Osten

Fischer, Wolfgang; Generalleutnant
Kdr. 19. Panzerdivision 1943 Afrika

Fischer; Generalmajor
Kdr. 67. I.D. 1944 Osten

Fouquet; Generalmajor
Arko 107 1944 Osten

Friedrich, Rudolf; Generalleutnant
m. d. F. b. Art.Div. z.b.V. 312 1945 Osten

Fritsch Frhr. v., Werner; Generaloberst
Chef A.R. 12, zuletzt OB d. H. 1939 Polen

Gabcke, Otto; Generalleutnat
Kdr. 294. I.D. 1942 Osten

Gall, Franz; Generalleutnant
Kdt. Verteidig.-Ber. Venedig 1944 Italien

Gallwitz v., Werner; Generalmajor
Arko 132 1944 Osten

Geib; General der Artillerie		
Befehlsh. rückw. Heeresgeb. Südfrankreichs	1944	Westen
Geitner, Herbert; Generalleutnant		
Kdr. 295. I.D.	1942	Osten
Göbel, Karl; Generalmajor		
Kdr. 299. I.D.	1945	Osten, Kurland
Groddeck v., Karl Albrecht; Generalmajor		
Kdr. 161. I.D.	1944	Osten
Groß Dr., Karl; Generalintendant		
Heeresgruppen-Int.	1944	Osten
Gruner; Generalmajor		
Kdr. 111. I.D.	1944	Osten
Gurran, Paul; Generalmajor		
Kdr. 23. I.D.	1944	Osten
Haccius, Ernst; Generalleutnant		
Kdr. 46. I.D.	1943	Osten
Hagen v. d., Heinrich; Generalleutnat z.V.		
Kdr. Kriegsgef. W.K. VI	1945	v.Russen ermord.
Hammer; Generalmajor		
Feldkdt. 853	1943	Osten, Krim
Hartmann v., Alexander; Generalleutnant		
Kdr. 71. I.D.	1943	Stalingrad
Hauffe, Arthur; General der Inf.		
Komm. Gen. XIII. A.K.	1944	Osten
Haus, Georg; Generalmajor		
Kdr. 50. I.D.	1945	Osten
Heineccius v., Richard; Generalleutnant		
Kdt. Hamburg	1943	Heimat
Heinrich, Willi; Generalmajor		
Arko 148	1943	Osten

Heinrichs, Konrad; Generalleutnant		
Kdr. 89. I.D.	1944	Westen
Hellmich, Heinz; Generalleutnant		
Kdr. 243. I.D.	1944	Westen
Henke, Karl; Generalmajor		
Pi.Kdr. 4. Armee / Kdr. 290.I.D.	1945	Frische Nehrung
Herold, Walter; Generalmajor		
Kdr. 10. Pz.Gren.Div.	1944	Osten
Heydebrand v. u. d. Lasa, Hans; Generalmajor		
Kdr. Schütz.Brig. 23. Pz.Div.	1942	Osten
Hewelcke, Georg; Generalleutnant		
Kdr. 339. I.D.	1942	Osten
Himer, Kurt; Generalleutnant		
Kdr. 46. I.D.	1942	Osten
Hippler; Generalmajor		
Kdr. 329. I.D.	1942	Osten
Hirschfeld v., Harald; Generalmajor		
Kdr. 78. St.Div.	1945	Osten
Hoenecke, Dr; Generalstabsveterinär		
Wehrkreisveterinär XIII	1943	Heimat
Höcherl; Generalmajor		
Divisionskommandeur	1945	Osten
Hölz, Johannes; Generalmajor		
Chef Generalstab A.O.K. 9	1945	Osten
Hofmann, Frhr. v., Helmut; Generalmajor		
Kdt. Königsbrück	1945	Heimat
Hünersdorff v., Walther; Generalmajor		
Kdr. 6. Pz.Div.	1943	Osten
Hufenbach, Helmuth; Generalmajor		
Kdr. 556. Volks-Gren.Div.	1945	Osten
Jakob, Werner; Generalmajor		
Arko b. XXIV. Pz.-Korps	1942	Osten

Jost, Walter; Generalleutnant		
Kdr. 42. Jägerdivision	1945	Italien
Kalmukoff, Kurt; Generalmajor		
Kdr. 31. I.D.	1941	Osten
Källner, Hans; Generalleutnant		
Komm. Gen. XXIV. Pz.-Korps	1945	Osten
Kamecke, Hans; Generalleutnant		
Kdr. 137. I.D.	1943	Osten
Kattner, Heinz; Generalmajor		
Feldkdt.	1945	Balkan
Kern, Emil; Generalleutnant a. D.		
zul. Arm. Pi.-Führer 4. Armee	1945	Heimat
Kern Dr., Paul; Generalsarzt		
Armeearzt 1. Panzerarmee	1945	Tschechei
	von Russen ermordet	
Kirchbach v., Erich; Generalmajor		
Kdt. Epinal, Feldkdt. 622	1944	Westen
Kirschner, Ludwig; Generalmajor		
Kdr. 320. Volks-Gren.Div.	1945	Tschechei
Kistner, Fritz; Generalmajor		
Korück 539	1945	Gegend Plauen
Knebel, Hans; Generalmajor		
Kdr. Waffenschule Pz.-A.O.K. 3	1945	Osten
Knuth, Hans; Generalleutnant z.V.		
zul. Korück 583	1945	v. Russen ermord.
Koch, Viktor; Generalmajor		
Kdr. 323. I.D.	1942	Osten
Kortzfleisch v., Joachim; General der Inf.		
z.V. Heeresgruppe B	1945	Westen
Koske Dr., Karl; Generalmajor		
Kdr. 212. I.D.	1945	Heimat

Koßmala, Georg; Generalmajor		
Kdr. 344. I.D.	1945	Osten
Kraiß, Dietrich; Generalleutnant		
Kdr. 352. I.D.	1944	Westen
Krech, Franz; Generalleutnant		
Kdr. 41. Festungsdivision	1944	Balkan
Kreß, Hermann; Generalleutnant		
Kdr. 4. Gebirgsdivision	1943	Osten
Krosigk v., Ernst-Anton; General der Inf.		
Komm. Gen. XXVI. A.K., stellv. O.B. 16. Armee	1945	Osten
Kühme, Kurt; Generalmajor z.V.		
Kdr. einer Sich.Div.	1944	Westen
Kühn, Fritz; General der Panzertruppen		
Chef Wehrm.Kraftfahrzeugwesen	1944	Heimat
Kühne, Gerhard; Generalmajor		
Kdr. 22. I.D.	1943	Balkan
Kussin, Friedrich; Generalmajor		
Feldkdt. 642 in Holland	1944	Westen
Lancelle, Otto; Generalmajor		
Kdr. 121. I.D.	1941	Osten
Lang, Joachim-Friedrich; Generalmajor		
Kdr. 95. I.D.	1945	Ostpreußen bei Pillau
Langermann und Erlenkamp Frhr. v., Willibald; General der Panzertruppen		
Komm. Gen. XXIV. Pz.-Korps	1942	Osten
Laux, Paul; General der Inf.		
m. b. F. b. 16. Armee	1944	Osten
Lechner, Adolf; Generalleutnant		
Harko 308 bei 2. Armee	1943	Osten

Löweneck, Ludwig; Generalleutnant		
Kdr. 39. I.D.	1943	Osten
Mack, Erwin; Generalmajor		
Kdr. 23. Panzerdivision	1942	Osten
Marcks, Erich; General der Artillerie		
Komm. Gen. LXXXIV. A.K.	1944	Westen
Marseille, Siegfried; Generalmajor		
Feldkdt. 324	1944	Osten
Martinek, Robert; General der Artillerie		
Komm. Gen. XXXIX. Pz.-Korps	1944	Osten
Metscher, Emil; Generalmajor		
Versorgungsamt W.K. I	1945	Sachsen
Michael, Ernst; Generalmajor		
Kdr. 9. Lw.-Felddivision	1944	Osten
Michalik; Generalmajor		
m. d. F. einer Pz.Div. b.	1944	Osten
Mickl, Johann; Generalleutnant		
Kdr. 392. (kroat.) Div.	1945	Balkan
Mieth, Friedrich; General der Inf.		
Komm. Gen. IV. A.K.	1944	Osten
Möckel, Alexander; Generalmajor		
Divisionskommandeur	1945	Westen
Möhring, Kurt; Generalmajor		
Kdr. 276. Volks-Gren.Div.	1944	Westen
Mühlmann, Max; Generalleutnant a. D.		
zul. Kdr. 323. I.D.	1945	Osten
Müller, Richard; Generalleutnant		
Kdr. 211. I.D.	1943	Osten
Mylo, Walther; Generalmajor a. D.		
Wehr-Bez.Kdr., zul. Feldkdt. 894	1945	Heimat
Nebauer; Generalmajor		
Kdr. 323. I.D.	1943	Osten

Neindorff v., Egon; Generalmajor		
Kdt. Tarnopol	1944	Osten
Neumann-Silkow, Walter; Generalmajor		
Kdr. 25. Panzerdivision	1941	Afrika
Niebelschütz v., Günther; General der Inf. a. D.		
Korück 3. Armee, dann z.V.	1945	Ostpreußen von Russen ermordet
Nostitz-Wallwitz v., Gustav Adolf; Generalmajor		
Kdr. 24. Panzerdivision	1945	Osten
Oschmann, Dipl.-Ing; Generalmajor		
Kdr. 338. I.D.	1944	Westen
Osterland Dr.; Generalstabsarzt a. D.		
Inspekt. Deutsches Rotes Kreuz	1945	Heimat
Peschel, Rudolf; Generalleutnant		
Kdr. 6. Lw. Felddiv.	1944	Osten
Petersen; Generalmajor		
Inspekteur d. Kf.-Park-Tr.	1945	Heimat
Pfeifer, Helmuth; Generalleutnant		
Kdr. 65. I.D.	1945	Italien
Pfeiffer, Georg; General der Art.		
Komm. General VI. A.K.	1944	Osten
Pistorius; Generalleutnant		
Kdr. 4. Lw.-Felddiv.	1944	Osten
Prieß, Helmuth; General der Inf.		
Komm. Gen. XXVII. A.K.	1944	Osten
Prittwitz und Gaffron v., Heinrich; Generalleutnant		
Kdr. 15. Panzerdivision	1941	Afrika
Raab, Matthias; Generalmajor		
Arko 125 bei LVI. A.K.	1944	Osten
Randow v., Heinz; Generalleutnant		
Kdr. 21. Panzerdivision	1942	Afrika
Rathsmann Dr; Generalstabs-Veterinär		
Heeresgr. Vet. Weichsel	1945	Osten

Recknagel, Hermann; General der Inf.		
Komm. Gen. XXXXII. A.K.	1945	Osten
Rein; Generalleutnant		
Kdr. 69. I.D.	1945	Osten
Reinhardt, Fritz; Generalmajor		
Feld.Kdt. 518	1944	Westen
Reiseneder Dr.; Gen.Vet. a. D.		
z.V.	1944	Heimat
Renner; Generalleutnant		
Kdr. 174. Reservedivision	1943	Osten
Reuß v., Richard; Generalmajor		
Kdr. 62. I.D.	1942	Osten
Richter, Werner; Generalleutnant		
Kdr. 263. I.D.	1944	Osten
Riebel; Generalmajor		
Kdr. eines Panzerregiments	1942	Osten
Rittau, Stephan; Generalleutnant		
Kdr. 129. I.D.	1942	Osten
Rost v., Hans-Günther; Generalleutnant		
Kdr. Reichs-Gren.Div.		
Hoch- und Deutschmeister	1945	Osten
Roth, Heinrich; Generalmajor		
Kdr. 88. I.D.	1943	Osten
Rübel, Karl; Generalleutnant		
Kdr. 163. Div.	1945	Osten
Runge, Siegfried; Generalmajor		
Kdt. Mainz-Wiesbaden	1945	Westen
Rupp, Ernst; Generalleutnant		
Kdr. 97. Jägerdivision	1943	Osten
de Salengre Drabbe, Hans; Generalleutnant		
Kdr. 384. I.D.	1944	Osten
Schade; Generalmajor a. D.		
Führer einer KGr. Fest. Glogau	1945	Osten

Schäfer, Hugo; Generalleutnant		
Kdr. Kriegsgef. i.W.K. XVII	1945	Heimat von Russen ermordet
Scheidies, Franz; Generalmajor		
Führer einer Kampfgruppe	1942	Osten
Schell; Generalmajor		
m. d. F. 320. I.D.b.	1944	Osten
Scheller, Walther; Generalleutnant		
Kdt. Brest-Litowsk, Ob.Feldkdt. 399	1944	Osten
Scherbening; Generalleutnant		
Kdr. Div. z.b.V. 406	1944	Westen
Scheuerpflug, Paul; Generalleutnant		
Kdr. 68. I.D.	1945	Osten
Schilling, Walter; Generalleutnant		
Kdr. 17. Panzerdivision	1943	Osten
Schlösser; Generalmajor		
Arko 153	1944	Osten
Schmidhuber, Gerhard; Generalmajor		
Kdr. 13. Panzerdivision	1945	Osten
Schmidt, Axel; Generalmajor		
Divisionskommandeur	1944	Westen
Schmidt, Friedrich; Generalleutnant		
Kdr. 50. I.D.	1943	Osten
Schmidt, Kurt; Generalleutnant		
Divisionskommandeur	1945	Westen
Schneckenburger, Wilhelm; General der Inf.		
Komm. Gen. Korpsgr. Belgrad	1944	Balkan
Schobert Ritter v., Eugen; Generaloberst		
O.B. 11. Armee	1941	Osten
Scholl Dr., Otto; Generalarzt		
Korpsarzt XXXX. Panzerkorps	1942	Osten

Schünemann, Otto; Generalleutnant
m. d. F. XXXIX. Panzerkorps beauftr.
Kdr. 337. I.D. 1944 Osten

Schütze, Ulrich; Generalmajor
m. d. F. einer Div. b., Arko 144 1942 Osten

Schulz Dr., Johannes; Generalmajor
m. d. F. 9. Panzerdivision b. 1944 Osten

Schulz, Adalbert; Generalmajor
Kdr. 7. Panzerdivision 1944 Osten

Schwerin Graf, Bogislaw; Generalmajor
Kdr. 207. Sich.Div. 1944 Osten

Seckendorff Frhr. v., Erich; Generalmajor
Kdr. einer Panzerbrigade 1944 Westen

Seidel, Erich; Generalmajor
Kdr. 257. Volks-Gren.Div. 1945 Westen

Seidlitz und Gohlau Frhr. v., Hans Heinr.; Generalmajor
Arko 135 1941 Osten

Seydlitz-Kurzbach v., Lothar; Generalmajor
Kdr. Festungsregiment 924 1944 Italien

Sieberg, Friedrich; Generalleutnant
Kdr. 14. Panzerdivision 1943 Osten

Siegroth v., Joachim; Generalmajor
Kdr. 712. I.D. 1945 Berlin

Speck Ritter v., Hermann; Generalleutnant
m. d. F. b. XVIII. Geb.-Korps 1940 Westen

Stegmann, Rudolf; Generalmajor
Kdr. 77. I.D. 1944 Westen

Stemmermann, Wilhelm; General der Artillerie
Komm. Gen. XI. A.K. 1944 Osten

Stempel, Richard; Generalleutnant
Kdr. 371. I.D. 1943 Osten

Stephan, Friedrich; Generalleutnant
Kdr. 104. Jägerdivision 1945 Balkan

Stettner Ritter v. Grabenhofen, Walter; Generalleutnant
Kdr. 1. Gebirgsdivision 1944 Balkan

Strahammer, Martin; Generalmajor
Kdr. 114. Jägerdivision 1945 Italien

Streccius, Alfred; General der Inf. a. D.
zul. Befehlsh. WK. XVII 1944 Heimat

Strempel, Helmuth; Generalmajor
m. d. F. einer Div. b. 1944 Osten

Stumme, Georg; General der Panzertruppen
m. d. F. Panzerarmee Afrika b. 1942 Afrika

Sudau; Generalmajor
Kdr. 548. Volks-Gren.Div. 1945 Osten

Sümmermann; Generalmajor
Kdr. 90. leichte Div. 1941 Afrika

Szelinski, Arnold; Generalleutnant
Kdr. 376. I.D. 1943 Osten

Thadden v., Henning; Generalleutnant
Kdr. 1. I.D. 1945 Osten

Thomas, Kurt; Generalmajor
Kdr. 999. Afrika-Division 1943 Afrika

Ulbrich; Generalmajor
Arko 1944 Osten

Vara, Felix; Generalmajor
Mar.Pi.-Inspekteur 1941 Westen

Wandel, Martin; General der Artillerie
Komm. Gen. XXIV. Panzerkorps 1943 Osten

Weber Ritter v., Dr.-Ing., Karl; Generalmajor
m. d. F. 17. Panzerdivision b. 1941 Osten

Wedel v., Hermann; Generalmajor
Kdr. 10. Lw.-Felddivision 1944 Osten

Wegener, Wilhelm; General der Inf.
Kdr. L. A.K. 1944 Osten

Wengler, Maximilian; Generalmajor der Reserve
Kdr. 83. I.D. 1945 Osten

Wessely v., Marian; Generalmajor z.V.
Heeresarchiv Wien 1945 bei Wien

Willigmann, Otto; Generalmajor
Stab W.K. XVIII 1945 Osten

Wüstenhagen, Albrecht; Generalleutnant
Kdr. 256. I.D. 1944 Osten

Wulffen v., Gustav Adolf; Generalmajor z.V.
Kdt. Potsdam 1945 bei Berlin

Xylander Ritter v., Wolfdietrich; Generalleutnant
Chef Generalstab H.Gr. Mitte 1945 Osten

Zeiß, Prof. Dr.; Generalarzt d. R.
Heeres-San.-Inspekteur 1945 Berlin

Zorn, Hans; General der Panzertruppen
Komm. Gen. XXXXVI. Pz.-Korps 1943 Osten

Zorn, Eduard; Generalmajor
Kdr. 189. I.D. 1945 Westen

Zunehmer, Max; Generalmajor a. D.
zul. Kdt. Düsseldorf 1945 Heimat

Von der Luftwaffe fielen im Kampf:

Carganico, Victor; Generalleutnant
Kdt. eines Flughafenbereichs 1945 Berlin

Cranz, Fritz; Generalleutnant
Verb.Off. zur Festg. Breslau 1945 Osten

Deutsch,Friedrich Wilhelm; Generalmajor
Kdr. 16. Flak-Div. 1945 Westen

Gerlach v.; Generalmajor
Koluft einer Armee b. HGr. Mitte 1941 Osten

Grauert, Ulrich; Generaloberst
Komm. Gen. I. Fliegerkorps 1941 Westen

Heemskerck v., Hans Eduard; Ministerialdirektor
Abteilungschef R.L.M. 1943 Heimat

Kraemer, Oskar; Generalmajor
Kdr. 11. Flakdivision 1945 Osten

Lucht, Rulof; Generalstabs-Ingenieur
Min. für Waffen und Munition 1945 Heimat

Middendorf; Generalintendant
Luftgau-Intendant 1944 Osten

Nieber Dr. v.; Generalarzt
Luftgauarzt XII 1943 Heimat

Nitzsche, Martin; Generalleutnant a. D.
kom. zur Rüstungsindustrie 1944 Westen

Riesch, Eduard, Dipl.-Ing.; Generalmajor
Kdt. Flughafenbereich Görlitz 1945 Osten

Rudloff v., Werner; Generalleutnant
Wehrersatz-Insp. Magdeburg 1945 Westen

Rüter, Wolfgang; Generalmajor
Volkssturm 1945 Heimat

Schirmeister; Generalmajor a. D.
zul. Kdr. einer Lw.-Felddivision 1945 Potsdam
von Russen ermordet

Schörgi, Hugo; Generalmajor
Befehlsh. Erk.-Stab Luftgau XVII 1944 Wien

Schroth, Günther; Generalmajor
Gen. z.b.V. einer Fallsch.Jg.Div. 1945 Westen

Schuchardt; Generalmajor
Kdr. 10. Flak-Brigade 1943 Osten

Süssmann; Generalleutnant
Kdr. Fallsch.Jg.Div. 1941 Anflug n. Kreta

Stutterheim v., Wolff; Generalmajor
Kommodore eines Kampfgeschw. 1940 Westen

Von der Marine starben den Heldentod:

Bachmann, Johannes; Admiral z.V.		
zul. Komm. Admiral Atlantikküste,		
Volkssturm	1945	Heimat
Bey, Erich; Konteradmiral		
Fhr. einer KGr. u . Fhr. d. Zerst.	1943	Nordmeer
Böhmer, Kurt; Konteradmiral		
Führer Minensuchboote Ost	1944	Osten
Bonte, Fritz; Kommodore		
Führer der Zerstörer	1940	Norwegen
Carls, Rolf; Generaladmiral z.V.		
zul. O.B. Mar.Grp.Kdo. Nord	1945	Heimat
Fanger, Paul; Admiral z.V.		
zul. Amtschef O.K.M.	1945	Heimat
Hanke, Heinrich; Vizeadmiral z.V.		
Amtsgr.Chef O.K.M.	1945	Berlin
Isendahl, Walter; Konteradmiral a. D.		
O.K.M. Sonderverwendung		
zul. im Volkssturm	1945	Berlin
Kieseritzky, Gustav; Vizeadmiral		
Komm. Adm. Schwarzes Meer	1943	Osten
Kühn, Walter; Konteradmiral, Ing.		
Ing. Offz. Mar.Grp.Kdo.	1944	Heimat
Leithäuser, H. Paul; Konteradmiral		
Seekommandant	1943	Ägäis
Lütjens, Günther; Admiral		
Flottenchef	1941	Atlantik
Maertens, Erhard; Vizeadmiral z.V.		
beim Volkssturm,		
zul. Kdt. Marinewerft Kiel	1945	Berlin
Maßmann, Siegfried; Vizeadmiral z.V.		
Werftbeauftr. Adm. Ägäis	1944	Heimat

Riege Dr.; Admiralarzt
Flottenarzt 1941 Atlantik

Scheurlen, Ernst; Vizeadmiral
Kdr. 2. Marinedivision 1945 Westen

Schmidt, Friedrich Traugott; Konteradmiral
Seekommandant 1944 Ägäis

Waue, Georg; Konteradmiral
Seekommandant 1945 Balkan ermordet

Von der Waffen-SS fielen:

Augsberger, Franz; Generalmajor der Waffen-SS
Kdr. 20. (estn.) SS-Freiw.Div. 1945 Osten

Brandtner; Generalmajor der Waffen-SS
SS- u. Pol.Gebietsfhr. in Jugosl. 1944 Balkan

Eicke, Theodor; General der Waffen-SS
Kdr. SS-Pz.Div. Totenkopf 1943 Osten

Fick, Ernst; Generalmajor der Waffen-SS z.V.
Führer H.A. 1945 Berlin

Fitzthum, Josef; Generalleutnant der Waffen-SS
Deutscher bev. Gen. in Albanien 1945 Balkan

Heilmann; Generalmajor der Waffen-SS
Kdr. 14.(1. ukrain.) SS-Freiw.Div. 1945 Osten

Herrmann; Generalmajor der Waffen-SS
Kdr. 1. SS-Inf.Brig. (mot.) 1941 Osten

Katzmann, Generalleutnant der Waffen-SS
SS- und Pol.Fhr. Danzig 1945 Osten

Oberwurzer v., Herbert; Generalmajor der Waffen-SS
Kdr. 15. (1. lett.) SS-Freiw.Div. 1945 Osten

Ostendorff, Werner; Generalleutnant der Waffen-SS
Kdr. SS-Pz.Gren.Div. Das Reich 1945 Osten

Phleps, Arthur; General der Waffen-SS			
	Komm. Gen. V. SS-Geb.-Korps	1944	Ungarn
Rumohr; Generalmajor der Waffen-SS			
	Kdr. 8. SS-Kav.Div. Florian Geyer	1945	Budapest
Sammer-Frankenegg v., Friedrich; Gen.Major der Waffen-SS			
	SS- u. Pol.Gebietsfhr. in Jugosl.	1944	Balkan
Schaefer; Generalmajor der Waffen-SS			
	SS- u. Pol.Fhr. Dnjepropetrowsk	1943	Osten
Scholtz v., Fritz; Generalleutnant der Waffen-SS			
	Kdr. SS-Pz.Gren.Div. Nordland	1944	Osten
Schuldt, Hinrich; Generalmajor der Waffen-SS			
	Kdr. 2. (lett.) SS-Freiw.Brig.	1944	Osten
Weitzel; General der Waffen-SS			
	Höh. SS- u. Polizei-Fhr.	1940	Heimat
Witt, Fritz; Generalmajor der Waffen-SS			
	Kdr. 12. SS-Pz.Div. Hitlerjugend	1944	Westen
Zehender, August; Generalmajor der Waffen-SS			
	Kdr. 22. SS-Kav.Div. M.Theresia	1945	Budapest

Von der Polizei:

Golbach; Generalmajor			
	Kdr. Feuerschutzpol. Berlin	1945	Berlin
Kuschow, Otto; Generalmajor			
	Polizeipräsident Nürnbergs	1945	Nürnberg
Mülverstedt, Arthur; Generalleutnant			
	Kdr. Polizeidivision	1941	Osten
Röttig; Generalmajor			
	Befehlsh. Ordn.Pol. b. 10. Armee	1939	Polen
Schuberth, Fritz; Generalmajor			
	Befehlsh. Ordn.Pol. Königsberg	1945	Königsberg
Schulze, Christian; Generalmajor			
	bei einer Polizeidivision	1941	Osten

Siebert, Theodor; Generalleutnant
beim Volkssturm 1945 Berlin

Wieder, Georg; Generalmajor
Chef des Stabes beim B.d.O. 1942 Osten

Wolfstieg Dr., Friedrich; Generalmajor
Befehlsh. Ordn.Pol. Berlin 1945 Berlin

Um nicht in die Hand des Feindes zu fallen oder in der Gefangenschaft umzukommen, wählten den Freitod:

Vom Heer:

Barde, Konrad, Generalmajor
m. d. F. b. 198. I.D. 1945 Heimat

Blaskowitz, Johannes; Generaloberst
O.B. Heeresgruppe H 1948 amerik. Gef.

Bodenhausen Frhr. v., Erpo; Generalleutnant
Kdr. 12. Pz.Div.,
m. d. F. eines Korps b. 1945 Osten

Böhme, Franz; General der Gebirgstruppen
O.B. 20. Geb.-Armee 1947 amerik. Gef.

Bothmer v., Richard; Generalmajor
Kdt. Bonn 1945 Westen

Brandt, Georg; General der Kavallerie a. D.
zul. Befehlsh. Höh. Kdo. XXXIII 1945 Berlin

Bülowius, Karl; Generalleutnant
Kdr. 15. Panzerdivision 1945 amerik. Gef.

Burgdorf, Wilhelm; General der Inf.
Chefadj. d. O.B. d. Wehrmacht
und Chef H.P.A. 1945 Berlin

Cochenhausen v., Conrad; Generalleutnant
Kdr. 134. I.D. 1941 Osten

Decker, Karl; General der Panzertruppen
Komm. Gen. XXXIX. Pz.-Korps 1945 Westen

Ditfurth v., Wolfgang; Generalleutnant		
Kdt. Kursk, Kdr. Sich.Div. 403	1946	russ. Gef. nach Verurteilung z. Tode
Ebbert Dr.; Generalsarzt		
Korpsarzt XXIX. A.K.	1942	Osten
Eberhard, Kurt; Generalmajor z.V.		
zul. Feldkdt. 195	1947	amerik. Gef.
Geyer, Herrmann; General der Inf. a. D.		
zul. Komm. Gen. IX. A.K.	1946	Heimat
Gilsa Frhr v. und zu, Werner Albrecht; General der Inf.		
Komm. Gen. einer Korpsgruppe	1945	Sachsen
Glaise Horstenau v., Dr. h.c., Edmund; General der Inf. z.V.		
Deutscher Gen. b. kroat. Armee	1946	amerik. Gef.
Gleiniger, Walter; Generalmajor		
Feldkdt. 586	1944	Westen
Gonell; Generalmajor		
Kdt. Posen	1945	Osten
Gutknecht, Alfred; Generalmajor		
Kfz-Inspiz. O.B. West	1946	Heimat
Haenichen, Friedr. Wilhelm; Generalmajor a. D.		
z. V.	1945	Berlin
Hasse, Ernst; General der Inf. a. D.		
z. V.	1945	Potsdam
Hassenstein, Erich Heinrich; Generalmajor		
Führer einer Divisionsgruppe	1945	Westen
Holm Dr., Karl; General-Oberstabsarzt		
Wehrkreisarzt II	1945	Heimat
Jahr, Arno; Generalleutnant		
Kdr. 387. I.D.	1943	Osten
Jakobs; Generalmajor		
Kdr. 29. I.D.	1942	Westen
Kammel, Friedrich; Generalmajor		
Arko XVIII. Gebirgskorps	1945	Norwegen

Kinzel, Eberhard; Generalleutnant		
Chef Generalstab O.B. Nord	1945	Heimat
Klemm, Kuno; Generalmajor		
Kdr. Krgf.-Wesen Norwegen	1945	Norwegen
Kluge v., Günther; Generalfeldmarschall		
O.B. West	1944	Westen
Kobus, Arthur; Generalleutnant z.V.		
Abtlg.-Chef Dv.Verw. O.K.H.	1947	Heimat
Krebs, Hans; General der Inf.		
Chef Generalstab d. Heeres	1945	Berlin
Kühn, Georg; Generalleutnant		
Inspekteur d. Pz.-Truppe OKH	1945	Berlin
Lenz Dr.; Generalarzt a. D.		
zul. Wehrkreisarzt V	1945	Heimat
Lieschke Dr.; Generalarzt		
Armeearzt 9. Armee	1945	Heimat
Lueben; Generalstabsrichter		
Reichskriegsgericht	1944	Heimat
Majewski v.; Generalleutnant		
Kdt. Pilsen, Ob. Feldkdt. 520	1945	Tschechei
Model, Walter; Generalfeldmarschall		
O.B. Heeresgruppe B	1945	Westen
Muntsch, Prof. Dr. habil.; Generalarzt		
Wehrkreisarzt Böhmen-Mähren	1945	Heimat
Petri, Hans; General der Inf. a. D.		
zul. Kdr. Div. Nr. 192	1945	Heimat
Philipp, Ernst; Generalleutnant		
Kdr. 134. I.D.	1944	Osten
Prager, Karl; Generalleutnant		
Wehrersatzinspekt. Frankf./M.	1945	Heimat
Sauberzweig, Karl Gustav; Generalleutnant		
Komm. Gen. eines A.K. z.b.V.	1946	engl. Gef. vor Ausl. an Jugoslawien

Schaefer Dr., Gotthold; Generalmajor z.V.
O.K.H. 1945 Berlin

Scherff, Walter; Generalleutnant
Chef Kriegswissenschaftl. Abtlg.
des Heeres 1945 amerik. Gef.

Schmidt, Gustav; Generalleutnant
Kdr. 19. Panzerdivision
Führer eines Panzerkorps 1943 Osten

Schmidt-Logan; Generalleutnant a. D.
zul. Korück 550 1945 Heimat

Scholze, Georg; Generalmajor
Kdr. 20. Pz.Gren.Div. 1945 Gegend Berlin

Schrader, Rudolf; Generalleutnant
Höh. Nafü. bei Heeresgruppe D 1945 amerik. Gef.

Schulenburg v. d., Winfried; Generalleutnant a. D.
zul. Insp. d. Kriegsgef.-Wesens
O.K.H. 1945 Heimat

Schüßler, Wilhelm; Generalmajor a. D.
zul. Wehrbez.Kdr. Hamburg 1945 Heimat

Sieckenius, Rudolf; Generalmajor
Kdr. 263. I.D. 1945 Kämpfe um Berl.

Sodan, Ralf; Generalleutnant a. D.
Kdt. Kottbus 1945 Osten

Waldeck; Gen. Richter; Chef Außenst. VI
Chef der Heeresjustiz 1945 Heimat

Weber Dr., Friedrich Wilhelm; Generalstabs-Int.
Abteilungschef O.K.H. 1945 Heimat

Weingart, Erich; Generalleutnant
Insp. des Reit- u. Fahrwesens 1945 Westen

Zutavern, Karl; Generalleutnant
Kdr. 18. Pz.Gren.Div. 1944 Osten

Von der Luftwaffe gingen freiwillig in den Tod:

Biron; Generalstabsrichter Reichskriegsgericht	1946	amerik. Gef.
Boenicke, Walter; General der Flieger Divisionskommandeur	1947	engl. Gef.
Burchardt, Heinrich, Dipl.-Ing.; General d. Flakartillerie Gen. d. Flakw. b. Reichsmin.	1945	Heimat
Erdmann, Wolf, Dipl.-Ing.; Generalleutnant Kdr. 7. Fallsch.Jg.Div.	1946	engl. Gef.
Erhard, Alfred; Generalmajor Kdt. 7. Flakdivision	1945	Westen
Göring, Hermann; Reichsmarschall O.B. der Luftwaffe	1946	amerik. Gef.
Greim Ritter v., Robert; Generalfeldmarschall O.B. der Luftwaffe	1945	Heimat
Kastner-Kirdorf; General der Flieger Chef Amt f. Gnadenwesen	1945	Heimat
Krappe; Generalmajor a. D. zul. Kdt. Flakschießplatz Stolpmünde	1945	Osten Kolberg
Mooyer; Generalleutnant R. L. Min.	1945	Heimat
Seidel Dr. Dr., Dipl.-Ing.; Generalmajor Höh. Nafü. Luftflotte 2	1941	Osten
Wühlisch v., Heinz-Helmuth; Generalleutnant Chef Generalstab bei Wehrm.- Befehlshaber Niederlande	1947	holl. Gef.

Von der Marine:

Ahrens Dr., Eberhard; Admiralarzt Chefarzt Marinelazarett Kiel	1945	Heimat

Faber, Walther; Konteradmiral z.V.
O.K.M. Kriegswissensch. Abtlg. 1945 Heimat

Friedeburg v., Hans Georg; Gen.-Admiral
O.B. der Marine 1945 Heimat

Lorenzen; Admiralrichter
Marine-Ob.Kdo. Ost 1945 Heimat

Nobe; Admiralstabsintendant
Wehrmachts-Int. Norwegen 1945 Norwegen

Prentzel, Wilhelm; Admiral z.V.
Marine-Beauftr. Ostpreußen z.V.
O.B. der Marine 1945 Berlin

Schrader v., Otto; Admiral
Komm. Adm. norweg. Westküste 1945 Norwegen

Stobwasser, Hans Herbert; Vizeadmiral z.V.
zul. Ob. Werftdirektor Brest 1946 Heimat

Stosch v., Hans Hubertus; Vizeadmiral z.V.
Küstenbefehlsh. Deutsche Bucht 1945 Heimat

Von der Waffen-SS:

Freitag, Fritz; Generalmajor der Waffen-SS
Kdr. 14. (ukrain.) SS-Freiw.Div. 1945 amerik. Gef.

Gottberg v.; Generalleutnant der Waffen-SS
Höh. SS- u. Pol.Fhr. Rußl. Mitte 1945 Heimat

Grawitz Dr., Robert; General der Waffen-SS
Reichsarzt SS und Polizei 1945 Heimat

Kleinheisterkamp, Matthias; General der Waffen-SS
Komm. Gen. XI. SS-Korps 1945 Osten

Krüger, Friedrich Wilhelm; General der Waffen-SS
Komm. Gen. m.d.F.b. V. SS-Korps 1945 Osten

Krüger, Walter; General der Waffen-SS
Komm. Gen. VI. SS-Korps 1945 Osten

Neblich; Generalmajor der Waffen-SS		
Kdr. Kraftfahrtechn. Lehranstalt	1945	Heimat
Prützmann; General der Waffen-SS		
Höh. SS- u. Pol.-Führer	1945	Heimat
Pückler-Burhaus, Graf v.; Generalleutnant der Waffen-SS		
Befehlshaber d. W-SS Prag	1945	Prag
Redies; General der Waffen-SS		
Höh. SS- u. Pol.Fhr. Norwegen	1945	Norwegen
Schwedler; Generalmajor der Waffen-SS		
außer Dienst	1945	Heimat
Treuenfeld, Fischer v.; Generalleutnant der Waffen-SS		
Komm. Gen. VI. (lett.) SS-Korps	1946	amerik. Gef.

Von der Polizei:

Griphan, Walter; Generalmajor		
Befehlsh. Ordn.Pol. Nürnberg	1947	amerik. Gef.
Hille, Walter; Generalmajor		
Befehlsh. Ordn.Pol. Wiesbaden	1945	amerik. Gef.
Hocke Dr.; Generalarzt		
Chef Krankenhaus Karlsbad	1945	Tschechei Karlsb.
Montua, Max; Generalmajor		
Polizeipräsident Posen	1945	Dahme i.d. Mark
Querner, Rudolf; Generalleutnant		
Pol.-Führer Braunschweig	1945	bei Magdeburg
Schimana, Walter; Generalleutnant		
Pol.-Führer Griechenland	1947	Heimat
Wenzel Dr.; Generalarzt		
Chef eines Krankenhauses	1945	Berlin

Die Sieger richteten zahlreiche Generale wegen ihrer soldatischen Pflichterfüllung hin. Sie selbst haben während dieses schrecklichen Zweiten Weltkrieges für ihre Truppen zumindest die gleichen Befehle gegeben wie die deutschen Generale. Hier wurde das Recht pervertiert und zur Farce erniedrigt. Es starben durch alliierte Henkerhand:

Vom Heer:

Bernhard, Friedrich; Generalleutnant		
Korück 532 bei 9. Armee	1946	Rußland
Burckhardt, Karl; Generalleutnant		
Kdt. Kiew,		
Korück 593 b. 6. Armee	1946	Rußland
Digeon v. Monteton Baron, Albrecht; Generalleutnant		
Kdt. Libau	1946	Rußland
Dostler, Anton; General der Inf.		
Komm. Gen. LXXV. A.K. z.b.V.	1945	Italien
Erdmannsdorff v., Gottfried; Generalmajor		
Kdt. Mogilew, Kdr. Div. Nr. 465	1946	Rußland
Fischer, Adolf; Generalleutnant		
Kdr. einer Kampfgruppe	1947	Jugoslawien
Fischer, Theodor; Generalmajor		
Feldkdt. 610, dann Korück 550	1948	Jugoslawien
Fortner, Hans; Generalleutnant z.V.		
zul. Kdr. 718. I.D.	1947	Jugoslawien
Gravenstein, Hans; Generalmajor		
Kdr. 373. I.D.	1947	Jugoslawien
Hamann, Adolf; Generalmajor		
Div.Kdr. u. Kdt. von Bobruisk	1946	Rußland
Hößlin v., Hans; Generalleutnant z.V.		
Kdr. 188. Res.Geb.Div.	1947	Jugoslawien
Jodl, Alfred; Generaloberst		
Chef Wehrmachtführungsstab	1946	Nürnberg
Just, Emil; Generalmajor a. D.		
zul. Ob. Feldkdt. 396 Kowno	1946	Rußland

Keitel, Wilhelm; Generalfeldmarschall
Chef O.K.W. 1946 Nürnberg

Kübler, Joseph; Generalleutnant
Kdr. 118. Jägerdivision 1947 Jugoslawien

Kübler, Ludwig; General der Gebirgstruppe
Befehlshaber Sich.Geb.
Adriat. Küstenland 1947 Jugoslawien

Küpper, Hans; Generalmajor
Kdt. Frauenburg, Feldkdt. 818 1946 Rußland

Lontschar, Adalbert; Generalmajor a. D.
zul. Kdt. v. Belgrad Feldkdt. 599 1947 Jugoslawien

Ludwiger v., Hartwig; General der Inf.
Komm. Gen. XXI. Geb.K. 1947 Jugoslawien

Müller, Friedrich Wilhelm; General der Inf.
Kdt. Festung Kreta,
zul. O.B. 4. Armee 1947 Griechenland

Neidholt, Fritz; Generalleutnant
Kdr. 369. (kroat.) Div. 1947 Jugoslawien

Pannwitz v., Helmuth; Generalleutnant
Komm. Gen. Kosaken-Korps 1947 russ. Gef.

Pawel, Bonislaw; Generalmajor
Gen. z.b.V. Heeresgr. Kurland 1946 Rußland

Rappard v., Fritz Rudolf; Generalleutnant
letzter Kdt. der Marienburg,
Kdr. 7. I.D. 1946 Rußland

Remlinger; Generalmajor
Kdt. Pleskau, Feldkdt. 186 1946 Rußland

Richert, Joh. Georg; Generalleutnant
Kdr. 35. I.D. 1946 Rußland

Ruff; Generalmajor
Kdt. Riga, Wehrm. Ortskdt. 196 1946 Rußland

Stromaier, Hubert; Generalmajor
Arko 1947 Jugoslawien

Tschammer und Osten v., Eckardt; Generalmajor
Feldkdt. 531 1946 Rußland

Turner, Harald; Militärischer Verwaltungschef
b. Milit. Befehlsh. Serbien 1947 Jugoslawien

Werther, Herrmann; Generalmajor
Kdt. Küstenbefestigung Riga,
Feldkdt. 186 1946 Rußland

Winkler, Herrmann; Generalleutnant
Kdt. Nikolajew 1946 Rußland

Wurster, Eugen; Generalleutnant
Nafü. b. Heeresgruppe C 1948 Jugoslawien

Von der Luftwaffe:

Bräuer, Bruno; General der Fallschirmjägertruppe
Kdt. Festung Kreta 1947 Griechenland

Danckelmann, Heinrich, General der Flieger
Milit. Befehlshaber Serbien 1947 Jugoslawien

Fiebig, Martin; General der Flieger
Befehlsh. Lw.-Kdo. Südost 1947 Jugoslawien

Löhr, Alexander; Generaloberst
O.B. Südwest 1947 Jugoslawien

Von der Waffen-SS:

Behrens Dr.; Generalleutnant der Waffen-SS
Höh. SS- u. Pol.Fhr. Serbien 1947 Jugoslawien

Brand Prof. Dr.; Generalleutnant der Waffen-SS
Leibarzt im Führerhauptquartier 1948 Heimat

Gebhard Prof. Dr.; Generalleutnant der Waffen-SS
b. Reichsarzt SS 1948 Heimat

Hildebrandt; General der Waffen-SS
Verbindungsoffizier Reichsführer SS
bei Heeresgruppe Schörner 1946 Polen

Höfle; General der Waffen-SS		
Fhr. dtsch. Mil.-Mission Slowakei	1947	Slowakei
Jeckeln, Fritz; General der Waffen-SS		
Komm. Gen. eines Korps	1946	Rußland
Oberkamp Reichsritter v.; Generalmajor der Waffen-SS		
Inspekteur SS-Gebirgstruppe	1947	Jugoslawien
Rautter, Hans; General der Waffen-SS		
Höh. SS- und Pol.Fhr. Niederl.	1948	Holland
Rösener, Erwin; General der Waffen-SS		
Höh. SS- u. Pol.Fhr. Alpenvorl.	1946	Jugoslawien
Schmausser; General der Waffen-SS		
Höh. SS- u. Pol.Fhr. Schlesien	1946	Rußland
Schmidhuber; Generalmajor der Waffen-SS		
Kdr. 21. (alban.) SS-Gebirgsdiv. Skanderbeg	1947	Jugoslawien
Schmitt, Walter; General der Waffen-SS		
Stab Reichsführer SS	1945	Tschechei
Sporrenberg, Jakob; Generalleutnant der Waffen-SS		
Höh. SS- u. Polizei-Führer im General-Gouvernement	1952	Polen
Stroop, Jürgen; Generalleutnant der Waffen-SS		
Höh. SS- u. Pol.Fhr. in Polen	1945	Polen
Voss, Bernhard; Generalmajor der Waffen-SS		
Stab Reichsprotektor	1947	Tschechei
Wagner, Jürgen; Generalmajor der Waffen-SS		
Kdr. SS-Freiw.Pz.Gren.Div. Nederland	1947	Jugoslawien

Von der Polizei:

Daluege, Kurt; Generaloberst		
stellv. Reichsprotektor	1947	Tschechei
Herf, Eberhard; Generalmajor		
Befehlsh. Ordn.Pol. Ukraine	1945	Rußland

May, Andreas; Generalmajor		
Befehlsh. Ordn.Pol. Serbien	1949	Jugoslawien
Meyßner Edler v., August; Generalleutnant		
Polizeiführer Serbien	1946	Jugoslawien
Scheer, Paul; Generalleutnant		
Befehlsh. Ordn.Pol. Hgr. Mitte	1946	Rußland

Andere Generale wurden vermißt, starben an schweren Krankheiten, meist in oder an den Folgen der Gefangenschaft, oder verunglückten, wie etwa der unvergeßliche General Eduard Dietl oder der geniale General Dr. Fritz Todt. Die Überlebenden aber mußten mit jahrelanger Gefangenschaft dafür bezahlen, daß sie getreu ihrem Fahneneid ihre Soldatenpflicht erfüllten.

D a s war die Armee; das waren die deutschen Generale. Und nicht eine Handvoll Widerständler.

Während die Angehörigen des Widerstandes von Anfang an die Hitlerschen Befehle sabotierten — ohne deshalb auf die freigiebigen Beförderungen und Orden und Ehrenzeichen zu verzichten — gab es praktisch nur einen einzigen Mann, der Charakter zeigte: der Chef des Generalstabs des Heeres, General Ludwig Beck. Er hatte sowohl technische wie politische Bedenken gegen die militärischen Pläne Hitlers. Nebenbei befürchtete er „eine Vermassung und eine Erweichung des Gefüges, auf dem der nazifreie Charakter der Armee beruht hätte[11]."

Mit anderen Worten: Man wollte unter sich bleiben. In diesen meist adeligen Kreisen wurden die aus dem Unterführer- und Mannschaftsstand aufsteigenden nichtadeligen Offiziere höhnisch: Vomags genannt, „Volksoffiziere mit Arbeitergesicht". Gerade d i e wollte man nicht. Beck war überdies nicht willens, das Heer als Druckmittel für die Rückkehr Österreichs und des Sudetenlandes einzusetzen.

11 Hans Rothfels, „Die deutsche Opposition gegen Hitler", Seite 85

Er verfaßte eine Reihe von Denkschriften und forderte den Oberbefehlshaber von Brauchitsch zur Meuterei auf. Nachdem sich Beck nicht durchsetzen konnte, trat er 1938 zurück und quittierte den Dienst. Sein Nachfolger wurde General Halder, der im Grunde seines Herzens ebenfalls von Anfang an ein versteckter Gegner Hitlers war.

Das heißt, so untadelig war leider Becks Charakter auch wieder nicht. Zwar verzichtete er — im Gegensatz zu seinen Kollegen — auf eine glänzende Karriere — aber er war der erste, der etwas tat, was bisher in der Preußischen Armeegeschichte undenkbar war: Er nahm Kontakte mit dem Feind auf und wurde so zum Landesverräter. Über den fanatischen Hitlergegner Ewald von Kleist-Schmenzin trat er in direkte Verbindung mit England.

Joachim C. Fest stellt dazu sachlich fest: „Im Sommer 1938 begab sich v. Kleist selber nach London, der Generalstabschef Ludwig Beck hatte ihm als eine Art Auftrag mitgegeben: ‚Bringen Sie mir den sicheren Beweis, daß England kämpfen wird, wenn die Tschechoslowakei angegriffen wird, und ich will diesem Regime ein Ende machen.‘ Vierzehn Tage nach v. Kleist fuhr der Industrielle Hans Böhm-Tettelbach in gleicher Mission ebenfalls nach London, und er war kaum von seiner Reise zurückgekehrt, als auf Initiative einer konspirativen Gruppe im Auswärtigen Amt, an deren Spitze der Staatssekretär v. Weizsäcker stand, über den Londoner Botschaftsrat Theo Kordt mehrere neuerliche Vorstöße erfolgten. Weizsäcker selber bat am 1. Dezember den Danziger Hohen Kommissar, Carl Jacob Burckhardt, seine Beziehungen zu nutzen, um die britische Regierung zu einer ‚unzweideutigen Sprache‘ gegenüber Hitler zu veranlassen, am wirkungsvollsten sei vermutlich die Entsendung eines ‚unbefangenen, undiplomatischen Engländers, etwa eines Generals mit dem Reitstock‘[12].“

12 Joachim C. Fest, a.a.O., Seite 769

Ein gespenstiges Spiel hatte begonnen: ein wagemutiger Hitler, der bereit war, mit allen Mitteln die Revision des Versailler Vertrages zu erzwingen, und eine Gruppe Landesverräter, die mit Hilfe des Feindes Hitler stürzen wollten. Einer der aktivsten Verschwörer, Fabian von Schlabrendorff, gesteht: „Diesen Erfolg Hitlers unter allen Umständen und mit allen Mitteln zu verhindern, auch auf Kosten einer schweren Niederlage des Dritten Reiches, war unsere vordringlichste Aufgabe[13]."

Von Anfang an hat es, von der Rheinland-Befreiung bis 1945, immer wieder Differenzen mit führenden Feldmarschällen und Generalen gegeben, einerlei ob sie dem Widerstand angehörten oder nicht. Die meisten deutschen Feldherren erkannten einfach nicht, daß die Tage von Marschall Blücher oder Prinz Eugen, ja selbst eines Moltke und Hindenburg unwiderruflich vorüber waren. Werner Maser stellt die veränderte militärische Welt, die von leider allzu vielen Generalen nicht erkannt wurde, in ein paar Sätzen fest:

„Daß die Begriffe Feldherr und Stratege in diesem Prisma nicht mehr identisch sein können, liegt auf der Hand; denn während des Zweiten Weltkrieges waren nicht mehr Feldmarschälle und Generale die Strategen, sondern die mit allen Vollmachten ausgerüsteten, diktatorisch regierenden Staatsoberhäupter: Hitler in Deutschland, Stalin in der Sowjetunion. Militärs leiteten sowohl hier als auch dort nur noch militärische Operationen nach ihren Weisungen. Hitler war nicht nur formal Staatsoberhaupt und Oberster Befehlshaber der Wehrmacht, sondern seit 1941 auch unmittelbarer Oberbefehlshaber des Heeres und allein maßgebender Führer der mit dem Reich verbündeten Mächte. Er hat nicht nur die Wehrmacht, sondern auch den von ihm politisch, wirtschaftlich und militärisch vorbereiteten Krieg bis ins Detail hinein in der Weise geführt, die seinen Kenntnissen und

13 Fabian von Schlabrendorff, „Offiziere gegen Hitler", Seite 38

Vorstellungen, seinem Temperament und seinen Fähigkeiten entsprach[14]."

Genau das war es! Hitler sprang mit erfolglosen Generalen nicht gerade fein um. Doch schon Napoleon sagte, er brauche nur Generale mit „Fortune". Auch Churchill hat glücklose Generale in Nordafrika blitzschnell abgelöst, von Stalin gar nicht zu reden. Nur die deutschen Generale begriffen in ihrem übersteigerten Standesbewußtsein die im Grunde veränderte Lage nicht. Werner Maser schreibt dazu sachlich:

„Carl von Clausewitz, auf den Hitler sich zuweilen berief, hat vom kriegerischen Genie, wofür Hitler seit 1940 auch von den von ihm nicht gerade hochgeschätzten Militärs gehalten zu werden erwartete, richtungweisend verlangt, daß es besonders Anlagen des Verstandes und des Gemüts aufweisen und Mut sowohl zur Begegnung der persönlichen Gefahr als auch zur Verantwortlichkeit gegenüber dem ‚Richterstuhl' äußerer Mächte und innerer Instanzen haben müsse. Darüber hinaus sollte es in der Lage sein, körperliche und geistige Anstrengungen zu ertragen und große Kraft zu entfalten. Stärke und Gleichgewicht des Gemüts und des Verstandes, große Energie, Festigkeit, Standhaftigkeit und Charakterstärke runden den Katalog der Eigenschaften ab, die einen bedeutenden Kriegsherrn nach Clausewitz auszeichnen müßten, wobei sie durchaus verschieden intensiv ausgebildet sein dürften. Über einen Teil dieser Voraussetzungen verfügte Hitler in hohem Maße. Sein Intellekt brauchte einen Vergleich mit der Verstandeskraft der Feldmarschälle und Generale des Zweiten Weltkrieges nicht zu scheuen. Sowohl sein Verstand als auch sein Mut, seine Standhaftigkeit, Energie und Festigkeit waren überragend. Er hatte in strategischen Fragen, wie er es am 20. Mai 1943 selbst nannte, oft ‚eine gute Nase', so daß er ‚alle

14 Werner Maser, „Adolf Hitler", Seite 376

Dinge meistens vorher' roch, besaß ein feines Fingerspitzengefühl, erkannte meist augenblicklich die Schwächen seiner Gegner und wußte in vielen Fällen weitaus besser als die Militärs Zeit und Gelegenheit zu nutzen und sich und seine Vorstellungen durchzusetzen[15]."

Solange das Glück Hitler treu blieb, solange ging im großen und ganzen alles gut. Österreich, Sudetenland, Polen, Norwegen, Dänemark, Belgien, Frankreich, Jugoslawien, Griechenland, Kreta. Doch als die ersten Schatten am Horizont aufstiegen, teilten sich die Generale in zwei Gruppen: in jene, die tapfer und treu ihre Pflicht erfüllten wie die Landser, und in jene, die sich zum Sturz Hitlers verschworen, in der irrwitzigen Hoffnung, damit das Reich und wohl auch ihre Karriere retten zu können. Wie weit sie dabei gingen, deutet der britische Historiker J. F. Taylor in seinem Werk „Der 20. Juli 1944" an: „Der frühere Generalstabschef Beck hat schon im Jahre 1943 dem als Vizekanzler Goerdelers vorgesehenen Wilhelm Leuschner erklärt: ‚Der beabsichtigte Putsch sei nun nicht mehr notwendig. Man verfüge jetzt über genügend Vertrauensleute in Kommandostellen der Ostfront, so daß man den Krieg bis zum Zusammenbruch des Regimes regulieren könne. Diese Vertrauensleute arrangierten z. B. Rückzüge ihrer Einheiten, ohne jeweils die Nachbareinheiten zu benachrichtigen. Die Folge sei, daß die Sowjets in die so entstandenen Frontlücken einbrechen und die Front nach beiden Seiten aufrollen könnten. Diese Nachbareinheiten würden dann zum Rückzug gezwungen oder gerieten in Gefangenschaft. Daß ein solches Vorgehen hohe Verluste an Menschen und Material zur Folge hatte, liegt auf der Hand. Es muß den Verschwörern schon ein verdammt hohes Menschheitsziel vorgeschwebt haben, das solche Opfer rechtfertigen konnte . . . Ein vorhandener Notstand berechtigt zwar zum Handeln, aber nur

15 Werner Maser, a.a.O., Seite 384

unter Anwendung adäquater Mittel. Zu ihnen hätte der politische Mord gehören können, aber nie die Sabotage und der Verrat der deutschen Siegesmöglichkeiten, nicht einmal die Vernichtung Unschuldiger bei der Durchführung des Attentats[16]."

Leider ist dieses Kapitel bis zur Stunde nicht aufgeklärt. Es wäre nur zu notwendig, wenn man dies endlich wissen würde, wie weit die Landesverräter im deutschen Widerstand gegangen sind.

Man steht heute fassungslos vor der Naivität dieser hochintelligenten Stabsoffiziere. Die westlichen Alliierten hatten zu keiner Zeit irgendwelche ernst zu nehmenden Zusagen gegeben; im Gegenteil. In Casablanca hatten sie sich auf die bedingungslose Kapitulation und in Jalta auf die Zerstückelung Deutschlands geeinigt. Nur die schwarze Propaganda Sefton Delmers, die dazu beauftragt war, mit Lügen, Halbwahrheiten und Betrügereien die moralische Widerstandskraft der Deutschen zu untergraben, machte geheimnisvolle Zugeständnisse und erweckte Hoffnungen, von denen natürlich kein Wort wahr war. Wer darauf hereinfiel, der war im besten Sinn des Wortes selbst schuld.

Viel wesentlicher als der Verrat während des Krieges war für den Ablauf des Geschehens das Streben eines Teils dieser deutschen Landesverräter, den Krieg überhaupt zu provozieren. In dieser Frage steht heute für die verantwortungsvolle historische Forschung einwandfrei fest, daß es wohl kaum schon 1939 zum Krieg gegen das wirtschaftlich und militärisch völlig ungenügend gerüstete Deutschland gekommen wäre, wenn die Landesverräter die englische und französische Führung nicht systematisch mit Falschmeldungen zu einer irrealen Beurteilung der Lage getrieben hätten.

Lange vor Kriegsausbruch standen die deutschen Landesverräter vor den Türen britischer Politiker förmlich an, um

16 J. F. Taylor, „Der 20. Juli 1944", Seite 578 f.

ihnen Kenntnis von angeblichen oder wirklichen Plänen der Reichsregierung zu übermitteln. Einmal unterbrach sogar der deutschfeindliche Lord Vansittart den übereifrigen Verräter Carl Goerdeler brüsk: „Solche Reden sind Landesverrat[17]."

Aber beileibe nicht nur Goerdeler, auch Ewald von Kleist-Schmenzin, die Brüder Erich und Theo Kordt waren so eifrig am Werke, daß der Biograph des deutschen Widerstandes, Gerhard Ritter, in seinem grundlegenden Werk über den deutschen Widerstand sachlich feststellte: „Im Verlauf des Sommers ist dann noch eine ganze Reihe von Sendboten der Opposition in London eingetroffen."

Aus den nunmehr veröffentlichten britischen Geheimakten wird bestätigt, daß von Kleist-Schmenzin mit dem Wissen von General Beck, Admiral Canaris und dessen Oberst Oster, über den noch zu berichten sein wird, die verräterischen Mitteilungen nach London schaffte. Nachdem Winston Churchill am 3. Dezember 1936 in der Albert Hall zur Galionsfigur der deutschfeindlichen Kräfte zur Vorbereitung des Krieges gekürt worden war, wurde auch er von den deutschen Landesverrätern förmlich überlaufen.

Der viel zu wenig beachtete, sehr objektive deutsche Historiker Dietrich Aigner schreibt in seinen jüngst erschienenen Churchill-Memoiren: „Eine weitere Informationsquelle für die von Lindemann in Chartwell betreute Nachrichtenzentrale bildeten Angehörige des deutschen Widerstandes, die — wie Ewald von Kleist-Schmenzin oder Carl-Friedrich Goerdeler — durch Mittelsleute an Churchill verwiesen wurden und in diesem einen Verbündeten im Kampf gegen Hitler sehen wollten. Geschätzt wurden sie jedoch nur als Nachrichtenlieferanten. ‚Goerdeler', so schrieb Sir Robert Vansittart am 7. Dezember 1938, sei ‚als Strohmann der deut-

17 Gerhard Ritter, „Carl Goerdeler und die Deutsche Widerstandsbewegung", Seite 165

schen Militär-Expansionisten ... nicht nur wertlos, sondern in seiner Rolle als Unterhändler auch gefährlich' — brauchbar dagegen als Nachrichtenquelle. Gerade als Kronzeuge für Hitlersche Angriffsabsichten haben Churchill und seine Freunde ihre deutschen Widerstandskontakte gegen die Regierung Chamberlain nicht ohne Wirkung ins Treffen geführt — 1939 auch in der Absicht, die moralische Widerstandskraft Hitlerdeutschlands als möglichst gering erscheinen zu lassen[18]."

Schon Dr. Peter Kleist hatte 1961 in seiner Dokumentation „Die europäische Tragödie" auf diese Tatsache hingewiesen:

„Wir wissen heute, daß auch in Paris und London Vertreter des deutschen Widerstandes am Werk waren, um beide Staaten zu einer starken Haltung gegenüber Berlin zu bewegen. Unter anderem waren es die Brüder Kordt und ein Herr von Kleist-Schmenzin, die ihre britischen Verbindungen dazu nutzten, die Londoner Regierung in ihrer Unnachgiebigkeit zu bestärken. Sie standen im klaren Widerspruch zu London-Botschafter von Dirksen, der weder die Kraft des Widerstandes überschätzte, noch Hitlers Entschlossenheit unterschätzte und der daher die britische Regierung zu einem mäßigenden Einfluß auf Polen zu veranlassen suchte[19]."

Daß diese geheimen Entwicklungen die englischen Politiker in ihrem Entschluß zum Krieg unterstützt haben, bestätigt der britische Ministerpräsident Chamberlain durch seine Tagebucheintragung vom 10. September 1939. „Was ich erhoffe, ist nicht der militärische Sieg — ich zweifle sehr, ob er möglich ist — aber ein Zusammenbruch der deutschen inneren Front[20]."

18 Dietrich Aigner, „Winston Churchill", Seite 109
19 Peter Kleist, „Die europäische Tragödie", Seite 104 f.
20 Zitiert bei Keith Feiling, „The Life of Neville Chamberlain", London 1946

Den endgültigen Beweis, daß dies aber auch so war, erbrachte aufgrund der erst jetzt veröffentlichten britischen Geheimdokumente über die Jahre 1938/39 Frau Annelies von Ribbentrop in ihrer aufsehenerregenden Dokumentation „Die Kriegsschuld des Widerstandes".

Inwieweit die Landesverräter im Widerstand zu dem verfrühten Ausbruch des Krieges entscheidend beitrugen, kann an einigen Beispielen bewiesen werden:

Kleist-Schmenzin berichtet in London laut amtlicher britischer Protokolle: „Er sagte, daß alle Reservisten, die ihre Zeit in der alten Armee, in der Reichswehr oder im Reichsheer abgedient hatten, jetzt eingezogen würden. Andererseits würden die Männer der Interimsjahrgänge, die nur kurz gedient hätten, nicht eingezogen . . . Auf meine Bemerkung, daß ich erstaunt sei, ihn von einer Mobilisierung sprechen zu hören, lachte er und sagte, daß diese ‚Test-Mobilisierung' das Hauptgesprächsthema im ganzen Lande sei . . . Er sagte, er habe früher eng mit Hitler zusammengearbeitet und gesehen, wie oft Hitler gelogen und seine festen Versprechungen gebrochen habe, daß er ihn für absolut vertrauensunwürdig und unzuverlässig halte. Er glaube, daß niemand Herrn Hitler daran hindern könne, Krieg gegen die Tschechoslowakei zu führen . . . ein solcher Krieg werde die Bedingungen herstellen, die es der Armee ermöglichen, Hitler und die Partei zu stürzen. Die Gemäßigten in Deutschland glauben, daß England und Frankreich bereit sein werden, dann Deutschland eine absolut faire Behandlung angedeihen zu lassen . . . Die Stimmung in Deutschland werde immer stärker gegen das Regime. 240 Männer der Berliner Elektrizitätsgesellschaft hätten den Tag ihrer Einberufung als Reservisten damit gefeiert, daß sie fast alle Kabel im Hauptgebäude dieser Gesellschaft durchschnitten hätten . . . Parteigrößen im offiziellen Dienst seien von den eingezogenen Reservisten mit ‚Pfui' empfangen worden, ‚wir sind nur Sklaven!' Kleist erzählte eine Geschichte, die er als wahr beschwor, von einem Jungen, der kürzlich zum Dienst in Spanien eingezogen worden war. Der Vater des Jungen protestierte bei den lokalen Militärs. Vier Tage später — die übliche Geschichte — habe er die Urne mit der Asche seines Jungen erhalten, aber — zur Abwechslung — sei ihm offen gesagt worden, daß der Junge erschossen worden sei, weil er seinen Eid, niemand zu sagen, daß er nach Spanien müsse, gebrochen habe. Kleist sagte, daß eine weitreichende Luftverteidigung angeordnet worden sei . . . Die Zusammenarbeit im Luftschutz sei außerordentlich schlecht. Faktisch verlange niemand nach Gasmasken . . . Generalmajor A. vom Luftfahrtministerium — Kriegswissenschaftliche Abteilung — hat Kleist-Schmenzin gesagt, daß bei Luftangriffen die Bevölkerung Berlin verlassen und die Umgebung wie ein Heuschreckenschwarm kahlfressen werde, um schließlich zu verhungern oder an Typhus zu sterben, wenn es uns nicht gelänge, dem Krieg ein rasches Ende durch innerdeutsche Aktionen gegen das Regime zu machen[21]."

Nicht genug damit. Am 19. August 1938 betonte Kleist-Schmenzin gegenüber Churchill, daß nach Beseitigung Hitlers „ein neues Regierungssystem innerhalb von 48 Stunden errichtet werden könne"[22].

Der britische Botschafter in Berlin, Nevile Henderson, der die Stimmung in Deutschland genau kannte, befürchtete, daß die britische Regierung Falschmeldungen zum Opfer fallen könne, und berichtet bereits am 28. Juli 1938: „Das, was Sie durch geheime Quellen hören, ist unzuverlässig, denn es stammt von Männern, die Anti-Nazis sind. In Deutschland verstärke sich die Unzufriedenheit gegen das Regime, und Deutschland selbst wie Österreich seien auf das äußerste erbittert. Das ist wahr, aber seine Wirkung sollte nicht überschätzt werden. Das wird nicht bedeuten, daß Deutschland

21 Annelies von Ribbentrop, „Die Kriegsschuld des Widerstandes", Seite 127
22 Annelies von Ribbentrop, a.a.O., Seite 128

durch große innere Schwierigkeiten geschwächt werden könnte. Bei manchen Leuten ist der Wunsch der Vater der Gedanken. Sie sehen die Möglichkeit einer Schwächung des Regimes voraus und die Bestätigung der Theorie, daß Deutschland unvorbereitet für einen Krieg sei. Ich sehe die Lage ganz anders. Nichts kann die Position Hitlers oder des Regimes erschüttern, solange die Armee und die Polizei zuverlässig sind. Keine Revolution ist jemals in einem Lande gegen den Wunsch der Armee durchgeführt worden. Sie kann gemacht werden, wenn die Armee neutral ist. Dies war der Fall, als Mussolini 1922 nach Rom marschierte, aber es ist niemals möglich gegen die aktive Opposition der Armee. Diese Binsenwahrheit gilt ganz besonders für das disziplinierte und militärische Deutschland, und ich kann nicht im geringsten daran zweifeln, daß bei einem inneren oder äußeren Notstand die Armee und die Polizei Hitler bis zuletzt unterstützen werden.

Es ist wahr, daß die Nation Frieden wünscht, und die kürzliche Rede von Heß beweist, daß Hitler dieser Tatsache Rechnung trägt. Aber die interne Unzufriedenheit hier gilt nicht dem Frieden, sondern dem Krieg. Der Krieg ist einerseits das unvermeidliche Heilmittel für einen Diktator gegen die innere Unzufriedenheit und andererseits die einzige Chance für die Unzufriedenen, ihre Herrscher loszuwerden. Sie hören wahrscheinlich viel über die deutsche Ermunterung der Sudeten. Das ist wahr, aber man muß unterscheiden zwischen der offiziellen Regierungs-Unterstützung und der inoffiziellen der Partei. Ich glaube nicht, daß die deutsche Regierung die Sudeten antreibt, unvernünftig zu sein ... Mein tschechischer Kollege, der zumindest daran sehr interessiert ist, stimmt mit mir in dieser Frage vollkommen überein. Bis jetzt hatte ich keinen Grund, die deutsche Regierung in dieser Hinsicht wegen Unkorrektheit anzuklagen. Die Rede von Heß enthielt tatsächlich Warnungen an gewisse Personen, nicht päpstlicher zu sein als der Papst. Dies war nötig, weil zweifellos inoffizielle Emissäre Geld und Unterstützung gaben, so daß die Nazi-Partei die Sudeten aufreizte. Es wäre fast unglaubhaft, wenn dies selbst in dem disziplinierten Deutschland nicht der Fall wäre. Wenn ich mich richtig entsinne, gab es sogar eine Anzahl hoher britischer Beamter, die Ulster in dem Krieg von 1913—14 gegen die Wünsche der Asquit-Regierung aufwiegelten.

Ein dritter Punkt sind die deutschen militärischen Vorbereitungen. Trotz aller Geheimberichte und Gerüchte, die das Gegenteil behaupten, sehe ich alles, was die Deutschen bis jetzt getan haben, als Zeichen der Entschlossenheit an, für alle Fälle bereit zu sein, aber nicht als Beweis für einen vorgefaßten Plan, einen Krieg zu entfesseln. Ich bin überzeugt, daß weder Hitler noch die Armee noch das deutsche Volk den Krieg wollen[23]."

Während die deutschen Verschwörer, die den Krieg zur Beseitigung Hitlers wollten, den Engländern immer wieder sagten, Deutschland sei gänzlich unvorbereitet und viel zu schwach für einen Krieg, stellte Henderson genau das Gegenteil fest. Hitler wolle nicht den Krieg, sondern für alle Eventualitäten vorbereitet sein.

Die Lage in Deutschland könnte nicht besser geschildert werden, als Henderson es hier tut. Der permanente Landesverrat der deutschen Widerstandsbewegung gegen Hitler im Jahre 1938 ist Schritt für Schritt zu verfolgen. Mit wachsender Sorge beobachtete Henderson, wie sich seine Regierung immer mehr in das Netz der deutschen Verschwörer verstrickte. Schließlich erhob er seine warnende Stimme. Auch François-Poncet — sein französischer Kollege — war den Einflüsterungen dieser Kreise ausgesetzt. Später vertraute er seinem britischen Kollegen in Paris, Sir Eric Phipps, an, daß er „während des ganzen August und des halben Sep-

23 Annelies von Ribbentrop, a.a.O., Seite 134 f.

tember fortlaufend Nachrichten von Abgesandten der Armee und sogar von Offizieren erhalten habe" ...

Nahezu zur gleichen Zeit erklärte der deutsche Staatssekretär von Weizsäcker dem scheinbar neutralen Hohen Kommissar von Danzig, Burckhardt, ein Attentat auf Hitler stehe unmittelbar bevor. Er selbst sei in die Verschwörung verstrickt und stehe mit Canaris in Verbindung[24].

Im August 1939 führte der französische Historiker Benoist-Méchin ein Gespräch mit dem französischen Generalstabschef Gamelin, der ihn kaltschnäuzig über die angebliche Lage aufklärte: „Ob die Wehrmacht über 20, über 100 oder über 200 Divisionen verfügt, ist gleichgültig, denn wenn wir Hitler den Krieg erklären, so werde ich voraussichtlich niemals etwas mit der deutschen Armee zu tun haben." Er fügte erläuternd hinzu: „Am Tage unserer Kriegserklärung an Deutschland wird Hitler gestürzt! In Berlin werden Unruhen ausbrechen. Statt die Reichsgrenzen zu verteidigen, wird die deutsche Armee in die Hauptstadt zurückfluten, um dort die Ordnung wiederherzustellen. Die in den Westfestungen stationierten Truppen werden wenig Widerstand leisten. Dann werden wir in Deutschland so leicht und schnell eindringen, wie ein Messer Butter durchschneidet[25]."

Es ist also nicht nur durch unwidersprochene Publikationen, sondern durch die jetzt freigegebenen amtlichen Dokumentationen, die besonders Frau Ribbentrop als Unterlagen dienten, bewiesen, daß die Landesverräter des 20. Juli zumindest die gleiche Schuld am Ausbruch des furchtbaren Zweiten Weltkrieges tragen, wie jene internationalen Kräfte, die ab 1936 hinter Churchill „focus" standen. Sie haben England, Frankreich und die USA nicht nur zur antideutschen Haltung ermuntert, sie haben durch ihre falschen Informationen, die ihre Wunschträume, aber keine Realitäten

24 Carl J. Burckhardt, „Meine Danziger Mission", Seite 182
25 Annelies von Ribbentrop, a.a.O., Seite 385

enthielten, wesentlich dazu beigetragen, daß es überhaupt zu diesem Krieg kam, zumindest zu dem für Deutschland so verhängnisvollen frühzeitigen Krieg. Wenn die Alliierten nicht den unrealen Phantasien, sondern den sachlichen Berichten des britischen Botschafters Henderson und des amerikanischen Botschafters Kennedy geglaubt hätten, wäre es gar nicht zu der verantwortungslosen und wertlosen Garantie für Polen und damit zum Kriegsausbruch gekommen.

Die Kriegstreiber, allen voran Churchill und Roosevelt, die längst voll Sehnsucht auf die passende Gelegenheit warteten, um Deutschland den Krieg zu erklären, klammerten sich an diese Falschinformationen der deutschen Landesverräter, weil diese haargenau in ihre Pläne paßten. „Deutschland muß wieder besiegt werden, und dieses Mal endgültig", hatte Churchill schon im September 1934 Heinrich Brüning erklärt[26].

1936 sagte Churchill zum Kriegsminister Duff Cooper: „Es gibt nur ein Heilmittel gegen die deutsche Gefahr: die in Versailles versäumte Aufteilung des Reiches[27]."

Erschreckenderweise herrschte auf seiten der deutschen Landesverräter dieselbe Zerstörungsbereitschaft. Dr. Goerdeler erklärte dem britischen Diplomaten Ashton-Gwatkin: „Die einzige Chance, Hitler und die Armee zu trennen, wäre die, Deutschland und Italien in einen Krieg zu verwickeln." Und kurz darauf schrieb Goerdeler in einem Brief an Vansittart:

„Es ist natürlich sehr deprimierend für uns deutsche Gemäßigte, daß die Westmächte ihre Chance nicht wahrnehmen. Eine Wirtschaftsoffensive, getarnt als Privatinitiative, könnte sicherlich die gefährdeten Beziehungen zwischen Hitler und seinen Generalen zerreißen, Hitler der Wahl des Termins und der Handlungen berauben und ihn zwingen,

26 Dietrich Aigner, a.a.O., Seite 103
27 Dietrich Aigner, a.a.O., Seite 103

sehr schwere Entscheidungen zu treffen. Starker Druck z. B. auf Italien würde Hitler mit dem höchst unpopulären Schritt konfrontieren, ja sogar mit der großen Gefahr, Italien militärische Hilfe zu leisten![28]"

Die deutschen Landesverräter wußten eben, daß sie ohne Krieg nie zum Ziel kamen. Darum hetzten sie die Westalliierten bewußt zum Krieg gegen Deutschland, weil dies die einzige Chance war, wie Goerdeler freimütig bekannte, wenn auch auf Kosten des Reiches, wie Schlabrendorff bestätigte, die verhaßte Reichsregierung zu stürzen. Dieses ebenso gespenstige wie verbrecherische Treiben trug schließlich seine Früchte. Der Krieg war da. Jetzt warfen die Landesverräter die letzte Tarnung ab.

Oberst Hans Oster, Leiter der Abteilung Z der deutschen Abwehr, wohl abgedeckt durch seinen Chef, Admiral Canaris, teilte dem holländischen Militär-Attaché, Oberst G. J. Sas, schon im November 1939 mit, ein deutscher Angriff stünde unmittelbar bevor. Der holländische Oberbefehlshaber, General Winkelmann, dem diese Meldung vorgelegt wurde, äußerte sich darauf verächtlich: „Ich halte den Nachrichtenmann eigentlich für einen erbärmlichen Kerl."

Der holländische Abwehrchef, Vizeadmiral Furstner, glaubte es gar nicht. Er sagte unwirsch: „Ein deutscher Generalstabsoffizier begeht keinen Landesverrat."

Oster hatte sich nur im Termin geirrt. Am 9. Mai 1940 verständigte er Sas wieder und verriet ihm, daß die deutschen Truppen am nächsten Morgen angreifen würden. Sas raste in die holländische Botschaft. Die holländische Armee gab Alarm. Gleichermaßen wurden die Angriffstermine an Norwegen verraten. Selbst der Biograph des deutschen Widerstandes, Gerhard Ritter, sinnierte darüber: „Daß Oster seinem Deutschland nicht schaden, sondern nützen wollte, bedarf keiner Diskussion. Aber hat er nicht wissentlich der

28 Annelies von Ribbentrop, a.a.O., Seite 280

deutschen Wehrmacht geschadet, indem er sie in wesentlich erhöhte Gefahr brachte? Ging nicht die nächste Pflicht, die gegen die eigenen Volksgenossen, die eigenen Kameraden, der gegen fremde Völker voran? Daß sie nicht verletzt werden dürfe, unter keinen Umständen, war in der Tat die einmütige Überzeugung der meisten Widerstandskämpfer außerhalb der kommunistischen Gruppen. Eben deshalb haben sie auch niemals etwas wissen wollen von Waffensabotage und haben alle ihr Bestes hergegeben für den Erfolg der deutschen Wehrmacht — obgleich sie doch wußten, daß jeder Sieg auf den Schlachtfeldern und in der Luft eine neue Stärkung der Autorität und Macht des Tyrannen bedeutete[29]."

Aber nicht genug mit der Oster-Linie. Eine zweite Verräterlinie lief über Dr. Josef Müller (Ochsensepp) und Dr. Wilhelm Schmidthuber zu Pater Leiber im Vatikan, der den Kontakt mit dem britischen Gesandten Francis Osborne hielt. Auch hier wurden zeitweise Angriffstermine und militärische Geheimnisse verraten. So z. B. brachte Dr. Müller im Auftrag von Canaris Pater Leiber den Angriffstermin Frankreich: 10. Mai, 4 Uhr früh. Der belgische Botschafter im Vatikan, de L'Escaille, funkte die Meldung nach Brüssel.

Der Hochverräter Halder urteilt wie folgt über den Verrat der Angriffstermine: „Die Übermittlung eines Angriffstermins z. B. an den Feind nützt, unnötig zu sagen, nichts, denn der Angriff wird planmäßig durchgeführt. Allerdings werden, wenn der Feind unterrichtet wurde, Tausende eigener Soldaten, die auf Befehl die Stellung verlassen und vorgehen, mit ihrem Leben für diese Gewissenlosigkeit zahlen[30]."

Weil die bundesdeutsche Armseligkeit wahrhaftig durch nichts mehr zu übertreffen ist, schlug 1975 der Hamburger Justizsenator, Professor Ulrich Klug (FDP), vor, dem Lan-

29 Gerhard Ritter, a.a.O., Seite 270
30 Peter Bor, „Gespräche mit Halder", Seite 131

desverräter Hans Oster den Friedensnobelpreis zu verleihen. Er habe nämlich mit dem Verrat der deutschen Angriffstermine, Belgien, Holland, Norwegen und Frankreich einen „hervorragenden Friedensbeitrag" geleistet. Schon Ende 1962 forderte der hessische Justizminister Dr. Fritz Bauer in einer Rede vor Göttinger Studenten die Errichtung eines Oster-Denkmals.

Der Verrat, auf der ganzen Welt verfemt und verachtet, wird in Restdeutschland glorifiziert. Es ist unergründlich, mit welchem Recht man hierzulande überhaupt „DDR"-Agenten einsperrt, wenn ohnedies der Verrat an Deutschland mit dem Friedensnobelpreis ausgezeichnet werden soll. Daß Verrat gestern lobenswert, heute aber verwerflich sei, dies zu beweisen wird nach den Gesetzen der Ethik und Moral nicht möglich sein. Außer, man stellt alles auf den Kopf und stellt damit aber die gesamte Existenz unseres Volkes in Frage.

Als Hans Oster am 9. April 1945 wegen seiner zahlreichen Verstrickungen mit dem 20. Juli hingerichtet wurde, war das wirkliche Ausmaß seines Landesverrates noch gar nicht bekannt. Erst nach dem Kriege wurden die einzelnen Tatsachen durch die amtlichen Aussagen des Generalmajors Gijsbertus Jacobus Sas vor der niederländischen Dokumenten-Kommission am 16. März 1948 im Detail festgehalten. Schließlich bekannte der amerikanische Chefspion gegen Deutschland, Allen Welsh Dulles, in seiner Dokumentation „Verschwörung in Deutschland", daß ihm der Landesverräter Bernd Gisevius, der seinerseits Nachrichtenträger der Amerikaner war, die Rolle von Oster ausdrücklich bestätigte.

Darüber hinaus gab es während des Krieges zwei Verratshandlungen, die zweifellos den Kriegsablauf entscheidend beeinflußt haben.

Hitler wußte von Anfang an, daß das Mittelmeer infolge des militärischen Versagens der Italiener eine gefährliche, weiche Flanke in der gesamten Strategie darstellte. Daher versuchte er, das Mittelmeer zeitgerecht zu sperren. Dazu wurde Gibraltar benötigt. Die Felsen von Gibraltar, bestückt mit 8,8-Geschützten, in den Bunkern deutsche U-Boote, hätten jede alliierte Aktion im Mittelmeer unmöglich gemacht und alle Aktionen gegen die Engländer in Nordafrika und Nahost hermetisch abgeschirmt. Der Suez-Kanal stellte keine Gefahr dar, da er spielend leicht unbrauchbar gemacht werden konnte. Es gab nur eine Möglichkeit: Gibraltar vom Land aus zu erobern. Die Stärke der britischen Kriegsmarine verbot jede Aktion von See her. Gebirgsjäger übten bereits am Modell die Erstürmung von Gibraltar. Aber dazu brauchte man die Einwilligung des Caudillo. Generalissimus Franco wollte sich aber nicht recht festlegen. Vergeblich versuchte Hitler am 23. Oktober 1940 in Hendaye Francos Einwilligung zum deutschen Durchmarsch zu erhalten. Franco wich aus bzw. forderte als Gegegengabe so viele Lebensmittel und schwere Waffen, die Deutschland in diesem Augenblick gar nicht liefern konnte.

Um mit Franco doch noch zu einem Abkommen zu gelangen, sandte Hitler am 7. Dezember 1940 Admiral Wilhelm Canaris zum Caudillo. Canaris hatte bekanntlich zu Madrid besonders gute Beziehungen. Hitler ahnte nicht, daß sein höchster Abwehrchef längst sein eigenes konspiratives Spiel spielte und seine Abwehr zum Hort der deutschen Landes- und Hochverräter geworden war. Hitler wollte unter allen Umständen Gibraltar ausschalten, um so das Mittelmeer dicht zu machen. Ein Unternehmen „Felix“ hatte zu diesem Zweck für die Erstürmung Gibraltars schon Truppen und Material bereitgestellt. Am 10. Januar 1941 sollte der Felsen erobert werden.

Weit davon entfernt, seinen Auftrag zu erfüllen, warnte der aalglatte Canaris den ohnedies unschlüssigen Franco und beschwor ihn, ja nicht auf den Wunsch Hitlers einzugehen und deutsche Truppen zum Kampf gegen Gibraltar einrücken zu lassen. Franco, solchermaßen beraten, lehnte ab. Damit behielt England freie Hand im Mittelmeer. Ein Umstand, der sich im weiteren Verlauf des Krieges verhängnisvoll auswirken sollte[31].

Admiral Canaris hat mit dieser hinterhältigen Aktion den Westalliierten entscheidend geholfen und ist dem deutschen Frontsoldaten dadurch massiv in den Rücken gefallen. Sein Verräterspiel wird übrigens von Jan Colvin in „Admiral Canaris" und von Karl Heinz Abshaben in „Canaris" bestätigt. Franco wieder hat durch sein geschicktes Lavieren erreicht, daß er sich als einziger über 1945 hinüberrettete. In London wußte man den Spanienbeitrag zum alliierten Sieg zu schätzen. Dagegen fielen die paar tausend Freiwilligen der „Blauen Division", die an der Ostfront ihr Leben ließen, nicht ins Gewicht.

Der zweite große Verratsfall aus der erschreckenden Fülle war der Fall Peenemünde.

In der Nacht vom 15. zum 16. Juni 1944 begann der Einsatz der V-Waffen gegen Südengland und das Stadtgebiet von London. Dieser Einsatz, der weniger materielle als psychische Wirkung auf die britische Bevölkerung und das alliierte Invasionskorps hatte, kam zu spät. 1939 hatte Hitler die neue Strategie des Krieges durch Fernkampfwaffen vorangetrieben und in Peenemünde ein Zentrum deutscher Fernwaffen errichten lassen, das unter der Führung der besten deutschen Techniker und Wissenschaftler wie Walter Dornberger und Wernher von Braun stand. Diese Entwicklung erhielt eine vernichtende Unterbrechung durch Otto John, der als Mitglied des deutschen Widerstandes die Alliierten eingehend über die Arbeit der Atomforschung, die Atomwaffen in Deutschland und das Forschungszentrum Peenemünde mit Nachrichten versorgt hat[32].

31 Ernst von Weizsäcker, „Erinnerungen", Seite 297
32 Hans Frederik, „Das Ende einer Legende", Seite 53 f.

Der britische Oberst Daniel Shapiro berichtete nach dem Kriege, daß Otto John der Mann war, „der uns Peenemünde mit seiner geheimnisvollen Versuchsanstalt für Wunderwaffen ausgeliefert hatte. Das war immerhin ein große Sache, bis dahin der größte Erfolg unseres Nachrichtendienstes“[33].

600 britische Bomber vernichteten das Zentrum der deutschen Fernkampfwaffen am 17. August 1943. Die Forschungs- und Entwicklungsanlagen, die nahezu eine halbe Milliarde Reichsmark gekostet hatten, standen in hellen Flammen. Mehr als 700 Ingenieure, Techniker, Wissenschaftler und Arbeiter wurden erschlagen. Der britische Historiker David Irving bemerkte dazu lakonisch: „Der Beginn der deutschen V-Waffenoffensive wurde dadurch gerade lange genug verzögert, daß er die zehn Monate später beginnende alliierte Invasion in der Normandie nicht mehr verhindern konnte[34].“

Selbst General Eisenhower stellte dazu fest: „Wenn es den Deutschen gelungen wäre, diese neuen Waffen sechs Monate früher zu vollenden und einzusetzen, dann wäre die Invasion auf dem europäischen Kontinent überaus schwierig und vielleicht unmöglich gewesen[35].“

Die ganze deutsche Tragödie wird erst sichtbar, wenn man weiß, daß der Großverräter Dr. Otto John, der von den Verschwörern in die verkehrspolitische Abteilung der Lufthansa eingebaut worden war, von dem eingeweihten Prinz Louis Ferdinand von Hohenzollern ein Empfehlungsschreiben an den spanischen Diplomaten Juan Terrazza erhielt, der diesen an den amerikanischen Geschäftsträger von Madrid, Beaulaque, weiterreichte. Johns Informationen über die V-Waffen-Versuchsstation Peenemünde war für Beaulaque so interessant, daß er sie eiligst dem US-Militär-Attaché, Colonel William Hohental, weiterleitete.

33 Der „Stern“ vom 8. August 1954
34 David J. Irving, „Die Geheimwaffen des Dritten Reiches“, Seite 8
35 David J. Irving, a.a.O., Seite 10

Diese Tatsache hat Otto John Hans Frederik ausdrücklich bestätigt, der sie in seiner Dokumentation „Das Ende einer Legende" auf Seite 53 festhält. Damit war aber das Schicksal der deutschen V-Waffen, der sogenannten Wunderwaffen, überhaupt besiegelt. Die Uhr des Schicksals lief unbarmherzig ab, und auch der fieberhafte Neuaufbau der V-Waffen-Produktion, die nun weitgehend in Bergstollen verlegt wurde, konnte die verlorene Zeit nicht mehr aufholen. Darüber hinaus besteht kein Zweifel, daß zahlreiche hohe Offiziere, anstatt alle ihre Kräfte auf den Sieg zu konzentrieren, all ihre Zeit dafür verwendeten, um zu diskutieren, wie die Reichsregierung zu stürzen sei oder gar, wie man den Sieg verhindern könne.

Eine der geschäftigsten von ihnen war General Henning von Tresckow, der als erster Generalstabsoffizier der Heeresgruppe Mitte wirkte. Er warb eine Menge Offiziere für die Verschwörung an und war einer der Motoren des Umsturzes. Nachdem Stauffenbergs englische Bombe ihr Ziel nicht erreichte, begab sich Tresckow in die HKL der 28. Jäger-Division an der Ostfront. Dort wurde er kurze Zeit danach tot aufgefunden. Sein Freund Bodo Scheurig schrieb in Tresckows Memoiren: „Als er starb, fielen mehrere Schüsse und detonierte eine Granate. Es scheint, als habe er sich gewehrt, bevor er vermutlich von einer Handgranate getötet wurde[36]."

Was war wirklich geschehen? Scheurig und die offizielle Widerstandsliteratur erklären, Tresckow habe sich angesichts des Scheiterns des 20. Juli aus Angst, daß sein Name genannt würde, erschossen. Das Merkwürdige dabei ist, daß sein Intimus, der Major im Generalstab Joachim Kühn, zur gleichen Zeit zur Roten Armee überlief ...

Derselbe Herr von Tresckow, der sein verhängnisvolles Spiel in der Heeresgruppe Mitte an der Ostfront trieb, aus-

36 Bodo Scheurig, „Henning von Tresckow", Seite 193

gerechnet dort, wo der Roten Armee 1944 der Durchbruch gelang, hatte seinen damaligen Oberbefehlshaber, Feldmarschall von Kluge, mit hartnäckiger Ausdauer für die Verschwörung gegen die Reichsregierung gewonnen[37].

Im Sommer 1944 schickte Tresckow den Mitverschwörer Oberstleutnant von Boeselager zu dem neuen Oberbefehlshaber West, Hans von Kluge, der von der Ostfront zur Westfront versetzt worden war. Boeselager hatte den Auftrag, Kluge zu beschwören, die „Front im Westen zu öffnen und nicht gegen die Engländer und Amerikaner, sondern gegen Hitler zu kämpfen"[38].

Über das Gelingen der Invasion im Westen gibt es bisher nur die Deutung, daß deutscherseits die alliierte Anlandung zu spät erkannt wurde, und als sie erfolgte, niemand gewagt habe, den schlafenden Hitler auf dem Berghof zu wecken. Dadurch seien die deutschen Maßnahmen, als sie schließlich anliefen, zu spät gekommen. Unterdessen haben westalliierte Historiker intensive Nachforschungen angestellt, die verdeutlichen, daß diese Erklärung denn doch zu naiv ist.

Es steht fest, daß die oberste deutsche Truppenführung an der Westfront von Verschwörern förmlich durchsetzt war. Einer der einflußreichsten war der Chef des Stabes, Generalleutnant Dr. Hans Speidel, der am entscheidenden 6. Juni 1944 den Schristeller Ernst Jünger eingeladen hatte, welcher bei Kerzenlicht dem Stabe Rommel ein 20seitiges Manuskript mit dem Plan vorlas, wie Hitler zu stürzen sei. Unschwer vorzustellen, daß eine solche Führung völlig ungeeignet war, den nun nötigen Kampf auf Leben und Tod aufzunehmen. Diesen Kampf überließ man den deutschen Soldaten und den Frontoffizieren, die sofort todesmutig reagierten.

37 Fabian von Schlabrendorff, a.a.O., Seite 161
38 Fabian von Schlabrendorff, a.a.O., Seite 136

Der amerikanische Historiker Cornelius Ryan schreibt in seinem Invasionsbericht lakonisch: „Trotz Verwirrung, Zaudern und Unentschlossenheit bei den höheren Kommandostellen reagierten die deutschen Soldaten, die tatsächlich Feindberührung hatten, sehr rasch. Tausende von Männern befanden sich bereits im Einsatz, und im Gegensatz zu den Generalen der Heeresgruppe B (Rommel) und des OB West (Kluge) hegten sie nicht den geringsten Zweifel, daß sie es allen Ernstes mit der Invasion zu tun hatten[38a]."

Hitler versuchte nun mit allen Mitteln, dieser tödlichen Bedrohung durch die Westalliierten Herr zu werden. Er hatte sowohl zu Rommel wie zu Kluge unbegrenztes Vertrauen. Er verstand daher die halbherzigen Maßnahmen nicht und begriff nicht, warum seine Befehle nicht rigoros ausgeführt wurden. Da krachte die englische Bombe Stauffenbergs am 20. Juli in der Wolfsschanze.

Der berühmte 20.-Juli-Putsch, der von der offiziellen Geschichtsschreibung zu einem Aufstand des deutschen Gewissens, ja des deutschen Volkes ummanipuliert wurde, war lediglich ein dilettanischer Versuch einer kleinen Offiziersclique, die in erschütternder Weise ihre organisatorische Unfähigkeit demonstrierte. Selbst Joachim C. Fest stellt nüchtern fest: „Hier zeigt es sich, daß der 20. Juli insofern ein Offiziersputsch war, als ihm jene Mannschaften fehlten, die schossen, verhafteten und besetzten. Immer wieder begegnet man in diesen Berichten jenes Tages den kleinen Offizierskommandos, die sich für Sondereinsätze bereit hielten: nicht einmal die Bendlerstraße verfügte am Abend über eine Wachmannschaft[39]."

Feldmarschall von Witzleben, Generaloberst a. D. Hoeppner, die Generale Beck und Olbricht als die obersten Chefs hatten hinter sich nur eine Gruppe zaudernder Offiziere,

38a Cornelius Ryan, „Der längste Tag", Seite 168
39 Joachim C. Fest, a.a.O., Seite 975

aber nicht eine einzige Kompanie der deutschen Wehrmacht. Es gibt ja nichts Kläglicheres als die Tatsache, daß man es einem einarmigen Schwerversehrten überließ, die berüchtigte gelbe Aktentasche neben Hitler abzustellen.

Schon die ersten Ermittlungen ergaben, daß etwa 6000 meist hohe Offiziere direkt oder indirekt in die Verschwörung verwickelt waren. Der Gestapo wurde ihre Aufgabe dadurch erleichtert, daß die Verschwöreroffiziere sich in geradezu unglaublicher Weise gegenseitig belasteten. Erst dadurch, daß sie immer mehr Namen nannten, konnte man das Ausmaß der Verschwörung, von der man nicht die geringste Ahnung gehabt hatte, überblicken. Besonders Goerdeler, aber auch andere, verrieten ihre Kameraden am laufenden Band.

Der britische Historiker David Irving schreibt dazu:
„Praktisch waren sämtliche Abteilungschefs des Generalstabes des Heeres, mit Ausnahme von Gehlen (Fremde Heere Ost) und Gercke (Transportwesen) so oder so beteiligt. Die Verstrickung der Obersten Erich Hansen und Alexis von Roenne, der für den Westen zuständigen Nachrichtenchefs, schien ein neues Licht auf ansonsten unerklärliche Rückschläge zu werfen; das galt auch für den plötzlichen Selbstmord von General Wagner, dem Generalquartiermeister, und das Verschwinden von Lindemann, der General der Artillerie beim OKH gewesen war. In Hitler setzte sich die Überzeugung fest, daß General Fellgiebels Nachrichtentruppe seine Geheimnisse sofort an den Feind gefunkt habe und das noch immer tue, wie die glänzenden Informationen des von den Engländern betriebenen Soldatensenders Calais zeigten[40]."

Allmählich kommt Licht in eines der dunkelsten Kapitel der deutschen Geschichte und erhellt einen Abgrund, der einen heute noch schauern läßt. Irving läßt erkennen, wie

40 David Irving, „Hitler und seine Feldherren", Seite 622

sich diese Tatsache in der Praxis auswirkte. Trotz der klaren Befehle Hitlers hielt Feldmarschall Kluge des General Eberbachs Panzergruppe immer noch viel zu weit nördlich und unterstützte dabei geradezu die Einschließungsoperation des US-Generals Patton[41].

Als Kluge erkannte, daß sein Spiel durchschaut war, nahm er Gift. Irving schreibt auf Seite 638: „Offensichtlich hatte Kluge tatsächlich versucht, Kontakt zum Feind aufzunehmen, dann aber mit ansehen müssen, wie ein zufällig daherkommender Jagdbomber seinen einzigen Funkwagen zerstörte; warum sonst war er auf halbem Wege zurückgeblieben und hatte seinen Generalstabsoffizier, Major Behr, allein zu dem verabredeten Treffpunkt mit Eberbach und den anderen Generalen geschickt? Es ist nur einem Zufall zu verdanken, daß dieser Plan nicht zur Ausführung gekommen ist. Aber das alles war ja jetzt nur noch von sekundärem Interesse.

Mir ist nur ein einziger Hinweis zu einer möglichen Aufklärung des Geheimnisses auf alliierter Seite bekannt. In den kriegsgeschichtlichen Akten der US-Armee befindet sich ein Bericht über die Erklärung von Oberstleutnant George R. Pfann, Sekretär in General Pattons 3. Armee-Generalstab, aus dem Jahr 1945. Pfann erklärte, daß Patton Mitte August 1944 einen ganzen Tag lang aus dem Armeehauptquartier verschwunden war; als er zurückkehrte, sagte er, er sei fort gewesen, um einen Versuch zur Kontaktaufnahme mit einem deutschen Emissär zu machen, der jedoch an der vereinbarten Stelle nicht erschienen sei. Ein Hinweis von deutscher Seite ist die C.I.C.-Befragung von Kluges Schwiegersohn, Oberstabsarzt Dr. Udo Esch, vom 27. Juli 1945. Von ihm hatte Kluge das Zyankali bekommen. Kluge erörterte mit ihm die Möglichkeit einer Kapitulation der gesamten Westfront. Er habe sich in das Frontgebiet begeben, aber es sei

41 David Irving, „Hitler und seine Feldherren", Seite 630

ihm nicht gelungen, Fühlung zu den alliierten Befehlshabern aufzunehmen, sagte Esch."

Das Tagebuch des Feldmarschalls Erhard Milch weist am 28. Oktober 1944 folgende Eintragung auf: „Guderian erzählt: Von Kluge . . . hat in Frankreich versucht mit dem Feind Verbindung aufzunehmen, um zu kapitulieren, dies mißlang. Im übrigen ist auf Kluge der falsche Panzereinsatz zurückzuführen, der absichtlich die Panzerverbände in den Kessel bei Falaise anscheinend führen wollte[41a]."

Merkwürdigerweise gehen kommunistische Historiker in der Beurteilung der Haltung des Feldmarschalls Günter von Kluge noch weiter. Der polnische Publizist Kazimierz Moczarski hatte in seinem im Jahr 1974 veröffentlichten „Rozmowy z katem" (Gespräche mit dem Henker) in der Zeitschrift „Odra", Breslau, behauptet, Kluge habe sich bewußt „in Hitlers Vertrauen eingeschlichen, alles von ihm erfahren und ihn dann verraten". Ob Kluge bereits an der Ostfront, wie Moczarski behauptet, sabotiert hat, scheint fraglich. Offensichtlich verwechselt der polnische Autor Kluges Rolle mit der, die sein Chef vom Stabe, von Tresckow, gespielt hat. Der polnische Autor behauptet, daß es von Kluges Hauptaufgabe an der Westfront gewesen sei, nach der Invasion der Alliierten im Westen die hintere Verbindungslinie des US-Generals Patton zu durchschneiden. — Diesen Auftrag habe er nicht vollzogen, sondern seine Truppen so geführt, bis sie von denen des US-Generals Patton eingekreist und am Schluß gefangengenommen worden seien[42].

Tresckows Vertrauensmann an der Westfront war der rührige Oberstleutnant i. G. Cäsar Hofacker, der die Aufgabe hatte, alle regimefeindlichen Kräfte an der Westfront innerhalb der Führungsstäbe zu koordinieren. Er hatte sich dabei so sehr exponiert, daß er nach dem 20. Juli sofort aufflog. Dieser Hofacker versuchte seinen Kopf zu retten, indem

41a David Irving, „Hitler und seine Feldherren", Seite 851
42 Auszugsweise in „Dolomiten", Bozen, 2. 8. 1974

er Feldmarschall von Kluge und auch Feldmarschall Rommel schwerstens belastete. Inwieweit der hervorragende Soldat Rommel außer einer bestürzenden Halbherzigkeit bei der Invasion, die gar nicht zu seinen Eigenschaften gehörte, in die Sabotage der Reichsverteidigung verwickelt war, ist noch nicht voll aufgeklärt. Daß er aber in die Verschwörung stärkstens verstrickt war, darüber gibt es keinen Zweifel mehr. Hofacker unterzeichnete ein schriftliches Geständnis, nachdem Rommel Goerdeler versichert hatte, die Verschwörer könnten sich auf ihn verlassen, falls der Putsch gelänge[43].

Daher war die erste Frage Rommels an die Generale Maisel und Burgdorf am 14. Oktober 1944, als sie ihn festnahmen, ob Hitler das Hofacker-Protokoll kenne. Als dies bejaht wurde, nahm er von der Chance, die ihm geboten wurde, Gebrauch und wählte den Selbstmord.

Je länger die Zeit vergeht, desto mehr kommt ans Tageslicht. Wir können davon ausgehen, daß wir trotzdem heute nur die Spitzen eines Eisbergs erkennen, allerdings bereits von solchem Ausmaß, daß es geradezu ein Wunder war, daß dank der Reichsführung und der Tapferkeit des deutschen Soldaten die Front überhaupt sechs Jahre hielt.

Das erschütternde Schlußwort zu diesem ebenso tragischen wie schmutzigen Kapitel unserer unbewältigten Vergangenheit sprach der berüchtigte Hetzlügenpropagandist Sefton Delmer, als er in seinem Buch „Die Deutschen und ich“ zynisch das infame Spiel aufdeckte, das die Alliierten mit den Verschwörern getrieben hatten: „Wir wußten, daß die Generale wegen der Folgen, die Hitlers Einmischung in ihre Strategie gehabt hatte, in steigendem Maße verärgert waren. Immer häufiger bemerkte man, wie ‚Friedensfühler‘ ausgestreckt wurden, und diese Bemühungen kamen von Männern, die behaupteten, im Einverständnis mit den Generalen zu handeln.

43 David Irving, „Hitler und seine Feldherren“, Seite 651

Seit einiger Zeit schon versuchten wir, nicht allein im Namen dieser ‚Wehrmachtsopposition' zu sprechen, sondern bemühten uns, ihren Führern jene Art von Ermutigung angedeihen zu lassen, welche die ‚weiße Propaganda' als offizielle Stimme der Alliierten ihnen nicht geben konnte. Wir wollten sie zu der Meinung bringen, sie brauchten Hitler zu stürzen, dann seien wir bereit zu Friedensverhandlungen. Als zum Beispiel die ‚Frankfurter Zeitung' von Hitler verboten wurde und ich die Fälschung einer ‚Freien Frankfurter Zeitung', die scheinbar vom deutschen Widerstand herausgegeben wurde, anfertigen ließ, brachte ich darin einen Leitartikel über die Notwendigkeit, Hitler zu stürzen und eine deutsche Friedensregierung einzusetzen.

‚Sind die Westmächte bereit zu Friedensverhandlungen?' fragte der Artikel! ‚Wir glauben, daß wir auf Grund erster vorsichtiger Fühlungnahmen zwischen deutschen Militärkreisen im Westen und dem Feind diese Frage mit Ja beantworten können. Nur müssen wir endlich handeln!'

Es erschien mir durchaus möglich, daß die Generale diese Kampagne des Soldatensenders Calais als Unterstützung ihres Traumes einer Revolte gegen den Führer ansahen, der dann ein Separatfrieden mit dem Westen folgen würde. Selbstverständlich kam ein solcher Separatfrieden gar nicht in Frage. Aber wenn es ‚Calais' gelingen sollte, durch seine ständige Betonung der Priorität der Ostfront die Generale zu einer Erhebung gegen ihren obersten Kriegsherrn zu verlocken, würde ich mir keine Gewissensbisse machen. Ein Generalputsch, ob er nun erfolgreich verlief oder nicht, ja schon der Verdacht einer Generalsverschwörung gegen Hitler, würde Hitlers Niederlage beschleunigen. Und es sollte sich herausstellen, daß unsere Mühen auch hier belohnt wurden.

Als ich im September 1944 mit Otto John sprach, dem einzigen Überlebenden der Generalsverschwörung, dem es gelungen war, ins Ausland zu entkommen, erfuhr ich von ihm, daß die Verschwörer unsere Sendungen tatsächlich gehört und genau in dem von mir erhofften Sinne ausgelegt hatten. Es tut mir leid, daß die Generale an Hitlers Fleischerhaken ihr Leben einbüßen mußten. Aber ich könnte nicht behaupten, daß ich irgendwelche Reuegefühle verspürte, weil ich falsche Hoffnungen in ihnen erweckt hatte. Denn diese Männer und ihresgleichen waren die ersten Gönner und Förderer der Hitlerbewegung gewesen. Sie waren die Nutznießer seines Dritten Reiches. Und sie erhoben sich erst dann gegen ihn, als sich herausstellte, daß sein Eroberungskrieg zum Scheitern verurteilt war[44]."

Das offenste Bekenntnis legte Dr. Eugen Gerstenmaier in der „Frankfurter Allgemeinen Zeitung" vom 21. März 1975 ab, als er in der Besprechung des Buches über Helmut James von Moltke schrieb: „Was wir im deutschen Widerstand während des ganzen Krieges nicht wirklich begreifen wollten, haben wir nachträglich vollends gelernt: Daß dieser Krieg schließlich eben nicht nur gegen Hitler sondern gegen Deutschland geführt wurde."

Hätten diese fundamentalen Erkenntnisse sich vierzig Jahre vorher durchgesetzt, dann hätte es keinen Landesverrat — bis auf jenen der Feindagenten — und wahrscheinlich gar keinen Krieg gegeben; zumindest keinen Krieg gegen ein militärisch und wirtschaftlich völlig ungerüstetes Deutschland.

Hitlers tiefe Enttäuschung brach in den Worten durch, die er in der abschließenden Lagebeurteilung am 24. Juli 1944 sprach: „Ich habe dem deutschen Volk die Wehrhoheit wiedergegeben", führte er aus, „und es damit nach dem unwürdigen Diktat von Versailles wieder zu Ansehen in der Welt gebracht. Ich habe sein altes Offizierskorps übernommen wie es war, habe ihm seine Tradition belassen und sie geachtet. Ich habe die Offiziere beruflich und wirtschaftlich ge-

44 Sefton Delmer, „Die Deutschen und ich", Seite 529

fördert, wie und wo ich nur konnte. Ich habe ihre Leistungen anerkannt und belohnt. Ich habe sie befördert und ausgezeichnet. Ich habe jedem, der sich bei mir gemeldet hat, kameradschaftlich die Hand gedrückt, und jetzt — muß ich jeden Offizier bis zum General, der mich aufsucht, im Vorzimmer untersuchen lassen, ob er nicht irgendein Mordinstrument in seiner Aktentasche mitbringt, um mich umzubringen, wie dieser Graf Stauffenberg, der nichts Besseres tun konnte, als mir eine Höllenmaschine unter meinen Arbeitstisch zu stellen, um mich und seine Kameraden hinterhältig aus der Welt zu schaffen."

Von nun an erfüllte Hitler ein tiefes Mißtrauen gegen die Generale. Daran änderte auch die Tatsache nichts, daß die erdrückende Masse der Generale und Stabsoffiziere an der Front in hervorragender Weise ihre Pflicht erfüllte. Hitler fühlte sich verraten und verkauft.

Im Bunker der letzten Schlacht

Als der Untergang da war und Hitler in voller Erkenntnis der Niederlage sich entschloß, im Führerbunker zu sterben, versuchte er trotzdem Widerstand bis zum Letzten zu leisten; im geheimen hegte er noch immer die Hoffnung, daß, ähnlich wie bei Friedrich dem Großen, sich das Schicksal im letzten Moment wenden könnte. An diesem Mann und Heerführer der Preußen richtete er sich immer wieder auf. Stets von neuem wies er auf dieses Soldatenbeispiel hin. Ebenso wie Friedrich II. sich den Namen „der Große" nicht deshalb verdient hat, weil er siegreich war, sondern weil er im Unglück nicht verzagte, so würde die Nachwelt auch seine, Hitlers Bedeutung, einmal sehen, weil er auch nach schweren Niederlagen nie kapitulierte. So sagte er schon am 4. Dezember 1944 zu Ferenc Szalasi[45].

Nachdem er am 24. Februar 1945 die Gauleiter und Reichsleiter zum letzten Mal zu sich befahl, erwähnte er am Schluß seine angegriffene Gesundheit und verglich seine Lage mit der Friedrichs des Großen, der als kranker und gebrochener Mann aus seinen Kriegen heimgekehrt sei: „Ich hatte", sagte er, „das Zittern im Bein. Nun zittert mein Arm, vielleicht wird eines Tages auch mein Kopf wackeln. Eines aber kann ich Ihnen versichern: mein Herz wackelt nie[46]!"

Zwei Zeitzeugen, die früheren Gauleiter Rudolf Jordan und Karl Wahl, haben in ihren Memoiren diese tragische Szene eingehend beschrieben:

Rudolf Jordan:

„Hitler raffte sich noch einmal zu einem Appell auf an den Einsatz aller moralischen und materiellen Reserven in entscheidender Stunde. Er endete mit dem Bekenntnis, daß das Schicksal uns nicht habe dazu berufen können, die Letzten einer großen deutschen Vergangenheit zu sein, sondern die im größten aller Kriege gehärteten Bahnbrecher einer noch zu beginnenden größeren Zukunft.

Wir erheben uns still zum Gruß — und wissen eines: Das war nicht mehr unser Hitler, wie wir ihn gekannt hatten, sondern ein vom Schicksal, vom politischen, vom militärischen und nicht zuletzt vom menschlichen Schicksal gezeichneter und fast schon gebrochener Mann — ein dem Tode Verfallener, ein Einsamer, ein Verlassener, der bereits auf den Trümmern seines Werkes stand, ohne daß es ihm schon voll zum Bewußtsein gekommen war[47]."

Karl Wahl:

„Zum erstenmal, seit ich Hitler kannte, sprach er über seinen Gesundheitszustand gewissermaßen vor versammel-

45 David Irving, „Hitler und seine Feldherren", Seite 669
46 Gauleiter Rainer, zit. Schramm, KTB, OKW IV/66
47 Rudolf Jordan, „Erlebt und erlitten", Seite 256

ter Mannschaft, er fühlte sich anscheinend dazu gezwungen, da er ihn nicht mehr länger verbergen konnte. Hitler war zu dieser Stunde weniger ein vielleicht kranker als ein verbrauchter, ausgetrockneter Mann, und wenn auch Seele und Körper kaum voneinander zu trennen sind, so war Hitlers Geist doch noch völlig intakt. Wie ich später von Augenzeugen aus der Umgebung Hitlers gehört habe, soll das trotz der gefährlichen gesundheitlichen Gratwanderung Hitlers so geblieben sein bis zu seinem Tode[48]."

Hitler in jenen Tagen ist mit einem todwunden Tiger zu vergleichen, der schwerverletzt noch immer tödliche Kraft in seinen Pranken hat. Der britische Historiker David Irving beschreibt diesen bereits vom Tode gezeichneten Hitler: „Sein scharfer Verstand arbeitet also immer noch logisch und flexibel[49]."

Hitlers Sekretärin Trautl Junge berichtet, wie Hitler sich bis zum letzten an das Vorbild Friedrichs des Großen klammerte. „Hitler sagte, daß das Schicksal einer Schlacht vom letzten Bataillon abhänge, und führte als Beispiele Waterloo und Kunersdorf an. Wenn es ihm gelänge, den Russen in Berlin zu trotzen, würde er auch den Deutschen wieder neuen Mut geben, wie es den Russen in der Schlacht um Stalingrad gelungen sei. Außerdem hoffte Hitler, daß es zwischen den Russen und den Anglo-Amerikanern einen Zwischenfall nach dem anderen geben werde, bis ein Konflikt unvermeidlich würde. Das aber wäre der Zeitpunkt, in dem er, Hitler, eingreifen würde[50]."

Am 12. März 1945 erließ Hitler den berüchtigten Zerstörungsbefehl, dessen Hauptsatz bewußt von der Geschichtsforschung übergangen oder unterschlagen wird: „ . . . die sich der Feind für die Fortsetzung seines Kampfes sofort oder in absehbarer Zeit nutzbar machen kann."

48 Karl Wahl, „Patrioten oder Verbrecher", Seite 160 f.
49 David Irving, „Hitler und seine Feldherren", Seite 706
50 Nerin E. Gun, „Eva Braun-Hitler", Seite 194

Natürlich wäre dadurch auch dem deutschen Volk, wenn der Befehl tatsächlich überall durchgeführt worden wäre, schwerer Schaden entstanden. Militärisch war er logisch.

Hitler erwartete Stalins Großangriff an der Oderfront. Wohl war die Rote Armee den abgekämpften deutschen Soldaten materialmäßig überlegen, aber der eiserne Schörner verfügte über 410 000 Mann, Generaloberst Gotthard Heinrici sogar über 527 000. General Theodor Busse war fest überzeugt, mit seiner 9. Armee den sowjetischen Vorstoß auf Berlin abwehren zu können. Am 4. April überprüfte Hitler mit Generaloberst Heinrici Kilometer um Kilometer der Abwehrfront an der Oder und befahl die Anlage von Minenfeldern, und für die 9. Armee, die die schlachtentscheidenden Seelower Höhen halten sollte, die Erstellung großer Stollen, um die Soldaten vor dem roten Trommelfeuer zu schützen.

Doch jetzt, im Schatten der offensichtlich unaufhaltsamen Niederlage erstarb bei den meisten Generalen, auch bei jenen, die keineswegs dem Widerstand angehörten, der nun allein entscheidende letzte Einsatzwille. Hitlers Befehle wurden zum Großteil halbherzig befolgt, oft nur zum Schein. Keiner hatte Lust, fünf Minuten vor zwölf den Heldentod zu sterben. So entfernten sich tragischerweise in der Schlußphase des Dramas Hitler und die Generale langsam aber ständig voneinander.

David Irving schreibt: „Aber welche Generale befolgten Hitlers Befehle jetzt noch? Seine Autorität war im Schwinden begriffen und sie begannen, aus eigenem Ermessen zu handeln, in Mißachtung und Unkenntnis der zentralen Strategie, wie sie in Berlin beschlossen wurde. ‚Blomberg hatte mir bereits gesagt, daß der Gehorsam nur bis zum General gehe', sollte Hitler sich wenige Tage vor dem Ende erinnern[51]."

51 David Irving, „Hitler und seine Feldherren", Seite 707

Der deutsche Frontsoldat, der deutsche Frontoffizier, der noch dazu das bestialische Wüten der roten Soldateska, die mordend, plündernd, raubend und schändend über die deutsche Zivilbevölkerung herfiel, mit ansehen mußte, spekulierte nicht auf morgen. Er stand und kämpfte beispiellos. Ausnahmen bestätigen die Regel. Die Rote Armee verlor allein im Februar 1945 über 4600 Panzer, die sowjetische Monatsproduktion betrug aber nur 2300. In den ersten 21 Tagen des März wurden 5452 Rotpanzer vernichtet.

Völlig überraschend erlag US-Präsident Roosevelt am 12. April in Warm Springs einem Gehirnschlag. Diese Nachricht löste im Führerbunker wilde Hoffnungen aus, besonders bei Dr. Goebbels. Allgemein stieg jetzt die Ansicht hoch, daß der Krieg nun in eine entscheidende Phase getreten sei: Jetzt mußten die Westmächte in ihrem eigenen Interesse dem bolschewistischen Ansturm auf Europa Einhalt gebieten, wenn nicht ganz Europa verlorengehen sollte. Selbst Adolf Hitler erlag dieser Illusion und sagte: „Sie sehen also, der Krieg ist nicht verloren[52]."

Er warf sich nun mit seinen letzten Kräften auf die Kampfführung gegen die Rote Armee. Daß seine Befehle zum Großteil gar nicht mehr befolgt wurden, steht auf einem anderen Blatt.

Adolf Hitler wandte sich am 15. April 1945 zum letzten Mal an die Soldaten der Ostfront: „Zum letzten Mal ist der jüdisch-bolschewistische Todfeind mit seinen Massen zum Angriff angetreten. Er versucht, Deutschland zu zertrümmern und unser Volk auszurotten. Ihr Soldaten aus dem Osten wißt zu einem hohen Teil selbst, welches Schicksal vor allem den deutschen Frauen, Mädchen und Kindern droht. Während die alten Männer und Kinder ermordet werden, werden Frauen und Mädchen zu Kasernenhuren erniedrigt. Der Rest marschiert nach Sibirien.

52 David Irving, „Hitler und seine Feldherren", Seite 711

Wir haben die Stunde vorausgesehen, und es ist seit dem Januar alles geschehen, um eine starke Front aufzubauen. Eine gewaltige Artillerie empfängt den Feind. Die Ausfälle unserer Infanterie sind durch zahllose neue Einheiten ergänzt. Alarm-Einheiten, Neuaufstellungen und Volkssturm verstärken unsere Front. Der Bolschewist wird dieses Mal das alte Schicksal Asiens erleben, d. h., er muß und wird vor der Hauptstadt des Deutschen Reiches verbluten.

Wer in diesem Augenblick seine Pflicht nicht erfüllt, handelt als Verräter an unserem Volk. Das Regiment oder die Division, die ihre Stellungen verlassen, benehmen sich so schimpflich, daß sie sich vor Frauen und Kindern, die in unseren Städten dem Bombenterror standhalten, werden schämen müssen. Achtet vor allem auf die verräterischen wenigen Offiziere und Soldaten, die, um ihr erbärmliches Leben zu sichern, im russischen Solde, vielleicht sogar in deutschen Uniformen, gegen uns kämpfen werden. Wer euch Befehl zum Rückzug gibt, ohne daß ihr ihn genau kennt, ist sofort festzunehmen und nötigenfalls augenblicklich umzulegen, ganz gleich welchen Rang er besitzt.

Wenn in diesen kommenden Tagen und Wochen jeder Soldat an der Ostfront seine Pflicht tut, wird der letzte Ansturm Asiens zerbrechen genauso, wie am Ende auch der Einbruch unserer Gegner im Westen trotz allem scheitern wird.

Berlin bleibt deutsch. Wien wird wieder deutsch, und Europa wird niemals russisch.

Bildet eine verschworene Gemeinschaft nicht des leeren Begriffs eines Vaterlandes, sondern zur Verteidigung eurer Heimat, eurer Frauen, eurer Kinder und damit unserer Zukunft.

In dieser Stunde blickt auch das ganze deutsche Volk auf euch, meine Ostkämpfer, und hofft nur darauf, daß durch eure Standhaftigkeit, euren Fanatismus, durch eure Waffen und unter eurer Führung der bolschewistische Ansturm in einem Blutbad erstickt. Im Augenblick, in dem das Schicksal den größten Kriegsverbrecher aller Zeiten von der Erde genommen hat, wird sich die Wende dieses Krieges entscheiden[53]."

Gleichzeitig befahl Hitler General Busse, mit der 9. Armee vor dem zu erwartenden sowjetischen Großangriff auf eine zweite Großkampflinie zurückzuweichen.

Die 9. Armee bestand aus dem V. SS-Gebirgskorps unter SS-Obergruppenführer Jecklen, die Festung Frankfurt/Oder unter Oberst Biehler, das XI. SS-Panzerkorps unter SS-Obergruppenführer Kleinheisterkamp, ein Armeekorps unter Generalleutnant Wilhelm Berlin und als Armeereserve die Panzerdivision „Kurmark" und die 25. Panzergrenadierdivision[54].

Durch diese Maßnahme trommelte die in Masse aufgefahrene rote Artillerie am 16. April zum Großteil ins Leere. Aber dann begann ein mörderischer Kampf. Die Rote Armee warf 2000 Kampfflugzeuge gegen die deutschen Infanteristen, die die roten Panzer bisher nicht überrennen konnten. Todesmutig nahmen die Reste der deutschen Luftwaffe den ungleichen Kampf auf. Sechzig Todespiloten stürzten sich mit ihrer Bombenlast auf die Oderbrücken, um sie zu vernichten. Trotzdem konnte der Feind einen Einbruch von acht Kilometern Tiefe erreichen, und das bei entsetzlichen Verlusten. Am selben Tag hatten Busses tapfere Panzer-, Flak- und Panzerfaustsoldaten neuerlich 211 sowjetische Panzer und am 17. April noch einmal 106 abgeschossen. An der Neiße-Front vernichtet die 4. Panzerarmee unter General Fritz Gräser am 16. April 93 Sowjetpanzer, am 17. April 140.

Aber am 18. April eroberte Schukow die von einem Regiment der SS-Panzergrenadierdivision „Nederland" heldenhaft verteidigte Seelower Höhe. Jetzt war das Gesetz des Handelns beim Feind.

53 DNB-Text vom 16. April 1945
54 Franz Kurowski, „Armee Wenck", Seite 164

Am 20. April, seinem 56. Geburtstag, zeichnete Hitler neuerlich eine Gruppe Hitlerjungen, die sich todesmutig im Flak- und Erdkampf geschlagen hatten, im Garten der Reichskanzlei mit Eisernen Kreuzen aus.

Wenig später erlebte er in diesen Untergangstagen eine seiner schwersten Enttäuschungen. Hermann Göring fragte ihn: „Mein Führer, Sie haben wohl nichts dagegen, wenn ich jetzt nach Berchtesgaden fahre?" Hitler war zuerst sprachlos, dann sagte er kühl: „Meinetwegen, fahr los[55]."

Die sowjetischen Panzermassen stießen immer stärker in die nun entstandenen Frontlücken der 4. Panzerarmee Gräsers und der 9. Armee Busses. Nur Schörner ging zum Gegenangriff über. Hitler befahl Heinrici ebenfalls, sofort anzugreifen. Doch dies geschah nicht.

David Irving: „Aber der Heeresgruppenbefehlshaber hatte beschlossen, sich über Hitlers ‚undurchführbaren Befehl' hinwegzusetzen. Solange es noch möglich war, wollte er die 9. Armee nach dem Westen durchstoßen lassen. So wurde die Lücke noch mehr verbreitert, was am Ende das Schicksal Berlins besiegeln mußte — und auch Hitlers Schicksal, falls er blieb, um die Stadt zu verteidigen. Hitler wurde in dem Glauben belassen, daß seine Befehle ausgeführt wurden[56]."

Als dann General Hans Krebs, der Chef der Führungsgruppe im OKH, und der stellvertretende Generalstabschef, Generalmajor Erich Dethleffsen, meldeten, daß sich die Lükke noch mehr ausweitete, entgegnete Hitler ganz ruhig: „Verrat!" Dethleffsen fragte fassungslos: „Mein Führer, Sie sprechen soviel vom Verrat der militärischen Führung und Truppe. Glauben Sie, daß wirklich soviel verraten wird?" Hitler sah ihn an: „Die ganzen Mißerfolge im Osten sind

55 David Irving, „Hitler und seine Feldherren", Seite 715, nach Karl Jescow Puttkamer, Befragung von 1967 und 1968
56 David Irving, „Hitler und seine Feldherren", Seite 716

nur auf Verrat zurückzuführen", entgegnete er aus tiefster Überzeugung[57].

Hitler setzte nun seine ganze Hoffnung auf den SS-Gruppenführer Felix Steiner. Er unterstellte der nur mäßig ausgerüsteten Panzergruppe Steiner Luftwaffeneinheiten. Steiner selbst berichtet: „Zwei Tage später [am 20. April] erhielt das Korps — nunmehr als Armeegruppe bezeichnet — einen neuen Befehl. Es sollte Berlin entsetzen. Über die noch bestehende Decimeter-Verbindung sprach ich mit dem Generalstabschef Krebs, von dem ich erfuhr, daß Berlin durch eine Operation, an der die 9. Armee, die 12. und die Armeegruppe Steiner beteiligt seien, entsetzt werden solle. Ich konnte ihm nur antworten, daß mir die Armee Busse (9. Armee) eingeschlossen und damit operationsunfähig erscheine, Wenck nur über ein paar Divisionen verfüge und die ‚Armeegruppe Steiner' nicht einmal die Stärke eines schwachen Korps hätte. Dann riß die Verbindung ab. Gegenüber dem OKW in Fürstenberg und der Heeresgruppe Weichsel lehnte ich die Durchführung des Angriffs auf Berlin ab. Mir schien das geforderte Unternehmen in unserer Lage wahnwitzig. Inzwischen kamen in Liebenwalde Scharen von hochdekorierten Fliegerchargen aller Dienstgrade an, die — nur mit Maschinenpistolen oder Sturmgewehren bewaffnet — sich den sowjetischen Panzern entgegenwerfen sollten. Hitler-Jungen mit Gewehren folgten. Alle wurden wieder in ihre Standorte nach Mecklenburg oder Holstein zurückgeschickt. Ihr Einsatz wäre verantwortungslos gewesen. Heeresgruppe und OKW drängten erfolglos auf Durchführung des Angriffs. Sie konnten sich wohl auch den Gründen der Ablehnung nicht verschließen. Noch am 22. April, 5 Uhr morgens, versuchte Feldmarschall Keitel mich umzustimmen, tat es aber ohne eigene innere Überzeugung und wohl nur aus gewohntem Pflichtgefühl. In seinem Tagebuch hat der

57 Dethleffsen, KTB, OKW IV 1703 f.

letzte Chef des Generalstabs der Luftwaffe, General der Flieger Koller, verzeichnet:

21. April:

20 Uhr. Telefongespräch mit General der Infanterie Krebs, Chef des Generalstabes des Heeres. Feind im Vorgehen von Lübben auf Baruth. Kämpfe nordostwärts von Bautzen und südlich Spremberg. Dann meine Meldung über Luftwaffeneinsatz.

Abends zwischen 20.30 und 21 Uhr ist Hitler am Telefon. ‚Der Reichsmarschall unterhält in Karinhall eine Privatarmee. Diese sofort auflösen und einsetzen!' Als ich noch überlege, was das nun wieder bedeuten soll, ruft er erneut an: ‚Jeder verfügbare Mann zwischen Berlin und der Ostküste bis nach Stettin und Hamburg ist zu dem von mir befohlenen Angriff heranzuziehen.'

Auf meinen Einwand, daß wir keine kampferprobten Fußtruppen hätten, und meine Frage, wo denn der Angriff geführt werden solle, entgegnete er nichts. Er hatte bereits eingehängt. Ich habe keine Ahnung von einem Angriff.

In einer Reihe von Telefongesprächen versuche ich, Klarheit zu gewinnen. Bei einer der Unterredungen mit dem Führerbunker, in der ich General Krebs zu erreichen trachtete, schaltete sich plötzlich Hitler ein. Nochmals betonte ich, daß es ganz kampfungewohnte Truppen seien. Sie wären für Erdkämpfe mangelhaft ausgerüstet und ohne jede schweren Waffen. Er hält mir einen Vortrag über die Lage und schließt wörtlich: ‚Sie werden sehen, der Russe erleidet die größte Niederlage seiner Geschichte vor den Toren der Stadt Berlin.' Mein Einwurf, daß mir die Lage von Berlin aussichtslos erscheine, wird übergangen[58]."

Steiner rührte sich nicht vom Fleck[59].

Am 22. April überbrachte, aus Wien kommend, SS-Ober-

58 Felix Steiner, „Die Freiwilligen", Seite 326 f.
59 David Irving, „Hitler und seine Feldherren", Seite 721

sturmführer Fritz Beutler gegen Mittag Hitler als nachträgliches Geburtstagsgeschenk der 6. SS-Panzerarmee Sepp Dietrich einen Scheck über 7,5 Millionen Reichsmark, die die Soldaten der Armee für das „Winterhilfswerk des deutschen Volkes" gesammelt hatten.

Beutler schildert seinen Eindruck: „Als ich Hitler am 22. April mittags gegenüber saß, wirkte er auf mich wie ein Wrack. Gewiß zitterte die linke Hand, der linke Arm, aber ich hatte nicht den von anderen Augenzeugen so häufig beschriebenen Eindruck völlig physischer Hinfälligkeit. Was er sagte, war klar, präzise, und seine Angaben über die militärische Lage entsprachen jedenfalls für den Bereich, den ich kannte, den Tatsachen. Er wußte genau, wo welche Einheit stand[60]."

Am Nachmittag beim Lagebericht erlitt Hitler zum ersten Mal einen schweren Nervenzusammenbruch. Anschließend diktierte er Goebbels den Wortlaut der Bekanntmachung, daß er in Berlin bleiben werde. Alle Versuche seiner Mitarbeiter, allen voran Goebbels, Bormann, Keitel, Jodl und telefonisch Dönitz und Himmler, diesen Entschluß nochmals zu überprüfen, wehrte er ab. Er bedauerte, Ostpreußen verlassen zu haben, weil dann die Rote Armee ihren Durchbruch nie erzwungen hätte. „Ich sehe den Kampf als verloren an und fühle mich von denen, denen ich mein Vertrauen schenkte, belogen und betrogen. Ich habe mich entschlossen, in der Hauptstadt des Kampfes gegen den Bolschewismus zu verbleiben und die Verteidigung dieser Hauptstadt selbst zu übernehmen[61]."

Während die Rotarmisten trotz des erbitterten Widerstandes der Landser, unter denen sich zahlreiche europäische Freiwillige der Waffen-SS befanden, sich immer weiter nach vorn arbeiteten, befahl Jodl, General Walther Wenck solle

60 Bahnsen/O'Donnell, „Die Katakombe", Seite 146
61 David Irving, „Hitler und seine Feldherren", Seite 719

mit seiner 12. Armee von Westen nach Osten schwenken und zum Endkampf von Berlin antreten[62].

Die 12. Armee verfügte über die Panzerdivision „Clausewitz" unter General Unrein, die Infanteriedivision „Potsdam" unter Generalmajor Berg, die Panzergrenadierdivision „Schlageter", die Infanteriedivision „Scharnhorst" unter Generalmajor Götz, die Infanteriedivision „Ulrich von Hutten" unter Generalleutnant Engel, die Infanteriedivision „Friedrich Ludwig Jahn" unter Oberst Weller, später unter Oberst Zöller, die Infanteriedivision „Theodor Körner" unter Generalleutnant Frankewitz und die Division „Ferdinand Schill" unter Oberstleutnant Müller. Hitler hatte diese neuaufgestellte 12. Armee am 7. April 1945 dem General der Panzertruppe Walther Wenck anvertraut[63].

Diese 12. Armee mit ihren neuaufgestellten Divisionen war Deutschlands letzte schlagkräftige Armee. Auf sie wurde im Führerbunker allergrößte Hoffnung gesetzt.

Wenck sollte die Autobahnschleife bei Ferch, unweit von Potsdam, erreichen. Zugleich sollte das XXXXI. Panzerkorps unter Generalleutnant Rudolf Holste über die Elbe zurückmarschieren und zwischen Spandau und Oranienburg angreifen. Steiner wurde befohlen, seine motorisierte Truppe Holste zu unterstellen[64].

Hitler wollte nun, daß Eva Braun, Frau Goebbels mit den Kindern, Goebbels selbst sowie alle Sekretärinnen Berlin verlassen. Doch alle weigerten sich. Sie zeigten mehr Haltung in diesen dramatischen Stunden als mancher Mann.

Nicht genug mit der unaufhaltsam näher rückenden Katastrophe, traf Hitler am 23. April ein neuer Schlag. Hermann Göring funkte aus Berchtesgaden:

„Mein Führer! Sind Sie einverstanden, daß ich nach Ihrem Entschluß, in der Festung Berlin zu verbleiben, gemäß Ihres

62 Heinz Guderian, „Erinnerungen eines Soldaten", Seite 388 f.
63 Franz Kurowski, a.a.O., Seite 161
64 Keitel, Befehl an die 12. Armee

Erlasses vom 29. 6. 1941 als Ihr Stellvertreter sofort die Gesamtführung des Reiches übernehme mit voller Handlungsfreiheit nach innen und außen? Falls bis 22.00 Uhr keine Antwort erfolgt, nehme ich an, daß Sie Ihrer Handlungsfreiheit beraubt sind. Ich werde dann die Voraussetzungen Ihres Erlasses als gegeben ansehen und zum Wohle von Volk und Vaterland handeln. Was ich in diesen schwersten Stunden meines Lebens für Sie empfinde, wissen Sie, und kann ich durch Worte nicht ausdrücken. Gott schütze Sie und lasse Sie trotz allem baldmöglichst hierherkommen. Ihr getreuer Hermann Göring."

Gleichzeitig versuchte Göring den Reichsaußenminister von Ribbentrop zu sich zu zitieren[65].

Gerüchtweise wurde bekannt, daß Göring zum amerikanischen Oberbefehlshaber fliegen und um Friedensbedingungen bitten wollte.

Es war grotesk: auch Göring unterlag der gleichen Illusion, die die schwarze Propaganda Sefton Delmers raffiniert verbreitet hatte: zuerst einmal Hitler weg! Und das, obwohl die Beschlüsse von Casablanca und Jalta bereits offiziell verkündet worden waren! Es gab eben nichts anderes als nur die bedingungslose Kapitulation und die Teilung Deutschlands in drei Besatzungszonen.

Hitler ließ Göring antworten: „Der Führererlaß vom 29. 6. 1941 ist hiermit für ungültig erklärt. Ihr Verhalten und Ihre Maßnahmen sind ein Verrat an meiner Person und der nationalsozialistischen Sache. Ich bin in vollem Besitz meiner Handlungsfreiheit und verbiete jede weitere Maßnahme.

Adolf Hitler"

Gleichzeitig legte er Göring aufgrund seiner ehemaligen Verdienste nahe, seine Ämter niederzulegen. Göring resig-

65 Fernschreiben Görings an Ribbentrop vom 23. 4. 45, 17.59 Uhr

nierte und gehorchte. Bormann ordnete überdies die Festnahme Görings und seine Internierung durch die SS an. Hitler ernannte nun Generaloberst Robert Ritter von Greim zum neuen Oberbefehlshaber der beinahe nicht mehr existierenden deutschen Luftwaffe.

Albert Speer, der Göring aus ganzem Herzen haßte, funkte unter abschriftlicher Wiederholung des Göring-Fernschreibens an Oberst Adolf Galland, dessen Düsengeschwader in Bayern lag:

„Dieses Fernschreiben ist klar. Der Führer hat auch entsprechend darauf reagiert und die Verhaftung Görings befohlen. Ich bitte Sie, mit Ihren Kameraden alles zu tun, daß ein Flug Görings im besprochenen Sinn verhindert wird[66]."

Am 23. April 1945 erließ Hitler an die Soldaten der 12. Armee mittels Flugblätter folgenden Befehl:

„Soldaten der Armee Wenck! Ein Befehl von größter Tragweite hat Euch aus Euren Aufmarschräumen gegen unseren westlichen Feind herausgerufen und in Richtung Osten in Marsch gesetzt. Euer Auftrag ist klar: Berlin bleibt deutsch! Die Euch befohlenen Ziele müssen unter allen Umständen erreicht werden, denn auch von anderen Seiten sind Operationen mit dem Ziel im Gange, im Kampf um die Reichshauptstadt den Bolschewisten die entscheidende Niederlage beizufügen und damit die Lage Deutschlands grundlegend zu ändern. Berlin kapituliert nie vor dem Bolschewismus. Die Verteidiger der Reichshauptstadt haben bei der Nachricht von Euerem schnellen Aufmarsch frischen Mut gefaßt und kämpfen mit Trotz und Verbissenheit in dem Glauben, bald den Donner Eurer Geschütze zu hören. Der Führer hat Euch gerufen. Ihr seid wie in alter Zeit des Sieges, zum Sturm angetreten. Berlin wartet auf Euch. Berlin sehnt Euch mit heißem Herzen herbei."

66 David Irving, „Hitler und seine Feldherren", Seite 722

Der letzte Oberbefehlshaber der Deutschen Luftwaffe, Robert Ritter von Greim (oben links), die tapfere Hanna Reitsch (oben rechts). Erst in Nürnberg fing sich Hermann Göring wieder, übernahm vor dem Rachegericht der Sieger unerschrocken die Verantwortung für den toten Hitler, und ermunterte seine Mitangeklagten (unten).

Reichsführer SS Heinrich Himmler (oben rechts), der durch seinen SD-Auslandsnachrichtenchef Walter Schellenberg (Mitte rechts), der schon längst im Dienste der Alliierten stand, zu einem Kapitulationsversuch überredet wurde. Schellenberg benutzte dazu Graf Folke Bernadotte, Vizepräsident des Schwedischen Roten Kreuzes (Mitte links), um Himmlers nutzloses Kapitulationsangebot den Westalliierten zu überbringen. Das war Illusion. Himmler versuchte in der Verkleidung des Feldwebels Heinrich Hitzinger unterzutauchen und soll nach offiziellen Angaben bei seiner Verhaftung durch die Engländer eine Zyankalikapsel zerbissen haben (unten).

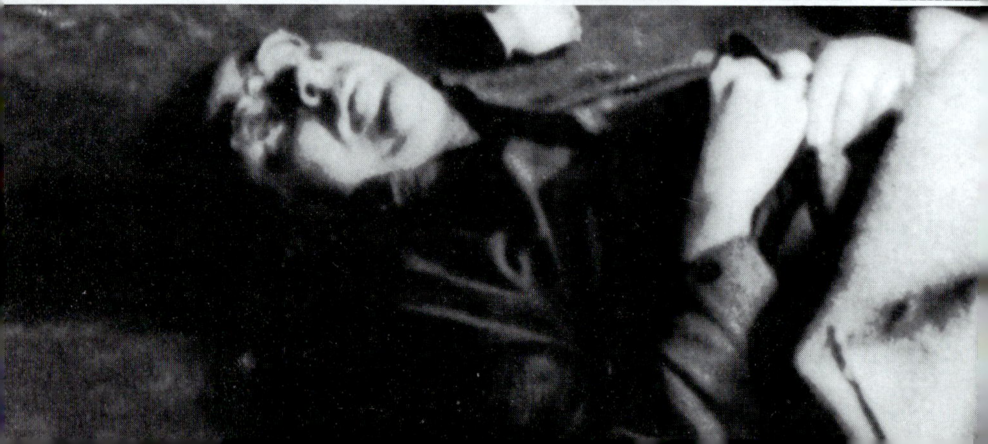

Die letzten Aufnahmen Adolf Hitlers im Garten der Reichskanzlei. Von links: Stellvertretender Pressechef Heinz Lorenz, Reichsjugendführer Arthur Axmann, SS-Gruppenführer Fegelein, Hitlers Adjutant Julius Schaub, General Burgdorff, dahinter Hitlers Diener Heinz Linge. Hinter Hitler: sein persönlicher Adjutant, SS-Sturmbannführer Otto Günsche (oben), bei der Auszeichnung todesmutiger Hitlerjungen mit dem Eisernen Kreuz (unten).

Der hart umkämpfte Zoo-Bunker leistete am längsten Widerstand. Mit ihm kapitulierte die letzte deutsche Bastion in Berlin (oben). Der Eingang zum Führerbunker nach den Kämpfen. Links vom Eingang wurde das Ehepaar Hitler verbrannt (unten).

Ihrer Pflicht bis zum Letzten verschworen: Feldmarschall Ferdinand Schörner, letzter Oberbefehlshaber des Deutschen Heeres (oben links); Flugkapitän Hans Baur, SS-Gruppenführer, der ohne Flugzeug in Berlin blieb (oben rechts); Hitlers Adjutant, SS-Sturmbannführer Otto Günsche (unten links); SS-Brigadeführer Wilhelm Mohnke, Kommandeur der Zitadelle (unten rechts).

Als der letzte Versuch des letzten Chefs des Generalstabes des Deutschen Heeres, General Krebs, bei dem sowjetischen Generaloberst Tschuikow eine ehrenvolle Kapitulation zu erreichen, scheiterte (oben: Krebs vor dem Gefechtsstand Tschuikows), wurde von den Überlebenden der Zitadelle der Ausbruch gewagt. Der letzte Stadtkommandant von Berlin, General Helmuth Weidling, kapitulierte am 2. Mai. Weidling verläßt nach der Kapitulation bereits als Gefangener den sowjetischen Gefechtsstand (unten).

Die Rotarmisten hißten auf dem deutschen Reichstagsgebäude ihre Hammer-Sichel-Fahne (oben). Erst dank der Erlaubnis der Roten Armee durfte Winston Churchill im Juli 1945 auf den Trümmern der neuen Reichskanzlei Platz nehmen (unten). Es dauerte nicht lange, bis er erkannte, das „falsche Schwein" geschlachtet zu haben.

Zeitzeugen, die sich nicht erschüttern ließen: Neben Hanna Reitsch und Wilhelm Mohnke waren es vor allem Flugkapitän Hans Baur (oben links), nach seiner Heimkehr aus der sowjetischen Gefangenschaft; Erich Kempka (oben rechts), kurz vor seinem Tode 1975; Otto Günsche (unten), nach 12 Jahren sowjetischer Haft (er war zu 25 Jahren Arbeitslager verurteilt worden), bei seiner Heimkehr im Lager Friedland 1956.

General Wenck ließ dieses Flugblatt nicht unter seine Soldaten verteilen, sondern verbrennen[67].

Am 24. April ernannte Hitler den General Helmut Weidling, mit dem zeitweise jede Verbindung gerissen war, so daß schon der Verdacht auftauchte, er wäre zu den Sowjets übergelaufen, zum Kampfkommandanten von Berlin. Seine Aufgabe konnte er in dem fortgeschrittenen Stadium nicht mehr lösen. Obgleich sich Weidling bemühte, dem Befehl nachzukommen, fehlte es vor allem an Artillerie und Panzern. Obendrein hatte ein Kommandeur voreilig und ohne Befehl Berlins letztes großes Munitionslager bei Krampnitz in die Luft sprengen lassen. Weidling verfügte noch über die Reste seines schwer angeschlagenen LVI. Panzerkorps und über Kampfgruppen der Waffen-SS, über alte Volkssturmmänner, Polizisten, ein paar tausend Flaksoldaten und die 2700 Jungen der „Hitlerjugend-Panzervernichtungsbrigade". Dönitz versprach, 2000 seiner Matrosen und Festungssoldaten und anschließend weitere 3500 Mann nach Berlin zum letzten Gefecht fliegen zu lassen.

Rings um den Führerbunker wurde ein engerer Verteidigungsring gebildet, genannt „Die Zitadelle", unter dem Befehl des SS-Brigadeführers Wilhelm Mohnke. Die Grenzen der Zitadelle begannen im Norden an der Weidendammer Brücke über die Spree, entlang der Spree nach Osten, einschließlich der Museums-Insel—Schloß zum Spittelmarkt, Potsdamer Bahnhof bis Potsdamer Brücke im Westen, dann Anhalter Bahnhof, weiter durch den Tiergarten über den Großen Stern, einschließlich Kroll-Oper, und von dort führte der Kreis wieder an die Spree.

Die Kerneinheiten, die Mohnke zur Verfügung standen, kamen vom Ersatzregiment der Waffen-SS Berlin-Lichterfelde. Mohnke holte sich dazu noch Männer aus den verschiedenen Hauptämtern der Waffen-SS in Berlin. Zur „Zita-

67 Franz Kurowski, a.a.O., Seite 112

delle“ stießen im Verlaufe der Kämpfe noch französische Freiwillige der Division „Charlemagne“, HJ-Kampfgruppen, Volkssturm-Männer und versprengte Soldaten des Heeres, der Luftwaffe, der Marine und der Polizei. Ihre schwankende Kampfstärke betrug nie mehr als tausend Mann.

SS-Brigadeführer Mohnke unterstand Hitler direkt. Er informierte General Weidling zur Koordinierung der Gesamtlage über alle Maßnahmen. Mohnke hatte neben den offiziellen Lagebesprechungen vom 23. bis zum 30. April 1945 dreimal Unterredungen mit Adolf Hitler unter vier Augen.

Auf Befragung nach der geistigen Verfassung Hitlers in den letzten Tagen seines Lebens erklärte Mohnke: „Ich hatte stets den Eindruck, daß Hitler mit dem Gegenstand der Besprechungen voll vertraut war und sachlich zu allen Dingen Stellung nahm. Aus meiner persönlichen Sicht war er geistig voll da[67a].“

Am 25. April hatten die Sowjets Berlin eingeschlossen, Rotarmisten und Amerikaner fielen sich an der Elbe brüderlich in die Arme. Eisenhower blieb Gewehr bei Fuß stehen und ließ Schukow und Konjew den Vortritt nach Berlin. Damit waren alle Illusionen auf eine Ost-West-Konfrontation endgültig gestorben. Der einzige Lichtblick war noch, daß Walther Wenck erfolgreich mit seinen Regimentern gegen Berlin vorstieß.

Noch einmal rannten die Rotarmisten um ihr Leben. Es war wie ein Wunder. Die Deutschen in den befreiten Gebieten konnten es nicht fassen, sie weinten vor Freude.

General Helmut Weidling berichtet über die Lage an diesem 25. April:

„Am 25. April vervollständigte ich meine Kenntnisse über die einzelnen Abschnitte und drang auch tiefer in die ver-

67a Schriftliche Erklärung Wilhelm Mohnkes an den Autor vom 4. August 1975

worrenen Verhältnisse der Befehlsgebung und -ausführung sowie der militärischen Stellen als auch Parteiorganisation ein. Ich suchte den Kommandeur der Luftverteidigung von Berlin, Generalleutnant [richtig: Generalmajor] Sydow, der dem Stab des Verteidigungsbereiches unterstellt war, und Generalmajor der Luftwaffe Müller, Kommandeur aller Luftstreitkräfte der Verteidigung von Berlin, auf. Auf dem Gefechtsstand Sydows im Flakbunker am Zoologischen Garten erlebte ich einen starken Angriff der russischen Luftwaffe auf den Flakturm, auf dem 12 Flakgeschütze standen. Der hohe Turm schwankte unter der Explosion der in seiner Nähe berstenden Bomben. Dies war ein ganz ungewöhnliches Gefühl! Nach dem anschließenden Besuch des Bendler-Blocks entschied ich mich dafür, gerade hier meinen Gefechtsstand einzurichten, weil einerseits von hier der Weg zur Reichskanzlei kürzer war und andererseits der Flakbunker schon bis zum Bersten vollgestopft war.

Seit dem Morgen wurde bei Spandau schwer gekämpft: dort war eine Kampfgruppe unter SS-Gruppenführer Heißmeyer, vorwiegend aus Angehörigen des Bundes der Hitlerjugend gebildet, eingeschlossen worden; im Gebiet des Westhafens wurden schwere Kämpfe mit hohen Verlusten geführt; im Osten Berlins, im Gebiet Friedrichshain, verliefen die Kämpfe mit wechselndem Erfolg. In Zehlendorf griffen frische Kräfte des Gegners an.

Am Nachmittag (25. April) wurden die Befehle zur Neuorganisierung der Verteidigung von Berlin ausgearbeitet. Die Abschnitte wurden in folgender Weise verteilt:

Die Führung der Verteidigungsabschnitte ‚A' und ‚B' (im Osten Berlins) übernahm General Mummert, Kommandeur der Panzerdivision ‚Müncheberg'.

Der Abschnitt ‚C' (der Südosten Berlins) wurde dem SS-Brigadeführer Ziegler, Kommandeur der SS-Panzergrenadierdivision ‚Nordland', unterstellt.

Der Abschnitt ‚D' (zu beiden Seiten des Flughafens Tempelhof) wurde dem Artilleriekommandeur des LVI. Panzerkorps, Oberst Wöhlermann, anvertraut, weil der bisherige Kommandant, der 62jährige Generalmajor der Luftwaffe Schreder, seinen Aufgaben nicht nachkommen konnte.

Im Abschnitt ‚E' (der Südwesten Berlins und Grunewald) hatte die 20. Panzergrenadierdivision schon am 24. April die Verteidigung übernommen. (. . .)

Der Abschnitt ‚F' (Spandau und Charlottenburg) verblieb unter der Führung des Oberstleutnants Eder.

Die Abschnitte ‚G' und ‚H' (nördliches Berlin) wurden der 9. Fallschirmjägerdivision unter Oberst Hermann übergeben.

Den Abschnitt ‚Z' (Mitte) führte Oberstleutnant Seifert. Um 22 Uhr traf ich in der Reichskanzlei mit dem Bericht über die Lage ein. Der Führer saß wieder hinter seinem Tisch mit den Karten. (. . .)

Alle Anwesenden hörten mit angespannter Aufmerksamkeit meinem Bericht über die Lage zu. Ich begann mit der Feindlage, wie sie uns in den letzten Tagen bekanntgeworden war. Hierfür hatte ich schon vorher auf einem großen Bogen eine Skizze mit den Stoßrichtungen des Gegners anfertigen lassen. Ich stellte die Zahl der uns angreifenden Divisionen der Zahl, dem Zustand und der Ausrüstung der uns im Verteidigungsbereich zur Verfügung stehenden Divisionen gegenüber. An der Lagekarte wurde klar ersichtlich, daß der Ring um Berlin bald geschlossen sein würde. (Das geschah schon am Morgen des 25. April). Die Lage der eigenen Truppen trug ich anhand eines Stadtplans von Berlin vor. Trotz der erfolgreichen Abwehr der gegnerischen Angriffe an allen Abschnitten war unsere Frontlinie langsam aber sicher auf das Stadtzentrum zurückgedrängt worden. (. . .)

Nach mir sprach der Führer. In langen, sich wiederholenden Sätzen legte er die Gründe dar, die ihn dazu zwängen, in Berlin zu bleiben und entweder hier zu siegen oder unterzugehen. Alle seine Worte drückten so oder anders nur den einen Gedanken aus: Mit dem Fall von Berlin ist die Niederlage Deutschlands unzweifelhaft. (...)

Ich, ein einfacher Soldat, stand hier an dem Ort, von dem aus früher das Schicksal des deutschen Volkes gelenkt und bestimmt worden war. (...) Sollte ich, ein Unbekannter, hier, in diesem Kreis ausrufen: ‚Mein Führer, das ist doch Wahnsinn! Eine solche große Stadt wie Berlin kann man nicht mit unseren Kräften und mit der vorhandenen geringen Menge an Munition verteidigen. Bedenken Sie, mein Führer, das unendliche Leid, das die Bevölkerung von Berlin in diesen Kämpfen wird ertragen müssen!'

Ich war so erregt, daß ich mich nur mit Mühe beherrschte, diese Worte nicht herauszuschreien. Man mußte aber einen anderen Weg finden. Zuerst erschien es mir erforderlich, General Krebs von der Hoffnungslosigkeit unseres Kampfes zu überzeugen, und das konnte nur allmählich geschehen.

General Krebs trug nach mir ergänzend die allgemeine Lage vor. An diesem Abend stellte er sie noch verhältnismäßig optimistisch dar. Drei Punkte beeindruckten mich sehr (...):

1. Die 9. Armee (die südostwärts von Berlin eingeschlossen war) griff nicht gemäß Befehl des Führers nach Nordwesten, sondern nach Westen in Richtung Luckenwalde an. Nur allein aus der Richtung ihres Angriffs konnte ein Kundiger erkennen, daß die Führung der 9. Armee entweder nicht in der Lage war, sich an der Berliner Verteidigung zu beteiligen, oder an seine Verteidigung überhaupt nicht dachte. Ich persönlich nahm an, daß die 9. Armee mit ihren angeschlagenen Divisionen vor allem die Verbindung mit der Armee Wenck herstellen wollte.

2. Der breite und tiefe Einbruch der Russen im Raum der Heeresgruppe Weichsel. Die Spitzen des russischen Angriffs-

keils näherten sich schon Prenzlau. Dieser russische Angriff mußte sich auch sehr bald auf den Ablauf der Kämpfe um Berlin auswirken!

3. Die Armee Wenck, etwa drei und eine halbe Division, führte den von uns mit Ungeduld erwarteten Angriff mit dem Ziel, die Blockade Berlins zu durchbrechen, durch. Dieses war nun die ‚Armee Wenck', die Reserve des Reiches, von der Dr. Goebbels kürzlich im Rundfunk gesprochen hatte.

Die ‚Armee Wenck' wird in diesen Tagen zum Symbol der Befreiung Berlins. Ihr Kommen wird nicht nur durch Rundfunk, Flugblätter oder den ‚Panzerbär', die letzte Zeitung der Reichshauptstadt, angekündigt, sondern auch durch Flüsterpropaganda. Ein Offizier in Berlin berichtet:

Halten, bis die Armee Wenck heran ist, war der Befehl — und das Ziel: Schukows Stoßarmee in dieser Schlacht zu vernichten. Unter dieser Parole hatten wir den Kampf um die Festung Berlin angenommen. Sie war wahrhaftig positiv genug, um noch alles daranzusetzen, was uns überhaupt zur Verfügung stand. Wir hatten den Sowjets trotz ihres Erfolges im Vorfeld der Hauptstadt nichts geschenkt, sie hatten ihn so teuer wie nur möglich bezahlen müssen. Ihre Kraft mußte auch nachlassen. Der Häuserkampf im steinernen Labyrinth glich aus, was uns fehlte, hier waren ein wagemutiger Mann und eine Panzerfaust wirklich soviel wie ein T 34. Allerdings: die Sowjetpanzer kamen auch bereits wieder mit Überraschungen — Stahlnetzen oder Federungen und vor die Panzerung gesetzten Stahlplatten, die die Panzerfaustwirkung vorzeitig abfingen. Dennoch, wir vermochten ihnen zuzusetzen, die Zahl allein machte es nicht. Nach dem ersten sehr einseitigen Tummeln der sowjetischen Luftwaffe über der Stadt, das uns sehr unerfreuliche Verluste gerade an den so kostbar gewordenen schweren Waffen gebracht hatte, kamen nun plötzlich, und wie der Strahl einer neuen Sonne, eigene Jäger, sozusagen in einem unverhofften Überfluß an den Himmel geworfen, die uns wie Manna in der Wüste erschienen.

Und sie schafften uns Luft auf der Erde, einwandfrei, unzweideutig. Wir hatten es nun nur mit dem zu tun, was sich am Boden bewegte, und unsere Geschütze hatten wieder ein Dach über dem Kopf. Es stand dafür, die Schlacht zu gewinnen, ein niemals zuvor erlebter nüchterner Elan, eine unbeschreibliche Härte, Siegeszuversicht und Todesbereitschaft beherrschten unseren Kampf. Hitlers Überzeugung ergriff noch einmal mit ihrer mitreißenden Gewalt Besitz von den Kämpfenden in der Bastion. Wir würden halten, wir würden uns länger und sicherer halten, als uns von einem Tag zum anderen befohlen wurde, wenn man nur draußen genauso mit den Sowjets fertig wurde wie hier drinnen bei uns. Ein Taumel der Wut, eine nicht darstellbare Überlegenheit und Unbedingtheit ergriff die Verteidiger der Festung. Verbände, die gestern noch wankend und hoffnungslos auf die Stadt zurückbrandeten, wurden von ihr und in ihr plötzlich ergriffen, aufgerüttelt und aufgerichtet. Sie hatte ein auf den Feind geradezu lauerndes Fluidum angenommen, eine kalte Ruhe wie ein Scharfschütze. Wenn die 12. Armee (Wenck) es schaffte, wenn Steiner (Armeegruppe Steiner) und Schörner (Feldmarschall Schörners Heeresgruppe Mitte versuchte seit dem 23. April Konjews I. Ukrainische Front in die Flanke zu stoßen) es schafften, dann sollte weiß Gott kein Bolschewist mehr hier wieder herauskommen und dann sollten die Trümmer, in denen wir lagen, auch ein Grab für die Rote Armee werden. Berlin bleibt deutsch! (...)

Meldungen über den Stand: im Norden, bei Oranienburg-Bernau, schwere Kämpfe. Im Süden: Schörner greift an, drückt den Durchbruchschlauch (der I. Ukrainischen Front) zusammen. Im Westen: die 12. Armee hat kehrtgemacht, rückt in Eilmärschen heran. Mochte nun Schukow die Stadt selbst mit den Fäusten halten, es sollte ihn teuer zu stehen kommen, selbst wenn wir sie nur mehr mit Pistolen halten mußten[68]."

Die Rotarmisten stießen in Berlin auf immer härteren Widerstand. Um jedes Haus, um jede Ruine mußte erbittert gerungen werden. Sowjetmarschall Wassilij Tschuikow schildert die unglaubliche Härte der Kämpfe aus sowjetischer Sicht:

„Bis zum Abend des 25. April waren die Kampfverbände meiner Armee mit ihren Sturmkommandos und -abteilungen drei, an einzelnen Abschnitten vier Kilometer gegen das Stadtzentrum vorgestoßen. In jedem Gefecht wurde erbittert und verzweifelt gekämpft. Jedes Haus, jeder Häuserblock der Verteidigungsbezirke war mit MG-Nestern gespickt und von Panzerfaustschützen besetzt.

In Berlin laufen viele Eisenbahnlinien zusammen. Sie durchschneiden die Stadt in verschiedenen Richtungen und sind zur Anlage von Verteidigungsstellungen hervorragend geeignet. Die Zugänge zu den Bahnhöfen, Brücken und Übergängen waren zu starken Stützpunkten ausgebaut worden; die Kanäle und ihre Übergangsstellungen wurden für uns zu Hindernissen, an denen der Gegner versuchte, unseren Angriff zum Stehen zu bringen. Von überall her — von Straßen und Gassen, aus Kellern und Ruinen — traf unsere Soldaten der todbringende Geschoßhagel.

Die Deutschen unternahmen wiederholt Gegenstöße unter Einsatz von Panzern und Sturmgeschützen. Sie wandten dabei folgende Methode an: Nach dem Gegenstoß taten sie so, als sei er mißlungen, und zogen sich zurück. Aber in den geräumigen Häusern ließen sie Trupps mit Maschinenpistolen zurück, die die Aufgabe hatten, unseren Sturmformationen in die Flanken und in den Rücken zu fallen und ihnen

68 Peter Gosztony, „Der Kampf um Berlin 1945", Seite 259 ff. Nach Aufzeichnungen Weidlings in der sowjetischen Kriegsgefangenschaft, in der er verstarb, deutsch erschienen in der „Wehrwissenschaftlichen Rundschau" Nr. 1/1962

durch massiertes Feuer empfindliche Verluste beizubringen. Unsere Eliteeinheiten erkannten diese Methode jedoch bald, verstärkten daraufhin ihre Spähtrupptätigkeit und nahmen die Fenster, Dächer und Eingänge auch scheinbar leerer Häuser unter Beschuß oder warfen Handgranaten hinein. Die deutschen Maschinenpistolenschützen wurden so zum Verlassen ihrer Hinterhalte gezwungen.

Auf dem Weg zum Flughafen Tempelhof stießen unsere Einheiten bis zum Teltowkanal vor. Nach schwerem Kampf konnten wir den Kanal überqueren.

Um den Flughafen Tempelhof war ebenfalls ein erbitterter Kampf im Gange. Bald kam die Meldung: ‚Der Flughafen ist eingekreist!' Tempelhof war der letzte Flughafen in Berlin, von dem aus noch Flugzeuge starten konnten. Es versteht sich, daß der Gegner alles daransetzte, um dieses einzige ‚Tor' in die Luft zu halten. Der Flughafen wurde von Flak-, Panzer- und SS-Einheiten, die am Rande des Rollfeldes hufeisenförmig gegen Süden und Osten in Stellung lagen, verteidigt. Der größte Teil der Panzer war feuerbereit eingegraben. Demnach hatten die Verteidiger Berlins keinen Treibstoff für die Panzer mehr. Nach Aussagen gefangengenommener Panzersoldaten war der ganze Vorrat von der Luftwaffe in Beschlag genommen worden.

Aus Gefangenenaussagen ergab sich ein weiterer Umstand, dem wir Rechnung tragen mußten. In den unterirdischen Hangars des Flughafens standen Tag und Nacht Flugzeuge startbereit, die Besatzungen waren auf Abruf bereit. Unter ihnen waren erfahrene Piloten, denen man früher Hitler, Goebbels, Bormann und andere Größen des Dritten Reiches anvertraut hatte. Aus diesen Informationen konnte man schließen, daß sich Hitler und seine engsten Mitarbeiter noch in Berlin befanden. Wenn es der Teufel wollte, konnten sie sich also jeden Augenblick durch dieses letzte ‚Tor' aus dem Staube machen. Es mußte etwas geschehen, um das zu verhindern. Wir durften sie nicht durch zu große

Hast kopfscheu machen, doch auch eine Verzögerung des Angriffs wäre ein unverzeihlicher Fehler gewesen, denn dann hätte ja der Hauptkriegsverbrecher entkommen können.

Deshalb wurde nun, bevor wir uns in den Kampf am Südrand des Flughafens einließen, den Regimentern der 39. und 79. Gardedivision befohlen, im Osten und Westen am Flughafen vorbeizustoßen. Die Artilleristen bekamen den Auftrag, die Startbahnen ständig unter Feuer zu halten. Wir kannten die genaue Lage des Ausgangstores der unterirdischen Hangars nicht. Die durch Panzer verstärkten Sturmabteilungen wurden deshalb angewiesen, mit Kanonen und MGs die Wege zu den Startbahnen unter Beschuß zu halten und auf diese Weise die Flugzeuge unter der Erde ‚auf Eis zu legen'.

Der Plan gelang, wie man es sich nicht besser wünschen konnte. Vom Abend des 25. April an startete keine einzige Maschine mehr von hier aus, und gegen 12 Uhr des folgenden Tages befand sich der gesamte Flughafen Tempelhof mit seinen Hangars, Funkanlagen und dem Hauptgebäude in unserer Hand.

Mit dieser freudigen Nachricht kam auch eine traurige. Der Kommandeur des 117. Infanterieregiments der 39. Division, Oberst Jefim Grizenko, war in der Nacht vom 25. auf den 26. April gefallen. Wir hatten einen tapferen und erfahrenen Offizier verloren.

Der Kampf dauerte nun schon ununterbrochen drei Tage und drei Nächte lang. Der Kampfraum der eingeschlossenen Berliner Besatzung wurde enger, ihr Widerstand immer verzweifelter. Unsere Kampfverbände griffen auf engstem Raum an. Das Artillerie- und Granatwerferfeuer wurde auf ein minimum eingeschränkt. Alles stand zusammengedrängt in den Straßen. Der Augenblick kam, wo jede Vorwärtsbewegung mit der Arbeit von Bergleuten verglichen werden konnte. Von einer Straße zur anderen mußte man sich durch Breschen in den dicken Ziegel- und Steinmauern, über Schutthaufen und Ruinen kletternd, durcharbeiten. Die Nazis ahnten ihr nahes Ende und zerstörten ohne Rücksicht auf Opfer unter der Zivilbevölkerung Häuser und Anlagen, um uns größere Verluste beizubringen.

Den stärksten und hartnäckigsten Widerstand leisteten die SS-Einheiten auf dem Platz vor der Kaiser-Wilhelm-Gedächtnis-Kirche am Kurfürstendamm. Die Historiker sollten diesen Platz ihrem Gedächtnis einprägen! Er liegt jetzt im britischen Sektor von Berlin[69]."

Sowjetmarschall Iwan Stepanowic Konjew ergänzte dieses Bild. Er trägt am 26. April in sein Tagebuch ein:

„Tag und Nacht tobte die Schlacht um Berlin. (. . .) Die Nazis hatten die Stadt für eine lange Verteidigung vorbereitet, die sich auf gut ausgebaute Abwehrnester stützte. Je tiefer unsere Truppen in Berlin eindrangen, desto heftiger wurde der Kampf. Die dickwandigen, massiven Steinhäuser eigneten sich ausgezeichnet zu Festungen: die Fenster und Türen mancher Gebäude waren bis auf schmale Schießscharten zugemauert. Einige dieser befestigten Gebäude bildeten Verteidigungsknotenpunkte, deren Seiten durch Barrikaden geschützt wurden. (. . .) Das gesamte Verteidigungssystem war sehr gründlich organisiert. Der Feind verfügte über große Mengen von Panzerfäusten, die in den Straßenkämpfen zu einer gefürchteten Waffe gegen die Panzer wurden.

Keine geringe Rolle spielten auch die unterirdischen Einrichtungen, die die ganze Stadt durchzogen: Luftschutzkeller, U-Bahn-Tunnels und das Kanalisationssystem wurden für Umgruppierungen oder Nachschubtransporte benutzt. Dadurch bereitete der Feind uns sehr viele unangenehme Überraschungen. Es kam mehrmals vor, daß unsere Truppen einen gegnerischen Stützpunkt erobert hatten und den

69 Wassilij Tschuikow, „Das Ende des Dritten Reiches", Seite 163 ff.

Kampf als beendet betrachteten. Dann aber tauchten aus unterirdischen Schächten plötzlich feindliche Aufklärungsgruppen, Diversanten oder Scharfschützen auf und begannen hinter unserem Rücken erneut zu kämpfen. Diese Aktionen des Gegners brachten uns oft in schwierige Situationen. (. . .)

Der Vorstoß unserer Truppen ins Herz Berlins wurde noch durch eine Reihe anderer Umstände erschwert. Im Zentrum der Stadt befanden sich sehr viele Bunker aus Eisenbeton. Sie boten Platz für 200 bis 1000 Soldaten. Wir trafen auch auf fünfstöckige Bunker, die 36 Meter hoch waren und deren Mauern 1 bis 3 Meter dick waren. Für die Feldartillerie waren diese Bunker unverletzbar. Auf ihrem Dach war in der Regel Flakartillerie aufgestellt, die nicht nur unsere Luftwaffe, sondern auch Panzer und begleitende Infanterie angriff. (Konjew meint hier offenbar die großen Flaktürme im Humboldthain, Friedrichshain und am Zoo. Der Verf.)

Diese Bunker (. . .) bildeten eine Hauptstütze bei der Verteidigung des Zentrums von Berlin. Außerdem hatten die Deutschen auch viele ihrer Maschinengewehrnester mit Kuppeln aus Eisenbeton verstärkt. Wo immer unsere Soldaten eindrangen, empfing sie heftiges Feuer. Sehr viel Flakartillerie befand sich in Berlin, die in Straßenkämpfen, insbesondere bei der Panzerabwehr, eine besonders große Rolle spielte. Neben der Panzerfaust hat die Flakartillerie unserer Panzerwaffe die größten Verluste zugefügt: während der Operation Berlin vernichteten die Nazis mehr als 800 Panzer und Sturmgeschütze, die meisten davon während des Kampfes in der Stadt selbst.

Um unsere Verluste zu senken, haben wir dann eine einfache, aber sehr wirksame Methode erfunden. Wir versahen unsere Panzer mit einem sogenannten Schutzschirm, der aus Blech oder aus Eisenplatten angefertigt wurde. Die Panzerfaust, die dann den Panzer traf, durchstieß den ‚Schutzschirm', und da hinter diesem ein leerer Raum war, konnte sie am Panzer selbst keinen Schaden anrichten. (. . .)

Insbesondere die Volkssturmbataillone, also die Einheiten, deren Gros aus älteren Leuten oder Jugendlichen bestand, waren mit Panzerfäusten ausgerüstet. Diese Panzerfaustschützen, die fast keine militärische Schulung und wenig Kampferfahrung besaßen, waren gefährliche Gegner unserer Truppen. Die Panzerfaust gehört nämlich zu jenen Waffen, die dem unausgebildeten Schützen leicht ein selbstsicheres Gefühl verleiht: er ist kaum Soldat geworden und schon zu einer besonderen Waffentat fähig.

Ich muß bekennen: diese Panzerfaustschützen kämpften im allgemeinen bis zum Ende der Schlacht sehr gut: sie streckten die Waffen nur dann, wenn es wirklich keinen anderen Ausweg mehr für sie gab. Das gleiche gilt auch für die Offiziere, wenn auch der alte Kampfgeist verschwunden war. Sie hatten jede Hoffnung aufgegeben. Nur eine erbitterte Ausdauer erfüllte sie und bestimmte ihren Kampf, den sie so lange fortsetzen wollten, bis sie den Befehl zur Kapitulation erhielten.

Die Volkssturmmänner jedoch schienen von einem Gefühl erfaßt, das am treffendsten als hysterischer Wunsch nach Selbstzerstörung bezeichnet werden kann. Diese Verteidiger des Dritten Reiches, zu denen auch viele Jugendliche zählten, glaubten und hofften bis zur letzten Minute, daß sich ein Wunder ereignen würde[70]."

Am Abend des 26. April meldete sich, wie bestellt, Generaloberst Robert Ritter von Greim, in Begleitung der tollkühnen Hanna Reitsch. Er war beim Einflug verwundet worden. Hanna Reitsch berichtet:

„Überraschend ging jedoch der Flug bis kurz vor Berlin völlig glatt. Trotzdem hatte ich das Gefühl, daß sich die Mi-

70 Peter Gosztony, a.a.O., Seite 264 ff. Nach Iwan Stepanowic Konjew, „Das Jahr 1945", erschienen in ungarischer Sprache in Budapest 1968

nuten, die ich auf dem Leuchtzifferblatt meiner Uhr ablas, zu Ewigkeiten ausdehnten. Nie hatte ich einen Flug in einer solchen marternden Spannung gemacht, so völlig allem und jedem ausgeliefert, was an dunklem, unbekanntem Schicksal auf uns zukommen wollte.

Plötzlich — wir mußten eben das Gebiet von Berlin erreicht haben — stellte der Pilot die Maschine fast senkrecht auf den Kopf und stürzte brausend nach unten. Noch größer als die physische Anstrengung — ich lag ja mit dem Kopf nach unten — war für mich in diesem Augenblick die innere Erregung; denn ich mußte annehmen, daß die Maschine angeschossen worden war; nun erwartete ich, daß sie auf den Boden aufschlagen und in Brand geraten würde. Ich wußte nicht, daß sich der Pilot durch diesen Sturz angreifenden russischen Jägern entzogen hatte. Ich merkte nur, wie er nach einer Weile die Maschine abfing. Kurz danach setzte sie auf den Boden auf. Wir befanden uns auf dem Flugplatz Gatow.

Sofort suchten wir den Luftschutzbunker der Flugleitung auf. Greim nahm telefonisch mit der Reichskanzlei Verbindung auf, was unter großen Schwierigkeiten und immerwährenden Unterbrechungen endlich gelang. Auf sein Befragen teilte ihm Oberst v. Below mit, daß Hitler ihn unter allen Umständen zu sprechen wünsche, ohne ihm jedoch Gründe dafür anzugeben. Zugleich wurde ihm mitgeteilt, daß alle Zufahrtsstraßen in die Stadt hinein bereits in den Händen der Russen waren, ebenso in der Stadt selbst der Anhalter Bahnhof, das Knie, Teile der Bülow- und Potsdamer Straße.

Unter diesen Umständen schien es fast aussichtslos, die Reichskanzlei noch erreichen zu können. Greim fühlte sich aber verpflichtet, wenn nur irgend möglich, dem Befehl zu folgen. Unsere Überlegungen führten zu dem Entschluß, zu versuchen, mit dem Fieseler-Storch nach Berlin hineinzufliegen und am Brandenburger Tor zu landen.

Der erste ‚Storch', den wir benutzen wollten, fiel aber kurz vor dem Start durch einen Artillerietreffer aus. Erst gegen sechs Uhr abends war der zweite, noch einzig verbliebene ‚Storch' startklar. Da ich keine Fronterfahrung in Feindflügen hatte, wollte Greim die Maschine selbst steuern. Hinter seinem Sitz stehend machte ich, noch bevor wir starteten, den Versuch, ob für mich Gashebel und Steuerknüppel über seine linke Schulter hinweg erreichbar wären, um sie im Notfall bedienen zu können.

Die Maschine hob leicht vom Boden ab. Wir flogen in niedrigster Höhe. Unter uns lag der Wannsee silbern in der niedergehenden Sonne, friedliches Bild der Natur! Nur flüchtig nahm ich es auf; denn die Gefahr hielt mich wie ein Tier hellwach.

Jetzt hatten wir den Grunewald erreicht. Wir hielten uns dicht über den Baumwipfeln, um den feindlichen Jägern zu entgehen, die überall am Himmel auftauchten. Aber dann brach es hervor, vom Grund und aus den Schatten und aus den Kronen der Bäume, ein höllisches Feuer, das nur uns zu gelten schien.

Ich hatte mich nicht getäuscht. Unter uns wimmelte es von russischen Panzern und Soldaten. Deutlich sah ich die Gesichter der Russen, die mit allem, was sie hatten, mit ihren Gewehren, mit Maschinenpistolen und mit Panzerwaffen auf uns schossen. Rechts, links, über und unter uns saßen kleine verderbenbringende Explosionswolken, bis es auf einmal furchtbar krachte. Ich sah eine gelblich-weiße Flamme neben dem Motor aufleuchten und hörte gleichzeitig Greim rufen, daß er getroffen sei. Ein Panzergeschoß hatte seinen rechten Fuß durchschlagen. In fast mechanischer Reaktion ergriff ich über seine Schulter hinweg Gashebel und Steuerknüppel und versuchte die Maschine in Abwehrbewegungen zu halten. Der Verwundete hatte inzwischen das Bewußtsein verloren und war in sich zusammengesackt. Immer noch war die Luft erfüllt von unzähligen Detonationen, so mächtig, daß der eigene Motor kaum zu hören war. Einschläge trafen die Maschine. Mit Schrecken sah ich, daß aus beiden Flächentanks Benzin rann. Jede Sekunde mußte die Explosion erfolgen, und ich konnte nicht begreifen, daß es nicht dazu kam. Der ‚Storch' blieb weiter manövrierfähig, und ich blieb unverletzt. Dabei quälten sich meine Gedanken um den Verwundeten, der ab und zu für kurze Augenblicke aus der Ohnmacht erwachte und dann versuchte, mit ungeheurer Energie das Steuer wieder selbst zu übernehmen. Aber immer wieder entglitt es seiner Hand.

Wir näherten uns jetzt dem Funkturm. Qualm, Rauch, Staub und ein intensiver Geruch von Schwefel wurden noch dichter und beißender, aber das Schießen ließ langsam nach. Offensichtlich flogen wir jetzt über deutsch besetzte Stadtteile. Ich flog den Funkturm an, doch hatte ich von hier aus kaum Sicht. Jetzt kamen mir meine Trainingsflüge über Berlin zu Hilfe. Ich brauchte nicht umherzusuchen, was in dieser Situation hätte gefährlich werden können, es genügte, daß ich den Kompaßkurs zum Flakbunker wußte. Links davon lag die Ost-West-Achse mit der Siegessäule. Dicht vor dem Brandenburger Tor setzte ich die Maschine auf; im Tank war kaum noch Benzin. Die Gegend war wie ausgestorben. Ausgerissene Bäume, abgeschlagene Äste und Betonbrocken lagen herum. Das Grauen, das von ihnen ausging, war furchtbar. Hier schien es nichts Lebendes mehr zu geben.

Mit großer Mühe half ich dem zum Bewußtsein gekommenen Generaloberst aus der Maschine, die von oben erkannt und beschossen werden konnte. Er setzte sich an den Straßenrand. Nun mußten wir warten, warten, ob vielleicht ein Fahrzeug die Straße kreuzen würde. Ob es dann ein deutsches oder ein feindliches sein würde, war gänzlich ungewiß.

Tödlich langsam schlich die Zeit. In der Nähe krachten kurze harte Einschläge. Sonst nichts als die unheimliche Öde. Aber dann — ich weiß nicht wie lange wir gewartet hatten — kam endlich ein deutscher Kraftwagen, den wir anhielten und der uns aufnahm.

Wir fuhren durch das Brandenburger Tor, unter den Linden entlang, durch die Wilhelmstraße und bogen in die Voßstraße ein. Was ich auf diesem Weg sah, schien mir eine unwirkliche Kulisse, wenn ich an die stolze Straßenfront vergangener Tage dachte. Nichts war von ihr übrig geblieben als Schutt, Asche und beißender Brandgeruch.

Vor dem Eingang des Luftschutzbunkers der Reichskanzlei hielten wir an. SS-Wachen brachten den Generaloberst in den Operationsbunker, in dem Dr. Stumpfegger sofort seine ärztliche Behandlung übernahm. Danach wurden wir — der Generaloberst auf einer Bahre liegend — zwei Stockwerke tiefer in den Führerbunker gebracht. Auf der Treppe kam uns Frau Goebbels entgegen, die ich zum erstenmal sah; ich erkannte sie von Bildern her. Einen kurzen Augenblick starrte sie mit weit aufgerissenen Augen unseren kleinen Zug an, als ob sie nicht begreifen könne, daß hier überhaupt noch Menschen hereinfanden. Dann schloß sie mich weinend in die Arme.

Im Führerbunker trafen wir in dem kleinen dielenartigen Gang Adolf Hitler. Seine Gestalt war jetzt stark vornübergebeugt, beide Arme zitterten ununterbrochen, und sein Blick hatte etwas gläsern Fernes. Mit fast tonloser Stimme begrüßte er uns.

Greim erstattete Bericht. Ruhig und gespannt hörte Hitler zu. Am Ende des Berichtes ergriff er Greims Hände und sagte dann, zu mir gewandt: ‚Sie tapfere Frau! Es gibt noch Treue und Mut auf der Welt.'

Dann erfuhren wir durch ihn, warum er Greim hatte rufen lassen. Er glaubte sich von Göring verraten. Hitler zeigte Greim den bekannt gewordenen Funkspruch, in dem Göring um die Bestätigung der Nachfolge ersucht hatte: ‚Es bleibt mir nichts auf der Welt erspart, keine Enttäuschung, kein Treubruch, keine Ehrlosigkeit und kein Verrat. — Ich habe Göring sofort verhaften lassen, ihn aller seiner Ämter enthoben und ihn aus allen Organisationen ausgestoßen.'

Dann ernannte er Greim zum Nachfolger Görings mit gleichzeitiger Beförderung zum Generalfeldmarschall.

Im Raum war es still. Ich blickte auf das Gesicht des neuen Feldmarschalls, der unbeweglich und mit zusammengepreßten Lippen dastand. Es war nicht schwer zu erraten, welche Gedanken und Empfindungen diese Ernennung in ihm auslösten. Oberbefehlshaber einer Luftwaffe, die nicht mehr existierte! In dieser Lage konnte der Auftrag für ihn, dessen Ehrbegriff als Offizier auch im Chaos unwandelbar blieb und über jede Rücksichtnahme auf die eigene Person hinausging, nur eine Bedeutung haben — hier im Bunker auch das Ende zu erleben! So war es auch für mich selbstverständlich, zu bleiben.

Der Kreis, in dem wir uns befanden, war klein. Außer Dr. Goebbels und seiner Frau, die aus freiem Willen darauf verzichtet hatte, mit ihren Kindern Berlin zu verlassen, lernte ich auch Eva Braun kennen. Weiter begegnete ich hier im Bunker Martin Bormann, Staatssekretär Naumann, Botschafter Hewel, Admiral Voß, Oberst von Below, General Krebs, General Burgdorf, Hitlers Piloten Baur und Beetz, den Sekretärinnen Frau Christian, Frau Junge und Fräulein Krüger, Dr. Lorenz, SS-Gruppenführer Rattenhuber, SS-Gruppenführer Fegelein, der vor kurzem die Schwester von Eva Braun geheiratet hatte. Die Genannten waren, mit Ausnahme von Goebbels, in Bunkerräumen untergebracht, die ein Stockwerk höher lagen.

Im untersten Teil des Bunkers wohnten Hitler, Eva Braun, Dr. Goebbels und Dr. Stumpfegger.

Wenn mich der Krankendienst bei Feldmarschall v. Greim nicht in Anspruch nahm, widmete ich mich den Kindern von Goebbels. Kurz nach der Begrüßung mit Hitler hatte mich Frau Goebbels in ihr Zimmer, das einen Stock höher lag, geholt, wo ich mich von Staub und Schmutz reinigen konnte.

Als ich den Raum betrat, schaute ich in sechs schöne Kindergesichter im Alter von vier bis zwölf Jahren, die mir aus ihren übereinandergebauten Luftschutzbetten mit lebhafter Neugier entgegensahen. Daß ich fliegen konnte, schloß sofort das Tor ihrer Kinderphantasie weit auf, und während ich mich — noch aufgewühlt von den letzten Stunden — wusch, plapperten und fragten ihre Münder in einem fort und zwangen mich so, ob ich wollte oder nicht, in ihre bunte Welt. Von da an mußte ich zu jeder Mahlzeit zu ihnen kommen, ihnen von fremden Ländern und Menschen, die ich gesehen hatte, und von meinen Flügen berichten oder Märchen erzählen, die sie hören wollten. Jedes einzelne Kind entzückte in seiner natürlichen, klugen und aufgeschlossenen Art. Die geschwisterliche Liebe der Kleinen untereinander hatte etwas Ergreifendes. Als eines der Kinder einer Angina wegen im Nebenraum isoliert lag, mußte ich von Zeit zu Zeit meine Erzählungen unterbrechen, damit abwechselnd eines der Geschwister dem kranken Schwesterchen den Fortgang des Märchens berichten konnte. Ich lehrte sie mehrstimmige Lieder singen und auch echte Tiroler Jodler, die sie rasch lernten. Das Donnern und Krachen der Einschläge beunruhigte sie nicht; denn sie glaubten kindlich, wie man es ihnen vorgesagt hatte, daß der ‚Onkel Führer‘ damit die Feinde besiege, und wenn einmal das Jüngste ängstlich wurde, ließ es sich von den älteren Geschwistern mit dieser Vorstellung schnell trösten. Dieses friedliche Bild, das sich auch dann nicht änderte, als sich die Spannung mit jeder Stunde verdichtete und ins schier Unerträgliche stieg, wurde mir in diesen Tagen, in denen ich im Bunker war, fast zu der größten inneren Belastung. Sie schien mir in manchen Augenblicken kaum mehr tragbar. ‚Morgen früh, wenn Gott will, wirst du wieder geweckt‘, sang ich mit den Kindern abends vor dem Einschlafen. Würden sie noch einmal geweckt werden?

Die Haltung der übrigen Bunkerinsassen war beherrscht und gefaßt, doch kamen wir nur bei zufälligen Begegnungen zusammen.

Schon in der ersten Nacht (26./27. April), die ich im Bunker verbrachte, hatten sich die Russen endgültig auf die Reichskanzlei eingeschossen. Über uns trommelte unaufhaltsam Artilleriefeuer mit zunehmender Gewalt. Unter dem Donnern und Krachen der Einschläge regnete selbst in diesen untersten Räumen der Mörtel von den Wänden. An Schlaf war nicht zu denken. Jeder blieb in Alarmbereitschaft.

Ich zweifelte nicht, daß das Ende immer näher kam; alle anderen fühlten es auch. Dieses Erkennen lag lähmend auf allen Eingeschlossenen und erzeugte eine künstlich hervorgerufene Hoffnung, der der Verstand widersprach. Der engste Kreis um Hitler lebte gänzlich abgeschlossen von den Geschehnissen, die sich draußen in dem verzweifelten Kampf um Restberlin und um Restdeutschland abspielten, und trotzdem brach aus allen immer wieder ein Hoffen auf Rettung hervor. Es wurde genährt von Gerüchten und Nachrichten, die den Bunker von Zeit zu Zeit erreichten, und führte zu Vorstellungen, die angesichts der Lage zu einem Zerrbild der Wirklichkeit wurden. Dazu gehörte auch die Hoffnung auf einen Entsatz Berlins.

Dieser Eindruck war besonders stark für den, der — wie wir — von draußen kam. Obwohl wir hier alle auf engstem Raum zusammen waren und vielleicht in Stunden schon das gleiche Schicksal teilen würden, so war es, als ob mich und Greim dadurch eine Wand von den übrigen Insassen im Bunker trennte. Dieser innere Abstand wurde um so größer, je mehr sich die Lage zuspitzte.

In den zwei folgenden Tagen (27./28. April) geschah aber noch nichts, was die Lage grundsätzlich geändert hätte. In quälendem Warten verrannen die Stunden, ab und zu aufgepeitscht durch eine neue Hoffnung, welche die Illusion gebar, oder durch eine Schreckensnachricht, die plötzlich wie ein Lauffeuer durch den Bunker ging. Fegelein, der langjährige Verbindungsmann zwischen Hitler und Himmler, Schwager von Eva Braun, sollte, der Flucht verdächtigt, auf Befehl von Hitler erschossen worden sein. In solchen Augenblicken erschien es mir, als verlöre ich jeden Boden unter den Füßen.

Die Wucht des Angriffs auf die Reichskanzlei steigerte sich von Stunde zu Stunde. Es war kein Zweifel: der Russe war in ständigem Vordringen. Wir hatten keine Hoffnung mehr, jemals wieder das Tageslicht zu sehen. Wie ein Wunder wirkte die Nachricht, daß eine Ju 52 auf der Achse gelandet war, um Greim und mich aus Berlin herauszuholen. Auch Rudel rief aus Rechlin über die letzte noch verfügbare Leitung aus demselben Grunde an. Greim lehnte ab.

Am zweiten Tag unseres Aufenthaltes im Bunker hatte mich Hitler in sein Arbeitszimmer rufen lassen. Als er vor mir stand, noch einen Schein blasser, noch stärker in sich zusammengesunken, mit einem fahlen, greisenhaft verfallenen Gesicht, gab er mir zwei kleine Phiolen mit Gift, damit — wie er sagte — Greim und ich jederzeit die Freiheit der Entscheidung haben sollten. Danach sprach er aus, daß er freiwillig mit Eva Braun aus dem Leben scheiden würde, wenn sich die Hoffnung auf einen Entsatz von Berlin durch General Wenck nicht erfüllen sollte. Auch wenn sich seine Hoffnung auf die Armee Wenck erfüllt hätte, würden — meinem Eindruck nach — Hitlers Kräfte aber nicht zu einem Weiterleben ausgereicht haben. Jede Chance einer Rettung für seine Person, die sich ihm in diesen Tagen noch bot, wie die Landung der Ju 52 und der Arado 96 auf der Ost-West-Achse, wies er als indiskutabel ab. Allein sein Glaube, daß sein Verbleib in Berlin den Soldaten ein letzter Ansporn sei, hielt ihn noch am Leben. Dann kam die Nacht vom 28./29. April. Ein Feuerüberfall löste den anderen ab, ein Orkan prasselte auf die Reichskanzlei hernieder. Nach einem Gerücht hatte der Russe bereits den Anfang der Wilhelmstraße erreicht und war auch schon bis zum Potsdamer Platz vorgedrungen.

Es war kurz nach Mitternacht, als Hitler unerwartet ins Krankenzimmer des Feldmarschalls eintrat, kalkweiß im Gesicht; wie mir schien, das Bild eines schon ausgelöschten Lebens. In der Hand hielt er einen Funkspruch und eine Karte. Er wandte sich an Greim: ‚Nun hat auch Himmler mich verraten. Sie beide müssen so schnell wie möglich den Bunker verlassen. Ich habe Nachricht bekommen, daß der Russe im Laufe des Vormittags die Reichskanzlei erstürmen will.' Er entfaltete die Karte. ‚Wenn es gelingt', fuhr er fort, ‚durch einen Bombenangriff die Bereitstellungen auf den Zufahrtstraßen zur Reichskanzlei zu vernichten, so können wir mindestens vierundzwanzig Stunden Zeit gewinnen und dadurch General Wenck ermöglichen, noch rechtzeitig bis hierher vorzudringen. Bei Potsdam hört man schon deutsches Artilleriefeuer.'

Dann erklärte er weiter, daß eine Arado 96, der es noch gelungen war, auf der Achse zu landen, uns zur Verfügung stehe.

Ich hatte von militärischen Dingen kaum Ahnung. Doch war mir unfaßlich, wie man zu diesem Zeitpunkt noch ernsthaft mit der Vorstellung einer Befreiung rechnen konnten. Ich dachte an die Bilder, die wir in den letzten Wochen überall in Deutschland gesehen hatten, an die Straßen und Wege, angefüllt und verstopft mit flüchtender Bevölkerung und rückflutenden Truppen, an die Nächte im Bombenhagel, an den pausenlosen Beschuß, unter dem die Reichskanzlei seit Tagen lag — hier konnte nach meiner Ansicht auch keine Armee Wenck mehr helfen.

Doch die Welt der Illusion war immer noch nicht zu zerstören. Weinend beschwor uns Frau Goebbels, nichts unversucht zu lassen, was eine Rettung herbeiführen könnte.

Die moralische Verantwortung lag damit auf Greim. Wir machten uns bereit.

Von Hitler, der im Lagebesprechungszimmer war, verabschiedete ich mich kurz mit einem Händedruck. Ich fand in dieser Situation kein Wort, das ich ihm hätte sagen können, während er mit leiser Stimme nur noch sagte: ‚Gott schütze Sie!‘ Frau Goebbels, die ich in diesen Tagen nur beispielhaft gefaßt erlebt hatte, gab mir einen Brief an ihren Sohn aus erster Ehe mit. Die Kinder schliefen. Wie gerne hätte ich sie noch einmal gesehen. Wortlos war der Abschied von den anderen.

Oberst von Below geleitete mich und Ritter von Greim, der sich mühsam auf Krücken stützte, nach oben. Je höher wir kamen, um so beißender wurde der Geruch von Brand und Schwefel, um so undurchsichtiger der Kalkstaub, der die Luft durchsetzte. Gerade war eine Feuerpause eingetreten. Als wir auf die Voßstraße traten, war der Himmel ein einziges gelbrotes Flammenmeer. Ein Panzerwagen nahm uns auf. Nun begann eine gespenstige Fahrt über die Trümmer der Voßstraße hinweg, die bereits keine Straße mehr war. Das Pfeifen der Granaten und das Krachen der Einschläge erfüllte die Luft, ließ die Erde erbeben, während Feuer und Rauch zum Himmel quollen. Aber schrecklicher als das alles war die Ungewißheit, ob man nicht schon in den Bezirken war, in denen die Russen Fuß gefaßt hatten.

Die Ecke Voßstraße/Hermann-Göring-Straße hatten wir glücklich passiert. Erlöst atmeten wir auf. Nun hatten wir auch den Tiergarten erreicht, und jetzt die Flugleitung an der Siegessäule, die noch in deutscher Hand war. Die Achse selbst lag unter ständigem Beschuß.

Die ‚Arado‘ stand in einer Splitterbox. Sie unter diesen Umständen hier gelandet zu haben, bedeutete eine hervorragende fliegerische Leistung. Es war derselbe Pilot gewesen, mit dem wir nach Gatow geflogen waren. Jetzt mußten wir zu dritt herausfliegen, obwohl die Maschine nur zweisitzig war.

Kuriere meldeten, daß die Achse noch auf vierhundert Meter frei von Granattrichtern sei, doch könne sich das jede Sekunde ändern. Der Start würde auf jeden Fall Glückssache sein.

Die feindlichen Scheinwerfer suchten mit langen Fingern unabläsisg die Achse ab. Trotzdem konnte die ‚Arado' ungesehen vom Boden abheben. Wir nahmen Richtung Brandenburger Tor. Der Siegeswagen stand wie eine schwarze Silhouette im Licht der Scheinwerfer. Wir flogen über ihn hinweg. Der Feind hatte uns jetzt aufgespürt und schoß mit Leuchtspurmunition. Die ganze Luft schien erfüllt davon.

In etwa siebzehnhundert Meter Höhe erreichten wir eine Wolkenschicht, die uns rettend aufnahm. Wir durchflogen sie, und über uns war der Himmel wieder mondhell und klar. Wir nahmen Richtung Rechlin. Der silberne Glanz der märkischen Seen wechselte ab mit dem roten Schein der brennenden Dörfer, die überall die Straßen des Krieges und der Verwüstung säumten. Morgens gegen drei Uhr landeten wir in Rechlin, von den Männern des Führungsstabes, der sich noch dort befand, schweigend empfangen. Fröstelnd, übernächtigt und innerlich zerrissen von dem Erlebten, stiegen wir aus der Maschine und betraten wieder festen Boden[71]."

Am 27. April erreichte die 12. Armee Ferch südlich von Potsdam. Die hier unter General Reimann eingeschlossenen 20 000 Soldaten, die bereits alle Hoffnung aufgegeben hatten, brachen aus und vereinigten sich jubelnd mit den Divisionen des Generals Wenck.

Durch den Teil Berlins, der noch in deutscher Hand war, lief es wie ein elektrischer Schlag: Wenck, Wenck, Wenck! Eine irrlichternde Hoffnung stieg hoch. Nicht nur die Zivil-

71 Hanna Reitsch, „Fliegen mein Leben", Seite 295 ff.

bevölkerung, selbst die mit wahrem Todesmut kämpfenden Soldaten unter General Weidling wurden mit neuer Zuversicht erfüllt.

Auch die 40 000 ermatteten Soldaten der 9. Armee, die mit Zehntausenden Zivilisten, vor allem Frauen und Kinder, im Kessel lagen, atmeten auf. Wenck funkte Theodor Busse den Befehl, er solle ausbrechen. Taumelnd erhoben sich die erschöpften deutschen Kampfgruppen, griffen mit dem Mut der Verzweiflung den Einkreisungsring an und sprengten ihn auf. Neben den stürmenden und schießenden Soldaten liefen die Frauen und Kinder und schleppten ihnen Waffen und Munition nach.

Doch die Rote Armee war nicht bereit, sich ihre Beute abjagen zu lassen. Alle verfügbaren Kräfte warf Sowjetmarschall Schukow der 12. Armee entgegen. Zwar glückte es trotzdem 30 000 Mann der 9. Armee, mit vielen Tausenden Zivilisten die Auffanglinien der 12. Armee zu erreichen, allein vom Entsatz Berlins war keine Rede mehr. Angesichts dieser erdrückenden Übermacht der Roten Armee kam General Wenck einfach nicht mehr durch. Die letzte Hoffnung brach zusammen.

Der britische BBC-Rundfunk meldete am 28. April um 13.55 Uhr offiziell, daß Heinrich Himmler den USA und Großbritannien die bedingungslose Kapitulation des Reiches angeboten habe. Die Alliierten hätten jedoch erklärt, daß sie die Kapitulation nur gemeinsam mit der UdSSR annehmen würde. Hitler war wie versteinert. Nach Göring traf ihn der Absprungversuch Himmlers schwer. Er hatte nicht geahnt, daß der Reichsführer-SS schon seit Monaten von seinem Nachrichtenchef Walter Schellenberg bearbeitet worden war. Schellenberg spielte schon lange sein eigenes Spiel mit dem Westen. Er versuchte im Februar 1945 Folke Graf Bernadotte, Vizepräsident des schwedischen Roten Kreuzes, der sich um die Freilassung kriegsgefangener Dänen und Norweger bemühte, und Himmler am 19. Februar 1945 in Hohenlychen zu einer geheimen Aussprache zusammenzubringen. SS-Brigadeführer Hermann Fegelein, Himmlers Vertreter bei Hitler, erhielt den Auftrag, bei Hitler zu testen, was dieser von einem Gespräch mit Bernadotte hielt. Hitler entgegnete unwirsch: „In einem totalen Krieg kann man mit einem solchen Blödsinn nichts erreichen[72]."

In Hohenlychen wurde daher nur über die Gefangenen gesprochen. Himmler bewilligte ihre Zentralisierung in Nordwestdeutschland. Schellenberg aber bohrte weiter bei Himmler und schlug ihm schließlich vor, er möge Bernadotte bitten, zu US-General Eisenhower zu fliegen, um diesem Himmlers Kapitulationsangebot zu übermitteln. Himmler wehrte sich dagegen und berief sich auf den Grundsatz der Treue, den er als SS-Reichsführer nicht verlassen könne. Schellenberg, der nach dem Krieg offen für den britischen Geheimdienst arbeitete, der ihm eine Villa am Comosee zur Verfügung stellte, ließ aber nicht locker. Am 22. Februar trafen sich Himmler, Schellenberg und Bernadotte wieder in Hohenlychen. Auch dieses Gespräch führte zu nichts. Es wurde aber am Abend des 23. Februar in Lübeck fortgesetzt. Himmler sagte dabei zu Bernadotte: „Wir Deutschen müssen uns durch die Westmächte für besiegt erklären, und ich bitte Sie, dies Herrn General Eisenhower durch die schwedische Regierung übermitteln zu lassen, so daß weiteres Blutvergießen erspart bleiben möge. Jedoch den Russen gegenüber zu kapitulieren, ist für uns Deutsche unmöglich und ganz besonders für mich. Gegen diese werden wir weiterkämpfen, bis die Front der Westmächte die deutsche Front ersetzt." Himmler wies dann darauf hin, daß er nun das Recht habe, diese Entscheidung zu treffen, da es jetzt nur noch eine Frage von zwei bis drei Tagen sein könne, bis Hitler sein Leben aufgebe. Lebend werde er sich den Bolschewisten, die er mit Leben und Tod bekämpft habe, niemals ausliefern[73].

72 Walter Schellenberg, „Memoiren", Seite 354
73 Walter Schellenberg, a.a.O., Seite 363

Am 26. April erfuhren Himmler und Schellenberg durch den Grafen Levenhaupt vom Flensburger Schwedischen Konsulat, daß die Alliierten es ablehnten, auf Himmlers Angebot einzugehen.

War es schon von Hermann Göring unglaublich naiv zu meinen, man würde ihn in London und Washington als Verhandlungspartner anerkennen, so war die Illusion Heinrich Himmlers schlechthin unerklärlich. Mit ihm, der mit der Judenverfolgung untrennbar verknüpft war, würde niemand verhandeln, schon gar nicht England und die USA. Das stand von Anfang an fest. Daß er Schellenbergs Einflüsterungen erlag, zeugt von der Panik, in die der Mann geraten war, von dem Joachim Fest später sagte: „Anders als Göring, Ribbentrop oder Ley, führte er die Befehle Hitlers nicht nur einfach aus, sondern dachte dessen Gedanken von sich aus zu Ende, besaß aber auch, im Gegensatz etwa zu Rosenberg, die Macht, sie in Wirklichkeit einzusetzen: Das bestimmt seinen Rang und seinen Standort in der Hierarchie des Dritten Reiches[73a]."

Der raffinierte Fest, der weiß, daß die geschichtliche Forschung keinen Nachweis eines schriftlichen Hitlerbefehls für einen Massenmord an den Juden selbst jetzt, mehr als 30 Jahre danach, erbringen kann, möchte mit dieser Manipulation diese Tatsache überspielen und gleichzeitig Himmlers unleugbare Vernichtungstätigkeit indirekt mit Hitler verknüpfen.

Daß ausgerechnet Himmler, der mit den Judenvernichtungsbefehlen untrennbar verbunden ist, Gnade von den USA erhoffte, ist unfaßbar.

Während sich Göring vor dem Nürnberger Gericht noch einmal aufraffte und durch mannhaftes Auftreten wettmachte, was er zweifellos in der Luftkriegsführung versäumte,

73a Joachim Fest, „Heinrich Himmler — Geheimreden 1933 bis 1945", Seite 14

und die Racherichter obendrein um seinen vorgesehenen Tod auf dem Galgen prellte, zerbiß Himmler, nach offiziellen alliierten Berichten, in dem Augenblick eine Giftphiole, als die Engländer seine fadenscheinige Tarnung als Wehrmachtsfeldwebel durchschauten.

Hitler stieß Göring und Himmler in seinem politischen Testament aus der NSDAP aus.

In Berlin verschlechterte sich die Lage zusehends. Weder General Theodor Busse führte Hitlers Befehl aus noch Generaloberst Gotthard Heinrici. Busse stieß mit den Resten seiner Armee nun den Amerikanern entgegen. Heinrici ließ ebenso wie General Hasso von Manteuffel die Truppen durch Mecklenburg den Westalliierten entgegen marschieren[74].

Als der todgeweihte Hitler erkannte, welches Spiel die Generale trieben, sagte er erbittert: „Auf der ganzen Front zeigt sich nur ein Mann als wirklicher Feldherr — Schörner." Er ernannte ihn zum letzten Oberbefehlshaber des Heeres[75].

Inwieweit Hermann Fegelein, Himmlers Verbindungsoffizier zu Adolf Hitler, in die Verhandlungsversuche Himmlers eingeweiht war, ist unbekannt. Jedenfalls verschwand er am 26. April aus dem Bunker, ohne daß das anfangs sonderlich aufgefallen wäre. Von seiner Berliner Wohnung aus rief er seine Schwägerin Eva Braun an und beschwor sie, Hitler zu verlassen und mit ihm aus Berlin zu fliehen. Eva Braun lehnte entrüstet ab und forderte Fegelein auf, sofort in den Bunker zurückzukehren. Unmittelbar darauf wollte Hitler mit Fegelein eine Routinesache besprechen. Vergebens suchte man nach des Reichsführers-SS persönlichem Vertreter. Tags darauf erreichte Brigadeführer Johann Rattenhuber Fegelein telefonisch in dessen Berliner Privatwohnung in der Bleibtreustraße. Der entnervte Fegelein redete sich darauf

74 David Irving, „Hitler und seine Feldherren", Seite 726 f.
75 David Irving, „Hitler und seine Feldherren", Seite 731

hinaus, er sei völlig betrunken und könne so nicht vor Hitler erscheinen. Der sogleich ausgesandte SS-Obersturmbannführer Helmut Frick konnte Fegelein nicht zur Rückkehr bewegen. Jetzt sandte Rattenhuber den SS-Standartenführer und Kriminalrat Peter Högl mit drei Offizieren aus, um Fegelein zu holen. Högl fand zu seiner Überraschung Fegelein in Zivil vor und in Begleitung einer Dame, von der James O'Donnell annimmt, daß sie britische Geheimagentin war[76].

Ein Koffer mit Schmuck, Goldstücken, 105 725 Reichsmark und 3 186 Schweizer Franken war gepackt. Fegelein wurde nun mit dem Koffer in den Führerbunker gebracht; um die Dame kümmerte sich niemand.

Über diesen Desertionsversuch war Hitler wütend und befahl, Fegelein vor ein Kriegsgericht zu stellen. Der Betrunkene wurde auf den Gefechtsstand Mohnkes gebracht. Aber dort konnte die Vernehmung wegen Fegeleins Volltrunkenheit nicht durchgeführt werden. Mohnke ließ Fegelein wieder in den Führerbunker zurückbringen. Nach seiner Ausnüchterung wurde er am 28. April vom Gestapochef Heinrich Müller vernommen.

Mitten hinein platzte in den Mittagsstunden über den Rundfunk die Nachricht vom gescheiterten Versuch Heinrich Himmlers, bei den Westalliierten zu kapitulieren. Der empörte Hitler war felsenfest davon überzeugt, daß Fegelein von alledem gewußt hatte. Hermann Fegelein wurde kurz nach 23 Uhr von Angehörigen des Reichssicherheitsdienstes im Ehrenhof der Reichskanzlei erschossen. Der Verrat Himmlers hatte sein Schicksal besiegelt. Wenig später verehelichte Adolf Hitler sich mit Eva Braun.

Am 29. April verschlechterte sich die Lage der Verteidiger von Berlin zusehends. Die Rote Armee warf immer weitere Truppen und mehr Material gegen die letzten erschöpf-

76 Bahnsen/O'Donnell, a.a.O., Seite 203

ten, sich aber immer noch hartnäckig wehrenden deutschen Kampfgruppen.

In diesen Tagen entstand eine der übelsten Legenden. Rittmeister Gerhard Boldt, Ordonnanzoffizier bei General Krebs, der sich unter dem Vorwand, mit Wenck Verbindung aufzunehmen, aus dem Führerbunker absetzte, und dem die Flucht glückte, verbreitete nachstehende Version:

„Ohne Rücksicht auf die Hungernden, Durstenden und Sterbenden der Stadt will er [Hitler] den Kampf wieder hinauszögern. Und nun kommt der unmenschlichste aller seiner Befehle: Da die Russen unsere Front wiederholt dadurch aufgerollt hatten, daß sie durch die U-Bahn- und S-Bahn-Schächte vorstoßend, in den Rücken unserer Soldaten gelangt waren, befiehlt er, die Schleusen der Spree zu öffnen und die südlich der Reichskanzlei gelegenen Schächte der S-Bahn zu fluten. In diesen Schächten liegen noch Tausende von Verwundeten. Aber das Leben spielt für ihn keine Rolle. Sie mußten alle elendig ertrinken[77]."

Diese Legende, die selbst von Cornelius Ryan in seiner Reportage „Der letzte Kampf" unüberprüft übernommen wurde, lieferte jahrelang Stoff für wilde Sensationsberichte und war sozusagen der letzte Schrei der einseitigen Vergangenheitsbewältigung. Sie hat nur einen kleinen Fehler: an ihr ist kein einziges Wort wahr. Hitlers Adjutant, der SS-Sturmbannführer Otto Günsche, der Tag und Nacht in jener tragischen Zeit an der Seite Hitlers verbrachte, der bei allen Lagebesprechungen dabei war und alle Hitler-Befehle weitergab, erklärte dazu:

„Tatsächlich schlug einmal bei einer Lagebesprechung irgend jemand die Flutung der S-Bahnschächte vor. Mit Rücksichtnahme darauf, daß sich zahlreiche Verbandplätze in diesen S-Bahnschächten befanden und auch Tausende Berliner dort Schutz vor sowjetischen Granaten und Bomben such-

77 Gerhard Boldt, „Die letzten Tage der Reichskanzlei", Seite 76 f.

ten, wurde sofort von diesem Plan Abstand genommen. Adolf Hitler hat nie einen solchen Befehl erteilt. Die Schächte wurden daher niemals geflutet. Wer etwas anderes behauptet, der sagt die Unwahrheit[78]."

SS-Brigadeführer Wilhelm Mohnke, der als Kampfkommandant der „Zitadelle" bei allen Besprechungen dieser Zeit im Führerbunker dabei war, erklärt dazu: „Am 25. oder 26. April 1945 fand nach einer Lagebesprechung (anwesend Hitler, Goebbels, Bormann, Krebs und ich) eine Erörterung darüber statt, was zu einer weiteren Sicherung der sogenannten Zitadelle dienen könne. Hierbei wurde auch die Frage aufgeworfen, ob es möglich sei, daß durch U- und S-Bahnschächte Sowjettruppen in die Innenstadt einsickern könnten und welche Gegenmittel man anwenden könne, ob man eventuell durch eine Flutung dieses verhindern könne. Goebbels als Verteidigungskommissar hat am selben Tage nach Hinzuziehung von Experten für die Berliner U- und S-Bahn festgestellt, daß bei einer entsprechenden Sprengung des U-Bahnnetzes mit einer Wasserhöhe zwischen 60 und maximal 95 cm zu fluten wäre. Außerdem wurde festgestellt, und zwar ausdrücklich, daß U- und S-Bahnschächte inzwischen in einem solchen Außmaß durch die Berliner Bevölkerung belegt waren, daß eine eventuelle Evakuierung aus den Schächten nicht möglich sei. Aus diesen beiden Gründen ist der Gedanke an eine Überflutung fallengelassen worden. Es ist niemals von der Reichskanzlei ein solcher Befehl erteilt worden[78a]." –

Das Schlußwort zu dieser infamen Lügenlegende sprach Senatsrat i. R. Fritz Kraft, der jahrelang für die Berliner U-Bahn verantwortlich war und der auch die Wiederherstellungsarbeiten nach dem Krieg geleitet hat: „Fritz Kraft kann nachweisen, daß Tausende von Ertrunkenen im S-Bahn-Stol-

78 Eidesstattliche Erklärung von Otto Günsche vom 3. Juli 1975 an den Autor

78a Schriftliche Mitteilung Wilhelm Mohnkes an den Autor vom 2. 8. 1975

len eine Erfindung jener sind, denen die Tatsachen zu wenig dramatisch waren. Er weiß von drei Wegen, auf denen Wasser in die unterirdischen Anlagen der U- und S-Bahn geströmt war:

1. Ein Bombentreffer machte die Decke des U-Bahn-Stollens zwischen Märkischem Museum und Klosterstraße unter der Spree wasserdurchlässig, ohne sie zu durchschlagen.

2. Der S-Bahntunnel unter dem Landwehrkanal wurde gesprengt. Nur an der Einbruchstelle kam das Wasser schwallartig, doch dann verteilte es sich sogleich. Kein Mensch ist hier ertrunken.

3. Durch den Ausfall der an das Stromnetz angeschlossenen Grundwasserpumpen bildeten sich an einigen Stellen seichte Seen.

Senatsrat Kraft ergänzte seine Angaben mit der Bemerkung, daß Journalisten, die sich im Laufe der Jahre bei ihm nach den damaligen Vorgängen erkundigten, immer dann das Interesse verloren hätten, wenn er mit dieser Wahrheit herausgerückt sei[78b]."

Der italienische Bundesgenosse

Am 29. April 1945 diktierte Hitler Frau Traudl Junge sein politisches und sein privates Testament. In deutsch sind bisher nur Auszüge erschienen; seltsamerweise. Wahrscheinlich sollte die deutsche Öffentlichkeit nicht erfahren, daß Hitler einleitend feststellte, weder er noch irgend jemand anderer in Deutschland habe den Krieg gewollt. Das Testament

78b Erich Kuby, „Die Russen in Berlin", Seite 163 f.

wurde von Reichsminister Walther Funk versteckt und im Jahre 1950 dem Lausanner Verleger Francois Genoud ausgehändigt[79].

Genoud brachte Hitlers Testament in französischer Sprache unter dem Titel „Le Testament politique de Hitler" heraus, H. R. Trevor Roper schrieb das Vorwort. Für den politischen Ablauf des Krieges ist am aufschlußreichsten das Kapitel, in dem Hitler sich über seinen Trugschluß ausläßt, dem er bezüglich Italien erlegen ist. Er schreibt wie folgt:

„Wenn ich die Ereignisse nüchtern und frei von jeder Sentimentalität betrachte, muß ich zugeben, daß meine unwandelbare Freundschaft zu Italien und zum Duce auf das Konto meiner Irrtümer gesetzt werden kann. Tatsächlich kann man sagen, daß die italienische Allianz unseren Feinden mehr als uns selber genutzt hat ... und sie wird am Ende dazu beitragen, daß wir — sollte der Sieg nicht doch noch uns gehören — den Krieg verlieren ...

Der italienische Verbündete hat uns fast überall gehemmt. Er hat uns beispielsweise daran gehindert, in Nordafrika eine revolutionäre Politik zu treiben ..., denn unsere islamischen Freunde sahen plötzlich in uns freiwillige oder unfreiwillige Komplicen ihrer Unterdrücker ... Die Erinnerung an die barbarischen Vergeltungsmaßnahmen gegen die Senoussis ist in ihnen noch immer wach. Überdies ruft der lächerliche Anspruch des Duce, als ‚Schwert des Islam' angesehen zu werden, heute das gleiche Gelächter hervor wie vor dem Kriege. Diesen Titel, der Mohammed zusteht und einem großen Eroberer wie Omar, ließ Mussolini sich von einigen traurigen Kerlen, die er bezahlt oder terrorisiert hatte, verleihen. Es gab die Chance einer großen Politik gegenüber dem Islam. Sie ist verpaßt — wie vieles andere, das wir versäumten infolge unserer Treue zum italienischen Bündnis ...

79 Persönliche Mitteilung Francois Genouds an den Autor am 9. Juli 1975

Militärisch gesehen ist es kaum besser. Italiens Eintritt in den Krieg hat fast sofort unseren Gegnern die ersten Siege verschafft und Churchill in die Lage versetzt, seinen Landsleuten neuen Mut, und den Anglophilen in aller Welt neue Hoffnung einzuflößen. Obwohl die Italiener sich schon unfähig gezeigt hatten, Abessinien und die Cyrenaika zu halten, haben sie die Dreistigkeit gehabt, sich, ohne uns zu fragen, ohne uns auch nur zu unterrichten, in den vollkommen sinnlosen Feldzug gegen Griechenland zu stürzen ... Das hat uns gezwungen, entgegen allen unseren Plänen im Balkan einzugreifen, was wiederum eine katastrophale Verzögerung für den Beginn des Rußlandkrieges zur Folge hatte ... Wir hätten Rußland vom 15. Mai 1941 ab angreifen und ... den Feldzug vor dem Winter beenden können. Alles wäre anders gekommen!

Aus Dankbarkeit, weil ich die Haltung des Duce während des ‚Anschlusses' nicht vergessen konnte, habe ich immer davon abgesehen, Italien zu kritisieren und zu verurteilen. Ich habe mich im Gegenteil immer bemüht, es als ebenbürtig zu behandeln. Die Gesetze des Lebens zeigen leider, daß es ein Irrtum ist, diejenigen als Ebenbürtige zu behandeln, die nicht wirklich ebenbürtig sind ... Ich bedaure, daß ich nicht der Vernunft gefolgt bin, die mir eine brutale Freundschaft im Hinblick auf Italien vorschrieb[80]."

Die profunden Erkenntnisse kamen zwar zu spät, aber für den historisch verantwortlichen Publizisten sind sie Anlaß genug, diesen Dingen auf den Grund zu gehen. Meines Wissens hat dies bisher nur der britische Historiker David Irving gewagt.

Als sich Benito Mussolini im Oktober 1935 durch sein Abessinien-Abenteuer international isolierte, der Völkerbund sogar am 7. Oktober Strafmaßnahmen und Sanktionen gegen Italien beschloß, allerdings ohne etwas zu unterneh-

80 Wiedergabe bei Joachim C. Fest, a.a.O., Seite 1013

men, erkannte Hitler schlagartig, daß hier deutscherseits eine einmalige Chance bestand, aus der eigenen Isolierung auszubrechen. Während Frankreich und England ihre Generalstabsoffiziere zusammentreten ließen, um zu bereden, was man gegen Italien unternehmen könnte, schwieg Deutschland eisern. Hitler tolerierte Mussolinis Vorgehen, das mit dem Einzug der Italiener am 25. Mai 1936 in Addis Abeba sein siegreiches Ende fand.

Mussolini revanchierte sich dann am 11. März 1938, als er seine austrofaschistischen Marionetten fallenließ und zu dem deutschen Einmarsch in Österreich seine besten Grüße sandte. Hitler, der wußte, daß allein Italien den jubelnden österreichischen Anschluß stören könnte, sagte damals zu seinem Unterhändler Prinz von Hessen: „Sagen Sie bitte Mussolini, ich werde ihm das nie vergessen. Wenn er jemals in irgendeiner Not oder irgendeiner Gefahr sein sollte, dann kann er überzeugt sein, daß ich auf Biegen und Brechen vor ihm stehe; da kann sein was will, wenn sich auch die Welt gegen ihn erheben würde!“

Das Einhalten dieses todernst gemeinten Versprechens sollte nicht unwesentlich zur fürchterlichen Niederlage Deutschlands beitragen. Schon wenig später wurde zwischen Deutschland und Italien am 22. 5. 1939 der „Stahlpakt“ unterschrieben, wonach sich beide Mächte verpflichteten, einander beizustehen. Was von den feurigen Italienern militärisch zu erwarten war, erwies sich noch kurz vor Ausbruch des Krieges.

Am 25. August 1939, als sich der Ernst der Lage unverkennbar abzeichnete, sandte Benito Mussolini an Hitler eine Depesche, in der unter anderem stand: „Es ist für mich einer der schmerzlichsten Augenblicke meines Lebens, Ihnen mitteilen zu müssen, daß Italien nicht kriegsbereit ist. Nach dem, was mir von den verantwortlichen Chefs der Heeresteile berichtet wurde, sind die Benzinvorräte bei der Luftwaffe so gering, daß sie nur für drei Kriegstage ausreichen würden. Ähnlich steht es mit den Vorräten für das Heer und auf vielen anderen Rohstoffgebieten ..."

Der italienische Botschafter Attolico versicherte Hitler, Italien werde selbstredend treu zu Deutschland stehen, doch militärisch eingreifen könne es nicht.

Vorsorglich sandte der italienische Außenminister Galeazzo Graf Ciano wenig später eine so gewaltige Wunschliste Italiens, daß Hitler auf diesen treuen Bundesgenossen vorerst einmal verzichten mußte.

Hitler hatte nie groß mit der militärischen Hilfe Italiens gerechnet, doch er wollte der englisch-französischen Einheitsfront die deutsch-italienische gegenüberstellen und befürchtete nicht ohne Grund, daß Italiens Rückzieher eine empfindliche Schwächung seiner Position bedeuten würde. Er wollte nun handeln, ehe man in London und Paris vom Kneifen Mussolinis erfuhr.

Italiens Rückzieher war eine hochwillkommene Stärkung für die britischen Kriegstreiber um Winston Churchill. Aber nachdem Polen, Norwegen, Dänemark und Holland geschlagen worden waren, ließ es Mussolini keine Ruhe. „Vor einigen Monaten", sagte er zu seinem Außenminister Ciano, „habe ich erklärt, daß sich die Alliierten den Sieg hätten entschlüpfen lassen. Heute sage ich, daß sie den Krieg verloren haben. Wir haben keine Zeit mehr zu verlieren. Noch vor Ende des Monats werde ich in die Arena steigen."

Am 10. Juni 1940 erklärte Italien Frankreich und Großbritannien den Krieg. In der militärischen Führung machte man sich über die italienischen „Erntehelfer" lustig. Am 11. Juni bombardierten italienische Flieger Malta, ohne daß die Italiener den Versuch unternahmen, diese kriegsentscheidende Insel im Mittelmeer im Handstreich zu nehmen. Es dauerte noch bis 21. Juni, dann griffen die Italiener in Frankreich an, um prompt zwei Tage später vor den französischen Hauptstellungen liegenzubleiben. Sehr vielversprechend war der Anfang nicht. Trotzdem juckte die Italiener das Fell. Sie wollten just, nachdem sie „Mitsieger“ geworden waren, Griechenland angreifen, um so mit Hilfe ihrer bereits eingenommenen albanischen Position das Mittelmeer zu einem „Mare Nostro“ zu machen. Diese Absicht war sehr gefährlich. Denn jetzt, wo die Lage auf dem Balkan immer durchsichtiger wurde, durfte sie unter keinen Umständen verschlechtert werden.

David Irving schreibt dazu: „Italien wollte nicht mehr und nicht weniger, als jetzt in Jugoslawien einmarschieren, aber Hitler beschwor die Italiener, das nicht zu tun, denn dann werde Ungarn sofort über Rumänien herfallen, der ganze Balkan würde in Flammen aufgehen, und Rußland konnte die Donau überschreiten und die Verbindung mit Bulgarien suchen, wo der kommunistische Einfluß und die panslawische Bewegung mächtig waren und das Königshaus alles andere als fest saß. ‚So würden die Russen sicherlich auf ihr altes historisches Byzanz, die Dardanellen und Konstantinopel vorrücken‘, sagte Hitler. Er fügte ausdrücklich hinzu: ‚Solange aber der Konflikt mit England nicht erfolgreich beendet ist, könnten durch einen Konflikt auf dem Balkan schwierige Probleme entstehen. Es könnte vielleicht sogar so weit kommen, daß England und Rußland unter dem Eindruck dieser Ereignisse eine Gemeinsamkeit ihrer Interessen entdeckten[81].“

In Nordafrika griffen die Italiener, die jede deutsche Panzerunterstützung abgelehnt hatten, am 13. September an. Vier Tage später blieben sie im Sand liegen.

Weit verhängnisvoller als diese militärischen Blamagen der Italiener war, daß Hitler durch Italien Frankreich gegenüber die Hände gebunden waren. Die Italiener beanspruchten ganz Nordafrika als ihr Einflußgebiet. Italien sowie das schwankende Spanien bekundeten lebhaftes Interesse an den nordafrikanischen Kolonien. Unter solchen Umständen ver-

81 David Irving, „Hitler und seine Feldherren“, Seite 144, nach „Colloquio de Conte Ciano von il ‚Führer‘“, Berlino, 7. 7. 1940

bot sich jeder deutsche Versuch, Frankreich aktiv in die antienglische Front einzubauen, obwohl damals dazu in Vichy Geneigtheit bestand. Ehe sich Hitler mit Marschall Pétain am 24. Oktober 1940 in Montoire traf, erhielt er von Mussolini einen leidenschaftlichen Appell, sich ja nicht mit Frankreich einzulassen. Gleichzeitig kündigte Mussolini an, er werde jetzt wegen Griechenland sehr schnell handeln[82].

Hitler war entsetzt. Nicht nur, daß er Pétain sehr schätzte und nun wußte, daß er das französische Spiel gar nicht spielen konnte, sah er durch das angekündigte Balkan-Abenteuer die Gesamtlage auf das schwerste gefährdet. Hitler äußerte den Wunsch, Mussolini so schnell wie möglich zu sprechen. Doch, als Hitler zu diesem Treffen nach Florenz fuhr, ließ Mussolini, ohne Hitler vorher zu informieren, von Albanien aus am 26. Oktober 1940, um 5.30 Uhr, Griechenland angreifen. Hitler, vor die verhängnisvolle Tatsache gestellt, machte gute Miene zum bösen Spiel. Er hätte den Duce fragen können, warum die ungezügelte Kampfbereitschaft der Italiener sich nicht gegen die Engländer in Nordafrika wandte und warum nicht endlich Malta ausgeschaltet wurde.

Es ist eine geschichtliche Tatsache: den ersten folgenschweren Schlag in diesem schicksalhaften Ringen erhielt Hitler von seinem Freund Mussolini. Von nun an arbeitete die Zeit nicht für, sondern gegen Deutschland. Am 3. November 1940 gingen britische Einheiten in Griechenland an Land, und Kreta wurde von den Briten besetzt. Obendrein wurden die weit besser ausgerüsteten Italiener von den Griechen sehr schnell auf ganzer Linie geschlagen. Dazu David Irving: „Dank der Machenschaften Mussolinis in Griechenland hatte er [Hitler] die Initiative verloren und mit jedem Rückschlag, den die Italiener jetzt erlitten, büßte die Achse an Prestige ein[83]."

82 ADAP D XI/Nr. 199
83 David Irving, „Hitler und seine Feldherren", Seite 179

Die verwirrten Engländer faßten neuen Mut, und Moskau horchte auf: So unbesiegbar war also Hitler, mit einem solchen Verbündeten, nicht. Stalin war sofort bestrebt, die offensichtliche Schwäche der Achse für seine Zwecke zu nutzen. Entsprechend waren auch die Aufträge, die Molotow für die entscheidende Konferenz in Berlin mitbekam.

Die italienische Flotte, die weder wagte in Malta noch in Kreta einzugreifen, mußte obendrein mitten in ihrem Heimathafen Tarent eine schwere Niederlage hinnehmen: zwölf britische Torpedoflugzeuge beschädigten drei der modernsten italienischen Schlachtschiffe so schwer, daß sie praktisch außer Gefecht gesetzt waren. An der albanischen Front trieben die Griechen die Italiener vor sich her und stießen bereits nach Albanien hinein. Die Lage änderte sich auch nicht, als Mussolini den unfähigen General Badoglio ablöste. Auch General Cavallero konnte keine Wendung erzwingen.

Noch dazu überrannten die Briten am 9. Dezember 1940 die Italiener in Nordafrika und trieben sie nach Libyen zurück. Vier italienische Generale mit 38 000 Soldaten fielen in die Gefangenschaft der Briten, die bei dieser „Schlacht" wenig mehr als hundert Mann verloren. Die italienische Festung Bardia in Libyen fiel am 5. Januar 1941; wieder gingen 45 000 Italiener in Gefangenschaft. Am 22. Juni eroberten die Briten Tobruk mit 25 000 Gefangenen. Die Lage wurde unerträglich. Hitler war sowohl aus militärischen als auch aus politischen Gründen über den Gang der Dinge äußerst besorgt. Mussolinis Ansehen in Italien sank erschreckend. Hitler unterschrieb daher am 11. 1. 1941 die Weisung Nr. 22 an Heer und Luftwaffe, um die Unterstützung der versagenden Italiener in Albanien und Nordafrika vorzubereiten. Und das genau in dem Moment, als Hitler sich bereits mitten in der Vorbereitung des Aufmarsches zur Entscheidungsschlacht mit dem Bolschewismus befand.

„Das Verrückte", sagte Hitler zu seinen Generalen, „ist, daß die nun um Hilfe schreienden Italiener es am liebsten hätten, wenn die Deutschen in italienischen Uniformen kämpfen und deutsche Flugzeuge mit der italienischen Trikolore bemalen würden[84]."

Am 12. Februar 1941 ging unter General Erwin Rommel die erste deutsche Truppe nach Nordafrika. Das war die Geburtsstunde des deutschen Afrikakorps.

Hitler hoffte, auf dem Balkan politisch auszumerzen, was die Italiener verbockt hatten, und erreichte, daß am 25. März 1941 Jugoslawien dem Dreimächtepakt Deutschland-Italien-Japan beitrat. Nur Griechenland mußte schnell und ohne größeres Aufsehen bereinigt werden. Diesmal aber hatte Großbritannien seine Karten richtig gemischt. Kaum nach Belgrad zurückgekehrt, wurden Ministerpräsident Zwetkowitsch und sein Außenminister Cinzar-Markowitsch in der Nacht zum 27. März gestürzt. Englandhörige Offiziere riefen den jugendlichen König Peter II. aus, der wieder bestellte zum neuen Ministerpräsidenten den deutschfeindlichen General Simowitsch.

Hitler reagierte blitzschnell. Die Sowjetunion, die bereits mit starken Kräften an ihrer Westgrenze aufmarschiert war (Philipp Fabry, „Die Sowjetunion und das Dritte Reich", Seite 358), schloß am 5. April 1941 geradezu provokatorisch mit der neuen deutschfeindlichen Belgrader Regierung einen Freundschafts- und Nichtangriffspakt. Die Grenzen waren also klar abgesteckt.

Ehe aber dieser Pakt zum Tragen kam, am 6. April 1941, stießen deutsche Truppen aus der Steiermark und aus Bulgarien nach Jugoslawien hinein, das auseinanderplatzte wie ein fauler Apfel. Vor allem die Kroaten und die Volksdeutschen bejubelten die einmarschierenden Deutschen als Befreier. Schon am 17. April 1941 kapitulierte die jugoslawische Armee, nachdem 30 Divisionen nahezu kampflos die Waffen gestreckt hatten.

84 KTB. WFSt. 1. 2. 1941

Erst in diesem Moment begannen die Italiener und die Ungarn ihrerseits ihren Einmarsch in Jugoslawien.

In Griechenland kam es an der Metaxas-Linie und in Nordmazedonien zu kurzen, aber erbitterten Kämpfen. Die Griechen kapitulierten am 23. April 1941. Ihr Ministerpräsident Koryzis erschoß sich. Die Engländer, soweit nicht gefallen oder gefangengenommen, flüchteten nach Kreta.

Sicher ein neuer glänzender deutscher Sieg. Wieder einmal hatte Hitler alle überspielt. Sowjetmarschall Timoschenko, der als Verteidigungsminister der UdSSR die Rote Armee bereits in Alarmzustand versetzt hatte, hob diesen schleunigst wieder auf. Aber Stalin verstärkte alle westlichen Militärbezirke und verlegte in Eiltransporten die 10., 21. und 22. Sowjetarmee aus dem Osten an die Westgrenze[85].

Die Italiener, die von den Deutschen buchstäblich davor gerettet worden waren, ins Meer geworfen zu werden, zeigten sich nicht dankbar, sondern wurden größenwahnsinnig. Mussolini maulte, weil die Griechen an der albanischen Front sich der SS-Leibstandarte „Adolf Hitler" ergaben und Feldmarschall List die Kapitulation der griechischen Epirus-Armee des Generals Tsolakoglu angenommen hatte. Mussolini lehnte es ab, den italienischen „Vormarsch" gegen die von den Deutschen entwaffneten Griechen einzustellen. Die nun wehrlosen Griechen fügten sich ins Unvermeidliche und kapitulierten noch einmal vor den Italienern, die sie bisher vor sich hergetrieben hatten.

Auf Befehl Mussolinis verkündete der italienische Rundfunk am 23. April, um 10 Uhr, folgende Sondermeldung: „Die feindliche Armee des Epirus und in Mazedonien hat die Waffen niedergelegt. Die Kapitulation ist gestern abend um 21.04 von einer griechischen Delegation dem Befehlshaber der 11. italienischen Armee an der Front übergeben

85 Nekritsch-Griyorenko, „Genickschuß/Die Rote Armee am 22. 6. 1941", Seite 314

worden. In voller Übereinstimmung mit den verbündeten Deutschen werden nunmehr die Einzelheiten der Übergabeverhandlungen festgesetzt."

Die deutschen Soldaten in Griechenland lachten schallend; die Griechen aber lachten nicht. Überall dort, wo die Deutschen mit Blumen begrüßt worden waren, wandte man sich jetzt demonstrativ von ihnen ab, ja nicht selten spuckte man vor ihnen aus. Man fühlte sich von den Deutschen an die verhaßten Italiener verkauft. Nicht anders war die Lage in Kroatien, wo sich die Italiener ebenfalls als „Sieger" aufspielten. Hier wirkte der verräterische General Roatta, der von Anfang an, teilweise versteckt, den Deutschen entgegen arbeitete. Die bedauerlichen Auswüchse des enthemmten italienischen Größenwahns führten zu einer Stimmung in Griechenland und Kroatien, die dann nach Ausbruch des Ostfeldzuges den Kommunisten nicht unwesentlich half, ihren mörderischen Partisanenkampf zu entfachen.

Trotz der schweren Verluste, die dieser Gefühlsumschwung auf dem Balkan im weiteren Verlauf den Deutschen zufügte, war das nicht das Ärgste. Der durch das Balkan-Abenteuer erzwungene Zeitverlust machte es unmöglich, wie geplant, im Mai gegen die längst kampfbereite Rote Armee anzutreten.

Daß die Deutschen die völlig unvorbereiteten Rotarmisten überfallen hätten, ist ein Märchen, das längst widerlegt wurde. Sowohl von Philipp Fabry als auch von Erich Helmdach.

Die verlorene Zeit war aber nicht mehr einzuholen. Da überdies später die Schlammperiode und der Winter gerade 1941 so früh hereinbrachen, konnten die gesteckten Angriffsziele nicht mehr erreicht werden. Die Sowjetunion wurde vom Winter gerettet; und wenn man ganz konsequent sein will: durch die Italiener, die ihr Balkan-Abenteuer mutwillig vom Zaun brachen und dadurch einen Blitzkrieg im Osten unmöglich machten. Stalin erhielt die verhängnisvolle Atempause, um alle Kräfte zu sammeln und gegen die Deutschen zu werfen.

Der weitere Verlauf des Krieges erzwang infolge des auftretenden Menschenmangels den Einsatz der verbündeten Italiener, Rumänen und Ungarn an der Ostfront. Schlechter ausgerüstet als die deutschen Verbände, noch dazu für eine Sache kämpfend, die sie vom Grundsatz her nicht als die eigene empfanden, stellten diese Verbündeten von Anfang an ein Gefahrenmoment dar. Allein die Rumänen schlugen sich tapfer; drei ihrer Generale fielen bei Stalingrad im Nahkampf. Die Italiener wehrten sich nur zwei Tage lang gegen den sowjetischen Angriff. Dann liefen sie davon. Dadurch entstand die tödliche Lücke zwischen den Heeresgruppen „Manstein“ und „Weichs“, in die die Rote Armee mit Gewalt eindrang. Die 6. Armee in Stalingrad war verloren.

Graf Ciano traf am 18. Dezember 1942 in der Wolfschanze ein. Einer seiner Begleiter erkundigte sich beim OKW, ob die 8. italienische Armee schwere Verluste erlitten habe. Ein deutscher Offizier entgegnete ihm lakonisch: „Überhaupt keine. Sie haben überhaupt nicht aufgehört zu laufen[86].“

In Kroatien kümmerte sich der verräterische General Mario Roatta überhaupt nicht um die Politik seines Duce und schon gar nicht um die Hitlers. Er bewaffnete im geheimen die serbischen Cetniks-Partisanen und überließ den Tito-Banditen weite Gebiete kampflos, darunter eine der wichtigen Bauxitgruben von Mostar[87].

Obgleich Hitler das alles wußte, hielt er dennoch unerschütterlich zu Benito Mussolini. Er erinnerte seinen Stab an die Haltung des Duce in der österreichischen Krise: „Da-

86 Ciano Tagebuch, 20. Dezember 1945
87 David Irving, „Hitler und seine Feldherren“, Seite 475 f.

mals habe ich gesagt, das werde ich ihm nie vergessen; wir werden das auch nicht vergessen[88]."

Während die deutschen Soldaten in Nordafrika in erster Linie für italienische Interessen kämpften, verrieten hohe italienische Offiziere den Nachschub für das deutsche Afrikakorps an die Alliierten am laufenden Band. Der italienische Kriegsberichter Antonio Trizzino berichtete nach dem Krieg in seinem Buch „Die verratene Flotte", daß hohe Offiziere der italienischen Admiralität während des Krieges für die Westalliierten spionierten. Nicht umsonst wurde Admiral Maugeri nach dem Krieg von den Amerikanern mit dem Orden „Legion of Merit" ausgezeichnet.

Tausende Tonnen Benzin, Panzer, Fahrzeuge, Waffen, Munition und auch Männer erreichten das deutsche Afrikakorps nie. Sie gingen auf den Grund des Meeres. Von den italienischen Verrätern wurden die Transporte, ihre Abfahrzeiten und ihre Seewege genau gemeldet, so daß sie direkt den britischen U-Booten vor die Rohre liefen. Dieser verratene Nachschub war einer der Hauptgründe für das Drama des deutschen Afrikakorps.

Hermann Büschleb berichtet darüber: „Nachdem neben der Versenkung von Transportschiffen auf dem Weg von Italien nach Nordafrika auch noch die Löschkapazität des Versorgungshafens Tripolis infolge des Beschusses durch drei britische Schlachtschiffe um 50 Prozent herabgesetzt worden war, wurde die Störung des deutsch-italienischen Nachschubes im Herbst noch empfindlicher.

Im September wurden durch die Briten auf dem Wege von Italien nach Tripolis oder Bengasi 63 000 BRT versenkt. Infolgedessen konnte nur ein Drittel der vorgesehenen Truppen und 15 Prozent der Versorgungsgüter überführt werden. So gingen auch 20 Prozent des Kraftstoffes im September verloren. Im Oktober kamen nur 18 000 t Material an,

88 Lagebesprechung 25. Juli 1943

obwohl der monatliche Bedarf in Libyen zwischen 30 000 und 40 000 t lag. Nur 75 Prozent des Kraftstoffes trafen ein.

Anfang November ging ein ganzer, von italienischen Kriegsschiffen gesicherter Geleitzug verloren. Die Gesamtverluste dieses Monats betrugen mindestens 13 Schiffe mit über 60 000 BRT, das waren über 35 Prozent des gesamten für die deutsch-italienischen Truppen bestimmten Tonnageraumes, und 62 Prozent des für sie bestimmten Kraftstoffes.

Bereits im September wurde wiederholt eine grundlegende Änderung dieser Lage und Abhilfsmaßnahmen dringend gefordert, ‚wenn nicht gesamte deutsch-italienische nordafrikanische Position verlorengehen soll, von eigener Offensive ganz abgesehen. Verlust Nordafrikaposition aber gleichbedeutend mit Verlust Gesamt-Mittelmeer'. (Seekriegsleitung)

Ganze Einheiten oder Teileinheiten trafen nicht in Nordafrika ein. Materialersatz oder Ergänzung ließ sich nicht durchführen. Mit Betriebsstoff und Munition mußte besonders im Hinblick auf die Schaffung von Angriffsreserven hausgehalten werden. Organisatorische, personelle und materielle Improvisation wurde zur Gewohnheit[89]."

Nachdem die Alliierten die Insel Pantelleria bombardiert hatten, kapitulierten am 11. Juni 1943 die Italiener, die nur sehr wenig Verluste erlitten hatten, ohne einen Schuß abzugeben[90].

Als am 11. Juli 1943 in Augusta auf Sizilien feindliche Sturmboote landeten, nahm Admiral Priam Leonardi nicht den Kampf auf, sondern ließ sofort alle Geschütze, Munition und Treibstofflager sprengen. Die italienische Flak verschoß in Augusta und Prido ihre Munition wahllos ins Meer und

89 Hermann Büschleb, „Feldherrn und Panzer im Wüstenkrieg", Seite 11
90 KTB SKL 1. Juli 1943

sprengte anschließend ihre Geschütze. Die Offiziere zogen Zivil an und ließen ihre Soldaten im Stich[91].

Oberst Schmalz meldete am 11. Juli 1943 an Feldmarschall Albert Kesselring:

„Am 11. Juli nachmittags befand sich im Raum der Brigade Schmalz kein italienischer Soldat unter irgendeiner Führung. Sämtliche Offiziere hatten bereits im Laufe des Vormittags ihre Truppen verlassen und sich in Kraftfahrzeugen und Fahrrädern nach Catania und weiter begeben. Italienische Soldaten laufen einzeln und in kleinen Trupps bis zu fünf Mann auf der Straße und im Gelände herum. Viele haben ihre Waffen weggeworfen, teilweise auch ihre Uniformen und sich blaue Kombinationen angezogen[92]."

Wen wundert es, daß die Alliierten nur von den schwachen deutschen Kräften bekämpft, in aller Ruhe ihre Truppen in Westsizilien landeten? Sie sammelten die Italiener ein und stießen weiter vor, bis sie auf die deutschen Linien vor dem Ätna stießen. Zu dieser Zeit erkannte man im deutschen Oberkommando den offensichtlichen Versuch des italienischen Generalstabschefs Vittorio Ambrosio, möglichst viele deutsche Truppen nach Süditalien zu locken, um sie den Alliierten auf einem Tablett zu überreichen[93].

Alles paßte zur Meldung des deutschen Bahnhofskommandanten von Tarvis: Italiener stapelten große Munitionsvorräte in Befestigungsanlagen, die gegen Norden gerichtet waren[94].

Der Tiroler Gauleiter Franz Hofer meldete an Hitler: Die Italiener verlagern drei Divisionen nach Bozen und Meran. Und das, obwohl im Süden des Landes gekämpft wurde[95].

91 David Irving, „Hitler und seine Feldherren", Seite 495
92 KTB SKL 12. 7. 1943
93 David Irving, „Hitler und seine Feldherren", Seite 497
94 David Irving, „Hitler und seine Feldherren", Seite 498
95 KTB WFSt. 7. 8. 1943

Mitten in diese Meldungen, die die Judasrolle des italienischen Oberkommandos allzu deutlich markierten, platzte die Bombe: Mussolini war am 24. Juli 1943 im Faschistischen Rat scharf angegriffen und zum Rücktritt gezwungen worden. Hauptsprecher war der Altfaschist Grandi, mit von der Partie sein eigener Schwiegersohn Graf Ciano. 19 von 28 der Großfaschisten forderten den Duce auf zurückzutreten. Der König ergriff die hochwillkommene Gelegenheit und entließ Mussolini am 25. Juli aus dem Amt des Ministerpräsidenten. Heuchlerisch versicherte er dabei, er werde für Mussolinis Sicherheit sorgen. Beim Verlassen dieses armseligen Königs wurde Mussolini, wie schon vorbereitet, festgenommen und verschwand spurlos.

Die bisher im geheimen geführten Kontakte des italienischen Oberkommandos wurden nun offiziell aufgenommen. Schon am 3. September 1943 schlossen die Italiener mit den Alliierten Waffenstillstand, baten aber aus Angst vor den Deutschen, diesen nicht zu publizieren. Gleichzeitig aber versicherte die Badoglio-Regierung den Deutschen, sie würden selbstverständlich heldenhaft den Krieg fortsetzen. Das Schäbigste leistete sich Mario Roatta. Am 8. 9. 1943 erklärte er als italienischer Generalstabschef der deutschen Generalität, „die Kapitulationsmeldungen seien eine ‚ganz gemeine' Verleumdung der Ehre Italiens"[96]. Daß der König dem deutschen Botschafter Rahn ebenfalls erklärte, daß Italien den Kampf fortsetzen würde, beleuchtet nur die ganze Kläglichkeit der damaligen italienischen Führung.

Hitler befahl dem SS-Sturmbannführer Otto Skorzeny, in einem Kommandounternehmen Mussolini ausfindig zu machen und ihn zu befreien. Nach einigen Mühen glückte es Skorzeny festzustellen, daß Mussolini im Hotel am Gran Sasso festgehalten wurde.

96 KTB WFSt. 8. 9. 1943

Am 12. September 1943 landete Skorzeny mit 18 SS-Männern und 90 Fallschirmjägern mit Oberleutnant Georg Freiherr von Berlepsch auf dem Gran Sasso und befreite Mussolini. Das Husarenstück, das weltweites Aufsehen erregte, änderte aber die Gesamtlage in Italien nicht mehr. Mussolini war ein gebrochener Mann, der von nun an nur mehr durch die Gnade seines Freundes Adolf Hitler dahin vegetierte, bis er am 28. April 1945, von allem im Stich gelassen, seinen kommunistischen Mördern in die Falle lief und im Straßengraben erschossen wurde; ein einziger Mensch war an seiner Seite geblieben und ging mit ihm in den Tod: Seine Geliebte Claretta Petacci.

Nach der nüchternen Aufstellung dieser Tatsachen muß aus Gründen der Fairneß hinzugefügt werden, daß es aber auch italienische Truppen gab, die ihre soldatische Pflicht erfüllten: die Bersaglieri, die Alpini, die Schwarzhemden-Verbände und die Marine-Kampfgruppen des Commodore Fürst Valerio Borghese. Bei ihnen erfüllten die Offiziere ihre Pflicht; etwas, das man von der Masse des italienischen Heeres nicht behaupten kann.

Adolf Hitler und die Frauen

Der Arzt, Professor Dr. Ernst Günther Schenk, berichtete über ein Ereignis, das Zeugnis legt, wie Adolf Hitler bis zum letzten Augenblick klar und deutlich handelte.

„Spät in der Nacht vom 29. zum 30. April — ich hatte mich auf mein Bett im ‚Fegefeuer‘ geworfen — weckte man mich; Haase stand vor mir und sagte, der Führer habe uns zu sich befohlen. Er wolle die im Operationssaal arbeitenden Ärzte und Schwestern sehen. Ich war keineswegs in einem ansehnlichen Zustande, als wir uns unter Führung von

Haase, der den Weg kannte und dem Posten bekannt war, aufmachten. Die beiden Schwestern hatten es verstanden, sich in unglaublich kurzer Zeit adrett zu machen. Ich jedoch war in meiner zerknitterten, verschwitzten und verknautschten Felduniform durchaus nicht präsentabel. Aber was tat's. Man roch, daß wir uns seit Tagen hauptsächlich in einem Operationsraum aufgehalten hatten, um Wunden, die wir nicht hatten schlagen lassen, zu versorgen, so gut wir noch konnten. Im Gänsemarsch gingen wir durch einen engen und mehrfach abgeknickten Gang, der am Eingang und Übergang in den Altbau zwei eiserne Türen hatte, an Kontrollposten vorbei. Sie ließen uns ohne Förmlichkeiten hindurch. Aus dem Gang traten wir in einen länglichen, niedrigen, noch auffallend gut erleuchteten Durchgangsraum, dessen rechte Längsseite eine Wandbank fast ausfüllte; vor ihr standen ein Tisch und zur Mitte des Raumes hin Stühle. Hier saßen mehrere Generale und höhere Offiziere. Sie aßen, tranken und warteten offensichtlich. Haase führte uns an ihnen vorbei zu einer Treppe am anderen Ende des Durchgangs, die in einem Halbkreis etwa drei Meter hinabführte — in den Führerbunker selbst. Wir stellten uns auf den Stufen auf, Haase als Meldender zuunterst; ich eine Stufe über ihm und hinter uns die Schwestern. Wir mochten einige Minuten gewartet haben, da trat Hitler alleine aus der Tür, die seinen Wohnbunker abschloß, und begrüßte uns mit den Worten ‚Entschuldigt, daß ich euch noch so spät herausgetrommelt habe'. Haase meldete, und ich salutierte.

Noch während ich Haltung annahm und vorschriftsmäßig zu einer schlanken Säule erstarrte, durchzuckte mich bei dem Anblick des unten an der Treppe stehenden Mannes das Gefühl einer fast unerträglichen Ernüchterung, die mich wie ein Eiswind in eines Augenblickes Schnelle bis ins Innerste hinein erstarren ließ. Ich fror, zusammengerissen wie ich war, am ganzen Körper, und zwischen den Schulterblättern breitete sich das Entsetzen klebrig aus. Dennoch aber, in tiefstem Grunde erregt, nahm ich gleichsam mit jeder Körperpore Eindrücke wahr.

Wie ein Hammerschlag fuhr es auf mich nieder:

Ich blickte auf das Ende und sah ihm ins Auge. In solcher Nähe hatte ich Hitler bisher nicht gegenübergestanden; dieser Mann unten war nicht einmal ein Hauch dessen, den Millionen Bilder gezeigt hatten. Wohl trug er den grauen Rock mit dem goldgestickten Hoheitszeichen und dem Eisernen Kreuz an der linken Brustseite, auch die lange schwarze Hose; aber der Mensch, der in diesem Tuch steckte, war unvorstellbar tief in sich selbst zurückgefallen. Ich sah hinab auf einen gekrümmten Rücken mit sich abhebenden Schulterblättern, aus dem er den Kopf fast gequält hob, als er Haase anblickte. Ein Gebirge lag auf ihm und machte, daß er mit Mühe zwei Stufen weiterstieg. Das Auge, das er auf mich richtete, starrte schmerzhaft. Es schaute nicht mehr strahlend, das Weiße war getrübt, keine Miene bewegte sich in einem Gesicht, in welchem Augensäcke beherrschend und entlarvend von entflohenem Schlaf zeugten. Tief eingegraben liefen Falten von Nasenflügeln zu Mundwinkeln. Der Mund blieb geschlossen, die Lippen aufeinandergepreßt. Die Bewegung, mit der er meine Hand forderte und sie drückte, war Reflex. Der Mann lebte noch, aber als Wesen auf der untersten Sohle des Daseins — nahe daran, über sie hinweg dorthin zu treten, wo dann gar nichts mehr war.

Mein ärztliches Herz wurde wach und warm, obgleich es wußte, daß hier alles verloren war, und auch keine Hilfe mehr sein durfte. Fast tonlos sagte er, er wolle uns danken, daß wir uns der Verwundeten angenommen hätten. Er stieg auf die Stufe, auf der auch ich stand. Zentimeternahe vor mir die Mondlandschaft seines zerstörten Gesichtes in fahlem Gelbgrau. Ein Händedruck für Schwester Erna und ein marionettenhafter weiterer Schritt aufwärts zur zweiten Schwester. Wir hatten geschwiegen, aber sie begann, erregt und aufgewühlt, gehetzt und hysterisch übersteigert zu repetieren, was sie tausendmal gehört hatte: ‚Mein Führer — Glaube an den Endsieg — Feinde schließlich vernichten — ein Volk, ein Reich — ewige Treue — wir folgen — Heil.' Hitler stand vor ihr, blickte auf das agierende Geschöpf. Haase, der sich dicht hinter ihm gehalten hatte, griff nach ihrem Arm. Sie brach weinend, fast schreiend ab. Tiefere Stille als zuvor; die Worte hatten sich in der Decke gefangen, waren von dort zurückgeworfen worden und verschwanden irgendwo in einem Abgrund. Mir erschien der Ausbruch ungemäß, Hitler aber hatte er auf das gestoßen, was sich in ihm noch regte. Er sagte dumpf, ohne das Wort an jemanden zu richten: ‚Man soll sich seinem Schicksal nicht feige entziehen wollen', und wandte sich. An Haase vorbei, dem er winkte, ihn zu begleiten, stieg er langsam die wenigen Stufen der Wendeltreppe hinab. Eine Ordonnanz öffnete die Tür zu seinen Räumen und schloß sie, als die zwei Männer hindurchgetreten waren[97]."

Hitler und die Frauen! Noch im Schatten des Todes faszinierte er die letzten, die ihm begegneten. Diese Kraft läßt die Historiker und die Psychologen selbst heute noch nicht schlafen. Man möchte Hintergründe aufdecken und Dinge in das Leben Hitlers hineingeheimnissen, die ganz und gar nicht geheimnisvoll sind. In letzter Zeit geht eine gewisse bundesdeutsche Industrie sogar dazu über, das Thema Adolf Hitler und die Frauen pornographisch „aufzuarbeiten" und Eva Braun in eine Art Stripteasegirl umzufunktionieren. Darum muß man auch diese private Sphäre anleuchten.

Die Mutter, Klara Hitler, mit 43 Witwe, war, wie Hitlers Jugendfreund August Kubizek berichtet, „bis zu ihrem Tode eine schöne Frau"[98].

Und Kubizek setzte hinzu: „Adolf hat seine Mutter sehr geliebt[99]."

97 Ernst-Günther Schenck, „Ich sah Berlin sterben", Seite 116 f.
98 August Kubizek, „Adolf Hitler, mein Jugendfreund", Seite 45
99 August Kubizek, a.a.O., Seite 53

Von seinen Jugendschwärmereien kennt man nur eine: Stefanie. Hitler schrieb an sie heimlich Liebesgedichte, ohne diese jemals abzusenden und ohne der Angebeteten seine Liebe zu gestehen. Kubizek berichtet:

„Nicht bewußt, wohl aber instinktiv, fand der junge Hitler in seinen Beziehungen zu Stefanie den für ihn einzig richtigen Weg: Er besaß ein Wesen, das er liebte, und besaß es doch wieder nicht. Sein ganzes Leben richtete er so nach diesem geliebten Wesen ein, als besäße er es ganz. Doch da er selbst jede tatsächliche Begegnung vermied, blieb dieses Mädchen, obwohl es für ihn sichtbar auf Erden wandelte, doch ein Wesen seiner Traumwelt, in das er seine Wünsche, Pläne und Ideen hineinprojizieren konnte. So bewahrte er sich selbst davor, vom eigenen Wege abzukommen, ja noch mehr, dieses eigentümliche Verhältnis steigerte durch die Kraft der Liebe sein eigenes Wollen. Er sieht Stefanie als seine Frau vor sich, er baut das Haus, in dem sie mit ihm wohnt, umgibt es mit einem herrlichen Park und richtet sich etwa so mit Stefanie ein, wie er es später, allerdings ohne sie, auf dem Obersalzberg tat. Dieses Ineinandergreifen von Traum und Wirklichkeit ist für den jungen Hitler charakteristisch. Und besteht die Gefahr, daß ihm das geliebte Wesen völlig in das Reich seiner Phantasie entgleitet, eilt er an das Schmiedtoreck und überzeugt sich, daß das Wesen, das er liebt, wirklich über diese Erde schreitet. Nicht durch das, was Stefanie wirklich war, wurde Hitler auf dem eingeschlagenen Weg bestärkt, sondern durch das, was er in seiner Phantasie aus Stefanie machte. So war Stefanie für ihn beides: Ein Teil Wirklichkeit, ein Teil Wunsch und Phantasie. Wie immer es sei, Stefanie war der schönste, der reinste und fruchtbarste Traum seines Lebens[100]."

Im übrigen hat Hitler Stefanie seine Liebe nie gestanden. Da plötzlich erkrankte die Mutter an Krebs. Sie wurde An-

100 **August Kubizek, a.a.O., Seite 88 f.**

fang 1907 in Linz operiert. Die Ärzte erklären dem fassungslosen Sohn: unheilbar. Hitler läßt alles liegen und stehen und eilt zur todgeweihten Mutter nach Linz. Auch hier gibt uns Kubizek ein unbestechliches Bild des wirklichen Geschehens:

„Nichts mehr von den Fragen und Ideen, die ihn sonst so heftig bewegt hatten. Ausgelöscht alle Gedanken an Politik! Selbst von seinen künstlerischen Interessen war kaum etwas zu spüren. Er war nichts mehr als der getreue, hilfsbereite Sohn seiner Mutter.

Ich hatte die Mitteilung Adolfs, er würde nunmehr den Haushalt in der Blütenstraße übernehmen, nicht sehr ernst genommen. Ich wußte ja, wie geringschätzig Adolf von diesen an sich zwar notwendigen, aber durchaus öden und eintönigen Beschäftigungen dachte. Also war ich auch bezüglich dieses Vorsatzes skeptisch und dachte mir, es würde bei einigen gutgemeinten Versuchen bleiben.

Aber ich hatte mich gründlich geirrt. Ich kannte Adolf eben von dieser Seite her zu wenig und hatte nicht in Betracht gezogen, daß ihn die grenzenlose Liebe zu seiner Mutter befähigte, selbst diese ungewohnten und von ihm bisher geringgeschätzten häuslichen Verrichtungen so gut auszuführen, daß ihn die Mutter nicht genug loben konnte. So traf ich eines Tages, als ich in die Blütenstraße kam, Adolf Hitler am Boden kniend an. Er hatte eine blaue Arbeitsschürze vorgebunden und rieb den schon lange nicht aufgewaschenen Küchenboden.

Ich war wirklich maßlos erstaunt und muß ein sehr betroffenes Gesicht gemacht haben, denn Frau Klara lächelte inmitten ihrer Schmerzen glücklich und meinte, zu mir gewandt: ‚Da schauen Sie aber, gell, was der Adolf alles kann!‘ Ich bemerkte jetzt, daß Adolf auch die Wohnungseinrichtung umgestellt hatte. Das Bett der Mutter stand jetzt in der Küche, weil diese tagsüber geheizt wurde, so daß die Kranke stets warm hatte. Die Küchenkredenz hatte Adolf ins Wohnzimmer geschoben und auf den dadurch freigewordenen Platz die Ottomane hingerückt, auf der er schlief. So konnte er auch nachts immer in der Nähe der Mutter sein. Die Kleine schlief im Wohnzimmer. Ich konnte mich nicht enthalten zu fragen, wie es ihm mit dem Kochen ginge. ‚Sobald ich mit dem Reiben fertig bin, kannst du es sehen', meinte Adolf. Aber Frau Klara kam meinem Urteil zuvor. Jeden Morgen bespreche sie mit Adolf, was mittags gekocht werden solle, erklärte sie mir. Er lasse es sich nicht nehmen, immer ihre Lieblingsgerichte auszuwählen. Es gerate ihm alles so gut, daß sie es selber nicht besser könne. Es schmecke ihr herrlich, behauptete Frau Klara, sie habe schon lange nicht mehr mit solchem Appetit gegessen, wie seit den Tagen, da Adolf wieder bei ihr wäre.

Ich blickte auf Frau Klara hin, die sich im Bette aufgerichtet hatte. Im Eifer des Sprechens hatten sich ihre sonst so bleichen Wangen ein wenig gerötet. Die Freude über die Rückkehr des Sohnes und seine hingebende Sorge um sie verklärten das ernste, abgehärmte Antlitz. Doch hinter dieser mütterlichen Freude standen die untrüglichen Zeichen des Leides. Die tiefen Furchen um den schmalgewordenen Mund, die in tiefen Höhlen liegenden Augen verrieten, wie richtig die Diagnose des Arztes war.

Eigentlich hätte ich wissen können, daß mein Freund auch in dieser für ihn gewiß ungewöhnlichen Aufgabe nicht versagen würde, denn was er machte, machte er ganz. Angesichts des Ernstes, mit dem er die Führung des Haushaltes übernahm, blieb mir jede spöttische Bemerkung im Halse stecken, so komisch auch Adolf, der doch so viel auf peinlich genaue, adrette Kleidung hielt, in seinem groben Arbeitsgewande mit der umgebundenen Schürze aussah. Ich brachte nicht einmal ein anerkennendes Wort über die Lippen, so sehr berührte mich seine veränderte Haltung, denn ich wußte wohl, wieviel Selbstüberwindung ihn die Durchführung dieser Arbeiten kostete.

Der Zustand der Mutter war recht wechselnd. Die Anwesenheit ihres Sohnes war jedenfalls von gutem Einfluß auf ihr Allgemeinbefinden, er erhellte auch ihr verdüstertes Gemüt. In den Nachmittagsstunden war sie sogar manches Mal wieder außerhalb des Bettes und saß im bequemen Lehnstuhl in der Küche. Adolf las ihr jeden Wunsch von den Augen ab und war auf das zärtlichste um sie bemüht. Ich hatte diese sich so liebevoll einfühlende Zärtlichkeit noch niemals an ihm entdeckt. Ich glaubte, meinen Augen und Ohren nicht trauen zu können. Kein schroffes Wort mehr, keine unwillige Äußerung, kein heftiges Hervorkehren des eigenen Standpunktes. Er hatte sich in diesen Wochen völlig selbst vergessen und lebte nur in der aufopfernden Sorge um die Mutter. Wenngleich Adolf, wie Frau Klara immer wieder behauptete, viele Eigenschaften seines Vaters geerbt hatte, habe ich gerade in diesen entscheidenden Wochen deutlich empfunden, wie ähnlich er im Innersten seines Wesens der Mutter war. Gewiß mochte dazu auch der äußere Umstand beigetragen haben, daß er die letzten vier Jahre allein mit der Mutter verbracht hatte. Doch darüber hinaus offenbarte sich mir eine einzigartige seelische Harmonie zwischen Mutter und Sohn, wie ich eine solche nie mehr in meinem Leben angetroffen habe.

Alles Trennende blieb weit zurück. Niemals sprach Adolf von der Enttäuschung, die ihm in Wien widerfahren war. Überhaupt schienen in dieser Zeit alle Sorgen um das Künftige ausgelöscht zu sein. Eine Atmosphäre gelöster, fast heiterer Zufriedenheit lag um die vom Tode Gezeichnete.

Auch Adolf schien alles, was ihn selbst bedrängte, vergessen zu haben. Nur ein einziges Mal, so erinnere ich mich, begleitete er mich, als ich mich von Frau Klara verabschiedet hatte, an die Türe und fragte mich, ob ich Stefanie gesehen habe. Doch es lag jetzt ein anderer Ton in dieser Frage. Nicht mehr die Ungeduld des stürmisch Liebenden, sondern die heimliche Angst eines jungen Menschen, der fürchtet, daß ihm das Schicksal auch noch das Letzte nehmen könnte, das ihm im Leben teuer war. Ich spürte aus dieser hastig hervorgestoßenen Frage, wieviel dieses Mädchen gerade in diesen für ihn so schweren Tagen ihm bedeutete, vielleicht mehr, als wäre sie ihm tatsächlich so nahegestanden, wie er es ersehnte. Ich beruhigte ihn. Stefanie sei mir öfters, wenn ich über die Brücke ging, mit ihrer Mutter begegnet. Es habe sich bei ihr anscheinend nichts geändert.

Der Dezember war kalt und unfreundlich. Tagelang lag feuchter, düsterer Nebel über der Donau. Kaum, daß die Sonne wieder durchkam. Und geschah es einmal, waren ihre Strahlen kraftlos und wärmten kaum. Der Zustand der Mutter verschlechterte sich zusehends. Adolf riet mir, nur mehr jeden zweiten Tag zu kommen.

Aber Frau Klara grüßte mich, sooft ich in die Küche trat, indem sie die Hand ein wenig hob und mir entgegenstreckte. Dann huschte mitunter ein heimliches Lächeln über ihre schmerzvoll entstellten Züge. Ein kleiner, sehr bezeichnender Zwischenfall ist mir in Erinnerung geblieben. Adolf hatte bei Durchsicht der Schreibhefte festgestellt, daß die kleine Paula in der Schule nicht so fleißig lerne, wie es die Mutter von ihr erwarten konnte. Adolf nahm die Kleine bei der Hand und führte sie zum Bette der Mutter hin, dann mußte sie der Mutter die Hand geben und feierlich versprechen, immer fleißig zu sein und eine ordentliche Schülerin zu werden. Vielleicht wollte Adolf mit dieser kleinen Szene der Mutter sagen, daß er inzwischen seine eigenen Fehler eingesehen habe. Hätte er die Realschule bis zur Matura besucht, wäre es in Wien nicht zur Katastrophe gekommen. Sicher stand dieses für ihn so entscheidende Ereignis, von dem er später sagte, daß es ihn zum ersten Male in seinem Leben uneins mit sich selber gemacht habe, damals im Hintergrund des furchtbaren Geschehens und verdunkelte sein Gemüt noch mehr.

Als ich am übernächsten Tage wieder in die Blütengasse kam und heimlich an der Türe klopfte, öffnete Adolf sogleich, trat zu mir auf den Gang heraus und zog die Türe hinter sich zu. Es gehe der Mutter gar nicht gut, sagte er zu mir, sie habe furchtbare Schmerzen. Mehr noch als seine Worte überzeugte mich seine Ergriffenheit vom Ernst der Situation. Ich sah ein, daß es besser sei zu gehen. Adolf stimmte mir bei. Wir drückten uns stumm die Hände, dann ging ich.

Schon war Weihnachten nahe. Endlich hatte es geschneit und die Stadt hatte damit ein festliches Gesicht bekommen. Nur mir selbst war gar nicht weihnachtlich zumute. Ich ging über die Donaubrücke nach Urfahr hinüber. Von den Hausleuten erfuhr ich, daß Frau Hitler schon die Letzte Ölung empfangen habe. Ich wollte meinen Besuch so kurz machen wie nur möglich. Auf mein Klopfen öffnete die kleine Paula. Zögernd trat ich ein. Frau Klara saß im Bette, Adolf hatte seinen Arm um ihren Rücken gelegt, um ihr zu helfen, denn sobald sie sich aufrichten konnte, ließen die furchtbaren Schmerzen etwas nach.

Ich grüßte und blieb an der Türe stehen. Adolf gab mir ein Zeichen zu gehen. Schon griff ich nach der Klinke, als mir Frau Klara zuwinkte und mir die Hand entgegenstreckte. Unauslöschlich haben sich mir die Worte eingeprägt, die damals die Sterbende mit leiser, kaum wahrnehmbarer Stimme zu mir sprach. „Gustl', sagte sie — sie nannte mich sonst immer nur ‚Herr Kubizek', in dieser Stunde aber gebrauchte sie den Namen, den Adolf für mich verwendete —, ‚bleiben Sie meinem Sohne der gute Freund, auch wenn ich nimmer bin. Er hat ja niemand mehr.'

Ich versprach es, mit Tränen in den Augen, dann ging ich. Dies war am Abend des zwanzigsten Dezember.

Am nächsten Tage kam Adolf nachmittags zu uns in die Wohnung. Die Werkstätte war wegen der nahen Weihnachtstage bereits geschlossen worden. Adolf sah sehr angegriffen aus. Es genügte, sein verstörtes Antlitz zu sehen, um zu wissen, was geschehen sei.

In den ersten Morgenstunden sei die Mutter gestorben, erklärte er. Ihr letzter Wunsch sei gewesen, neben ihrem Manne in Leonding beigesetzt zu werden. Adolf konnte kaum sprechen, so tief hatte ihn der Verlust der Mutter erschüttert.

Meine Eltern sprachen ihm ihre Teilnahme aus. Doch sah meine Mutter, daß es das beste wäre, sogleich auf das Praktische einzugehen. Die Beisetzung mußte geordnet werden. Adolf hatte bereits in der Leichenbestattungsanstalt Winkler vorgesprochen. Das Begräbnis war dort für dreiundzwanzigsten Dezember, neun Uhr vormittags, angesetzt worden. Aber noch gab es viel zu tun. Die Überführung der Mutter nach Leonding bedurfte einer eigenen Regelung. Die erforderlichen Dokumente mußten beschafft, die Partezettel gedruckt werden. Damit kam auch Adolf über die seelische Erschütterung hinweg. Gefaßt leitete er an diesem und am folgenden Tage die notwendigen Vorbereitungen für das Begräbnis.

Am Morgen des 23. Dezember 1907 ging ich mit meiner Mutter vor der angesetzten Stunde zum Trauerhause hinüber. Das Wetter hatte wieder umgeschlagen. Der Schnee glitt von den Dächern. In den Straßen lag ein nasser, glitschiger Matsch. Der Morgen war feucht und nebelverhangen. Kaum waren die dunklen Wasser des Stromes zu erkennen.

Wir traten in die Wohnung, um uns, der geltenden Sitte gemäß, von der Toten mit einigen Blumen zu verabschieden. Frau Klara war auf ihrem Bette aufgebahrt worden. Über dem wachsbleichen Antlitz lag ein verklärter Schimmer. Ich fühlte mit der Verstorbenen, daß für sie der Tod eine Erlösung gewesen war, die sie von ihren grausamen Schmerzen befreit hatte. Die kleine Paula schluchzte, Adolf bewahrte seine Haltung. Doch ein Blick auf seine Züge genügte, um zu sehen, was er in diesen Stunden durchlitt. Nicht bloß der Umstand, daß Adolf nun Doppelwaise war, hatte ihn so tief getroffen, viel mehr noch erschütterte ihn die Tatsache, daß er mit seiner Mutter das einzige Wesen auf Erden verlor, auf das sich seine Liebe konzentrierte und das ihm diese ebenso vollkommen erwidert hatte[101]."

Aus der Tatsache, daß Hitler seiner Mutter ein guter, treuer Sohn war, will man heute einen Freudschen Ödipus-Komplex konstruieren. Söhne müssen sich also hüten, zu ihren Müttern gut zu sein — im Handumdrehen werden sie zu Psychopathen!

Tatsache bleibt, daß Adolf Hitler zeit seines Lebens bis zu den gespenstigen Stunden vor seinem Tode auf Frauen einen fast magischen Einfluß ausübte. Frauen waren es, die ihm in den ersten Jahren der Kampfzeit in München die Wege ebneten. Frau Elsa Bruckmann, eine geborene rumänische Prinzessin Cantacuzene, die Gattin des einflußreichen Verlegers, der auch die Bücher des britischen Autors Housten Stewart Chamberlain herausbrachte, gehörte vom ersten Tag an zu den eifrigsten Förderinnen Hitlers. Das war nicht der schlechteste Rahmen für den damals noch etwas linkischen jungen Politiker; im Hause Bruckmann verkehrten einst Friedrich Nietzsche, Rainer Maria Rilke und Oswald Spengler.

Dann war da Helene Bechstein, die Gattin des weltberühmten Klavierfabrikanten, die Hitler den Weg in die Gesellschaft öffnete und sich sogar um seine damals recht mangelhaften Anzüge kümmerte. Und da war Frau Winnifred Wagner. Alle diese Frauen gerieten in den unbegründeten Verdacht, zu Hitler in erotischen Beziehungen gestanden zu haben. Selbst Ernst Hanfstaengl schreibt z. B. über Frau Winnifred Wagner: „Allerdings zu Unrecht, wie ich zu wissen glaube, nachdem Hitler in der Frau Wagner lediglich

101 August Kubizek, a.a.O., Seite 165 ff.

die Repräsentation des Wagner'schen Geisteserbe verehrte, während sie für ihn höchstens freundschaftlich-mütterliche Gefühle hegte[102]."

Zu den mütterlichen Förderinnen der ersten Münchner Zeit gehörte noch die pensionierte Lehrerin Carla Hoffmann, in deren Sollner Haus Hitler oft herausgefuttert wurde und sogar zeitweise geheime Besprechungen mit engsten Parteigenossen abhielt.

Nahezu alle Hitler-Forscher glauben, daß er mit der lebenslustigen burschikosen Schwester seines ersten Fahrers, Jenny Haugg, in engeren Beziehungen stand. Angenommen hinter diesen Andeutungen stünde die Wahrheit: diese Art von flüchtiger Liebschaft würde ganz in das Bild eines gehetzten Politikers passen. Nahezu 50 Jahre später beendete eine solche Liebe „mit dem Blick auf die Uhr" bekanntlich die Karriere eines westdeutschen Bundeskanzlers.

Von all den Gerüchten ernst zu nehmen, waren seine Beziehungen zu seiner Halbnichte Geli Raubal, die er 1925 kennenlernte, als diese mit einem Schulausflug von Wien nach München kam. Hier scheint sich die traumhafte Verehrung wie bei seiner unerfüllt gebliebenen Jugendliebe Stefanie zu wiederholen. Er holte seine Halbschwester Angela Raubal auf den Obersalzberg und förderte das 20 Jahre jüngere Mädchen, das künstlerische Neigungen zeigte, wo er nur konnte. Joachim C. Fest scheint dem psychologischen Hintergrund am nächsten zu kommen, wenn er schreibt:

„Seit dem Tode der Mutter hatten Frauen, wenn die vorhandenen Zeugnisse glaubwürdig sind, nur ersatzweise oder beiläufige Rollen gespielt. Das Männerheim, die Zufallsnachbarschaften in den Münchener Bierkellern, der Unterstand, die Kaserne und die von Uniform und Männerkumpanei geprägte Partei waren seine Welt und ihr Komplementär-

102 Ernst Hanfstaengl, „Zwischen Weißem und Braunem Haus", Seite 157

bereich eher das, wenn auch verabscheute Bordell, die frivolen und flüchtigen Verhältnisse, in die sein schweres, stokkiges Temperament sich allerdings nur mühsam fand. Schon in der Neigung zu dem Jugendidol Stefanie kam der eigenartig verengte Charakter seiner Beziehung zu den Frauen zum Ausdruck, unter den Kameraden im Feld galt er als ‚Weiberfeind'; und obwohl er sich immer in dichten sozialen Verhältnissen befand, immer in Gegenwart zahlloser Menschen, ist seine Biographie auf geradezu unheimliche Weise menschenleer: Es gibt in ihr keine einzelnen, individuellen Beziehungen. Die für ihn charakteristische Angst vor allen selbstentäußerten Haltungen schloß, einem Bemerken aus seiner Umgebung zufolge, auch die ständige Sorge ein, ‚mit einer Frau ins Gerede zu kommen'. Erst mit dem Erscheinen Geli Raubals, ihrer schwärmerischen, anfangs offenbar eher halbkindlichen Zuneigung zu ‚Onkel Alf', schienen die Komplexe sich zu lockern[103]."

Ernst Hanfstaengl, die tragisch-komische Figur aus den Anfängen der Hitler-Bewegung, läßt an dieser Geli Raubal kein gutes Haar: Hitler habe in unbegreiflicher Ahnungslosigkeit nicht bemerkt, daß seine Angebetete Liebesaffären gehabt hätte. Angefangen von Hitlers Fahrer und Leibwächter Emil Maurice bis zu einem jüdischen Linzer Maler.

Hitler ließ ihr zuerst vom Kapellmeister Adolf Vogel Gesangsstunden geben, dann von Hans Streck, dem ehemaligen Adjutanten des Generals Ludendorff. Aber alle Mühe war umsonst. Hanfstaengl berichtet:

„‚Geli', erklärte Streck, ‚ist zweifellos die faulste Schülerin, die ich je gehabt habe, und täte ich es nicht auch Hitler zuliebe, so hätte ich sie längst hinausgeworfen. Die halbe Zeit ruft sie an und sagt, sie könne nicht kommen, und wenn sie mal erscheint, dann kommt sie ungeübt und profitiert von der Stunde so gut wie nichts. Ich bewundere nur Hitlers

103 Joachim C. Fest, a.a.O., Seite 446 f.

unglaubliche Nachsicht, mit der er Monat für Monat das Honorar für das Mädchen hinauswirft, ohne ein Ergebnis zu ernten. Und daß er sich gelegentlich wie ein verliebter Schulbub in meine Wohnung stiehlt, um heimlich von der Diele aus ihren stümperhaften Leistungen zu lauschen, das ist doch nicht normal, wenn man bedenkt, wie entwickelt Hitlers musikalisches Empfinden ist![104]'"

Joachim C. Fest faßt die Geli Raubal-Gerüchte zusammen: „Ungeklärt ist, ob sie Hitlers Geliebte war: einige Berichte wollen es so wissen und deuten den Selbstmord als verzweifelten Ausweg aus den unerträglich gewordenen Bedrückungen der Onkelbeziehung; andere behaupten darüber hinaus, erst gewisse perverse Zumutungen des abartig veranlagten Hitler hätten das Mädchen zu seiner Tat gedrängt, während eine dritte Version jede sexuelle Verbindung zwischen beiden bestreitet, freilich die eher wahllose Promiskuität der Nichte gegenüber dem gestiefelten Personal Hitlers betont. Ziemlich sicher ist, daß sie den Ruhm des Onkels genossen und an seiner Starrolle naiv partizipiert hat[105]."

Da erschoß sich Geli Raubal — mitten in einer politischen Hochsaison — am Abend des 18. September 1931 in Hitlers Münchner Wohnung. Hitler war bereits am Nachmittag nach Norden abgefahren, um dort zu sprechen. Das Mädchen wurde von Frau Anny Winter, die den Haushalt Hitlers leitete, gefunden. Sie verständigte sofort Rudolf Heß und Gregor Strasser. Hitlers politische Gegner und die gesamte Boulevardpresse stürzten sich mit Wonne auf die Affäre und schlachteten sie weidlich aus.

Natürlich gibt es jetzt die abenteuerlichsten Unterstellungen. Selbst Allan Bullock schreibt zu diesem Thema: „Aber es ist noch behauptet worden, Hitler habe von Geli verlangt, seine Geliebte zu werden, und die absonderliche Art seiner Wünsche habe sie abgestoßen und mit Abscheu erfüllt. Es

104 Ernst Hanfstaengl, a.a.O., Seite 236
105 Joachim C. Fest, a.a.O., Seite 447

gibt dafür indessen keine anderen Beweise als dunkle Andeutungen und Klatschereien aus zweiter Hand[106]."

Ernst Deuerlein wurde noch deutlicher, als er feststellte: „Hitlers Gegner behaupten, er habe in einem Anfall von Eifersucht seine Nichte erschossen, weil sie ihre Beziehungen zu einem Medizinstudenten nicht abbrechen wollte. Hitler selbst befand sich im Zeitpunkt der Auffindung der Toten auf dem Wege nach Hamburg. Er war zwar von der Mitteilung auf das tiefste erschüttert, scheidet als Täter auch für den Fall, daß kein Selbstmord vorlag, aus. Alles, was bisher über die Beziehungen zwischen Hitler und Angela Raubal und über deren Tod geschrieben wurde, ist nicht belegbar, Es handelt sich um Erzählungen, Redereien und Vermutungen[107]."

Damit wurde wieder einmal von völlig unverdächtigen Historikern, die zum Teil für ihre antihitlerische Stellungnahme bekannt sind, eine der zahlreichen Legenden richtiggestellt.

Frau Anny Winter erklärte später: „Es war so etwas wie eine Vaterliebe. Er wollte nur ihr Bestes. Geli war ein leichtsinniges Mädchen und probierte an jedem ihre Verführungskünste aus. Hitler wollte sie nur gegen schlechte Einflüsse schützen . . . Geli liebte Hitler. Sie war ständig hinter ihm her. Natürlich wollte sie einmal Frau Hitler werden. Er war ja eine glänzende Partie, aber sie flirtete auch mit jedem anderen."

„Ich liebe sie", soll Hitler dem Fotografen Hoffmann anvertraut haben, „aber ich glaube nicht an die Ehe. Ich behalte mir das Recht vor, über Geli zu wachen, bis sie einen Mann nach meinem Geschmack findet[108]."

Das Motiv des tragischen Selbstmordes konnte bis zur Stunde nicht aufgeklärt werden. Am wahrscheinlichsten

106 Allan Bullock, „Hitler", Seite 401
107 Ernst Deuerlein, „Hitler", Seite 83
108 Nerin E. Gun, a.a.O., Seite 24 f.

dürfte sein, daß sich das verwöhnte Mädchen, welches sechs Jahre im Schatten Hitlers verbrachte, schließlich als seine Gefangene fühlte und an seiner besitzergreifenden Haltung scheiterte.

Hitler, der seine Reise sofort abbrach, war wie versteinert. Er brauchte Tage, um diesen Schlag zu überwinden. Die Leiche der Unglücklichen wurde nach Wien überführt und dort am Zentralfriedhof beigesetzt, ohne daß Hitler dabei war. An seiner Stelle erwiesen Röhm und Himmler der Toten die letzte Ehre.

Gelis Sterbezimmer blieb wie es war. Jedes Jahr an ihrem Todestag wurde es mit frischen Blumen geschmückt. Hitler hatte eine Büste von Geli Raubal aufstellen lassen. Auch das von ihr seinerzeit bewohnte Zimmer im „Haus Wachenfeld" in Berchtesgaden blieb als Erinnerungsstätte erhalten[109].

Nach diesem tragischen Erlebnis verschloß sich Hitler noch mehr als bisher fremden Frauen. „Dabei", vertrat Ernst Hanfstaengl ironisch die Auffassung, „hat es, wie man heute weiß, keineswegs an emsig bemühten Bewerberinnen gefehlt, die bereit waren, sich willig den Exkursionen von Hitlers Sexus auszuliefern[110]."

Dennoch war Hitlers Einfluß auf die Frauen von geradezu magischer Ausstrahlungskraft. In den Massenkundgebungen wurde Hitler am meisten von den vor Begeisterung überschäumenden Frauen bejubelt und das, obgleich die NSDAP eine ausgesprochene Männerpartei, das Dritte Reich ein Männerstaat war.

Wenn auch in der Weimarer Republik das von den Sozialisten erkämpfte Frauen-Stimmrecht in Masse den konservativen Parteien zugute kam, holten die Nationalsozialisten sehr bald auf. 1933 blieb der Frauen-Stimmanteil der NS-Wähler nur ein Prozent hinter dem der Männer zurück.

109 Ernst Hanfstaengl, a.a.O., Seite 243 f.
110 Ernst Hanfstaengl, a.a.O., Seite 243

Die Hingabe der Frauen an den Nationalsozialismus geht ausschließlich auf das persönliche Konto Hitlers. Denn die Partei bot — außer ihrem familien- und jugendfördernden Programm — den Frauen selbst keinerlei Chancen. Frauen spielten in der NSDAP — NS-Frauenschaft, BDM, weiblicher RAD — lediglich eine Helferrolle im Dienste der gemeinsamen Sache. Sie waren auch vom passiven Wahlrecht ausgeschlossen.

Hitler liebte keine fraulichen Funktionäre, er duldete sie lediglich in den oben beschriebenen Funktionen. „Politische Frauen hasse ich", soll er nach Aussage Heinrich Hoffmanns erklärt haben[111].

Erst im Verlauf des totalen Krieges rückte die deutsche Frau zwangsläufig in männergleichberechtigte Aufgaben, besonders in der Wirtschaft und in den Dienstleistungsbetrieben. Die Politik blieb ihr aber bis zuletzt verschlossen.

Es fehlte nicht an kupplerischen Bemühungen aus seinem Freundeskreis. Doch alle Versuche blieben in ihrem Anfang stecken. Hitler war den Frauen gegenüber stets höflich, küßte ihnen mit österreichischem Charme die Hand, selbst seinen verheirateten Sekretärinnen, die er niemals anschrie, auch dann nicht, wenn sie empfindliche Fehler gemacht hatten. Niemals zeigte er sich ihnen gegenüber unwillig, und er setzte sich, auch als Reichskanzler, niemals in Gegenwart einer Frau zuerst[112].

Eine der Frauen, die die voreilige Geschichtsschreibung als seine „Geliebte" einstuft, ist die Schwägerin von Sir Oswald Mosley, Lady Unity Walkyrie Mitford, Tochter des Lord Redesdale, die 1931 in der Münchener „Ostaria" Adolf Hitler traf. Sie hatte seine Bekanntschaft planmäßig gesucht. Hitler diskutierte mit ihr bald über das ihm so am Herzen liegende deutsch-englische Verhältnis und war entzückt, ein demonstratives Echo seiner heißersehnten deutsch-englischen

111 Heinrich Hoffmann, „Hitler, wie ich ihn sah", Seite 138
112 Werner Maser, a.a.O., Seite 315

Freundschaft in der jungen britischen Aristokratin zu finden. Bei den Bayreuther Festspielen trafen sich die beiden wieder. Es entwickelte sich zwischen Lady Unity, ihrer Schwester, Lady Diana, der Frau von Sir Oswald Mosley, und Hitler ein intensives, freundschaftliches Verhältnis, das vielerorts falsch gedeutet wird. Denn zur selben Zeit interessierte sich Hitler längst für die Frau, die sein Schicksal bis zum bitteren Ende teilen sollte: Eva Braun. Das Schicksal dieser tapferen Frau ist wahrhaft ergreifend. Es gehört die Niederträchtigkeit eines Luis Trenker dazu, durch ein gefälschtes Tagebuch Eva Brauns ein schmutziges Geschäft machen zu wollen, durch das die Persönlichkeit dieser Frau völlig mißdeutet wird. Hitler lernte Eva Braun im Fotoatelier Heinrich Hoffmanns kennen. Sie entsprach ganz dem Bild, das sich Hitler von der Frau machte: blond, blauäugig, mittelgroß, schlank und bescheiden.

Sir Oswald Mosley beschreibt die Beziehungen Hitlers zu seiner Schwägerin Unity wie folgt:

„Es gab nie die Frage einer Liebesaffäre zwischen Hitler und Unity Mitford. Sie war die jüngere Schwester meiner Frau und ging nach München im Jahre 1933, und zwar im Alter von 19 Jahren. Dort traf sie Hitler und entwickelte für ihn eine große Bewunderung. Sie war von seiner Persönlichkeit, seiner Großmut und seiner ganzen Umgebung sehr beeindruckt. Sie war oft in seiner Begleitung und Gesellschaft und sie interessierte und amüsierte ihn wirklich. Sie war sehr offen, und er erlaubte ihr, alles zu sagen. Hinzu kommt, daß sie mit ihrer Lebenslust und ihrem Charme ihm ganz gewiß einen Einblick in das englische Leben gab.

Der beste Beweis, daß keine Liebesaffäre existierte, ist vielleicht dadurch erbracht, welche Anordnungen er für sie auf dem Parteitag 1937 traf. Ich freute mich natürlich immer für meine Frau Diana, wenn sie nach Deutschland fuhr, um sich bei ihrer Schwester aufzuhalten, da ich dadurch einen Einblick in die Bewegung erhielt. Zu dieser Zeit konnte ich noch kein Deutsch sprechen (ich lernte es nur in den Kriegsgefangenenjahren). Auf diesem Parteitag gab Hitler Diana und Unity gutplazierte Sitze. Sie saßen direkt neben einer charmanten, jungen deutschen Frau. Wie sich herausstellte, handelte es sich um Eva Braun. Das war sein taktvoller Weg, sie ihnen vorzustellen, und sie wurden Freundinnen.

Nach allen Eindrücken, die ich hatte, können Hitlers Beziehungen zu Frauen am besten als ritterlich bezeichnet werden. Er war extrem höflich und in jeder Weise korrekt[113]."

Am 3. September 1939, nach der Bekanntgabe der Kriegserklärung Englands an Deutschland, schoß sich Lady Unity Mitford auf einer Bank im Münchner Englischen Garten mit einer Pistole zwei Kugeln in den Kopf[114].

Heinrich Hoffmann berichtet über diese Affäre: „Hitler zog die besten Ärzte heran und bemühte sich rührend um die Todkranke. Jeden Tag ließ er ihr Blumen in die Klinik schicken. Neben ihrem Bett stand sein Foto mit eigenhändiger Widmung.

Als sich Unitys Zustand soweit gebessert hatte, daß sie transportfähig war, ließ Hitler sie in Begleitung von Professor Morell in die Schweiz bringen. Von dort kehrte sie nach England zurück, wo sie 1948 starb.

Der Selbstmordversuch Unitys war Hitler nahegegangen. Kurze Zeit nach dem tragischen Vorfall sagte er zu mir:

‚Hoffmann, ich beginne, mich vor den Frauen zu fürchten! Wenn ich einmal nur etwas persönlich werde — schon wird es falsch ausgelegt. Ich bringe den Frauen kein Glück. Das war in meinem ganzen Leben so[115]!'"

Dabei wurde Hitler von Anträgen geradezu überschwemmt. Auch hier Heinrich Hoffmann:

„Unheimlich, wie faszinierend er auf Frauen wirkte! Ich

113 Schriftliche Mitteilung Sir Oswald Mosleys an den Autor vom 18. Juni 1975
114 Werner Maser, a.a.O., Seite 320
115 Heinrich Hoffmann, a.a.O., Seite 141 f.

hatte es in der Kampfzeit erlebt, daß die älteren weiblichen Jahrgänge wie Backfische für ihn schwärmten. Und was bekam er erst später für Briefe! Exaltierte Ehefrauen wollten von ihm ein Kind. Andere wieder schrieben ihm so überschwenglich, daß über ihren Geisteszustand kein Zweifel aufkommen konnte. In Hitlers Privatkanzlei gab es dicke Leitzordner mit der Aufschrift: ‚Verrückt'[116]."

Aus dieser Gruppe bezogen allzuoft die Vergangenheitsbewältiger nach 1945 ihre „Kenntnisse" über die Intimsphäre Hitlers. Sie sehen danach aus! Trotzdem hatte auch Adolf Hitler die natürliche Sehnsucht nach einem Zuhause; nach einem Menschen, bei dem er sich ausruhen konnte. Das war aber gar nicht so einfach. Sein Flugkapitän Hans Baur kam einmal über das Verhältnis Hitlers zu den Frauen mit ihm zu sprechen. Er berichtet darüber:

„Ich kannte zwar Hitlers Privatleben nicht, wußte auch nicht, wie er zu Frauen stand, trotzdem konnte ich mich nicht erwehren zu sagen: ‚Sie können mir eigentlich nur leid tun.'

‚Wieso?' meinte er.

‚Weil es für Sie anscheinend die Frauen nur aus der Ferne gibt.'

Worauf Hitler antwortete: ‚Da haben Sie sehr recht. Ich kann mir das nicht leisten. Die Frauen machen mit mir nur Propaganda, und als Mann, der im Scheinwerferlicht der Öffentlichkeit steht, muß ich mich davor hüten. Wenn Sie einen Seitensprung machen, kräht kein Hahn danach, wenn ich mir das aber erlauben würde, so könnte ich mich bald nicht mehr sehen lassen. Die Frauen können den Mund nicht halten.'

Einmal war Hitler von einer Schar anmutiger Mädel umringt, die anfangs zwar noch etwas scheu waren, bald aber lustig drauflos plapperten. Ich versuchte mit meiner Nachbarin ins Gespräch zu kommen — zwecklos, sie hatte nur

116 Heinrich Hoffmann, a.a.O., Seite 142

Augen für Hitler. Wie mir, so erging es allen anderen: die Mädel starrten alle auf Hitler. Allmählich hatten sie ihn ganz eingekreist. Als Hitler merkte, daß wir ohne unsere Tischnachbarinnen dasaßen, wurde er wortkarger. Schließlich wurde ihm das Geschnatter zu viel, und er erklärte: ‚Meine Damen, wir wollen die Kaffeestunde beschließen. Ich darf Sie noch einladen, in das Künstlercafé mitzukommen.'

Selbstverständlich wurde die weitere Einladung mit großem Jubel angenommen. Hier war Hitler bald wieder von Frauen umringt. Er ließ Brückner rufen und durch ihn Dr. Hanfstaengl bitten, Klavier zu spielen. Dann entschuldigte sich Hitler bei den Damen, Hanfstaengl sei ein ausgezeichneter Pianist, er höre sehr gern Musik und möchte jetzt ein wenig zuhören. Dann trat er ans Klavier, ließ sich zwei Stücke vorspielen, um sich danach endgültig von der Gesellschaft zu verabschieden.

Bei dieser und später bei manch anderen Gelegenheiten sprach ich zwangsläufig mit Frauen und Mädchen über Hitler. Sie waren alle begeistert, fanatisch oder hysterisch. An jenem Abend drehte sich die Unterhaltung mit meiner Nachbarin nur um das Thema: Hitler. Sie gestand mir, sie sei in Hitler verliebt und fürchte, mit ihren 22 Jahren keinen Mann zu bekommen, da sie alle mit Hitler vergleiche und keiner ihm ähnele. Ich konnte mir nicht verkneifen zu erzählen, was Hitler mir soeben noch gesagt hatte, daß er sich nämlich auf keinerlei Abenteuer mit Frauen einlassen könnte, da sie nicht schweigen würden. Sie starrte mich entgeistert an: ‚Sie, ist das wirklich wahr? Hat er das wirklich gesagt? Sagen Sie ihm doch, ich gebe keinen Ton von mir, ich lasse mir lieber die Zunge herausreißen!' Ich mußte lachen, aber ihr war es ernst. Auch Hitler hatte am nächsten Tag, als ich ihm die Sache berichtete, nur ein Lachen[117]."

Hitler war zutiefst davon überzeugt, daß er als Führer nicht heiraten und auch keine Kinder haben durfte. Er sollte

117 Hans Baur „Ich flog Mächtige der Erde", Seite 89 f.

sozusagen aus diesen Dingen des normalen Lebens herausgehoben bleiben.

Schließlich fand er in Eva Braun dann doch seine Ergänzung; er entwickelte Ende 1930 für sie ein ernstes Interesse, lud sie in die Müchner Oper ein und ging mit ihr anschließend in die „Ostaria Bavaria" essen. Schließlich verliebte sich Eva Braun in den 23 Jahre älteren Mann, der ihr geistig natürlich weit überlegen war und der sie langsam in die Kunst und auch in die Politik einführte. Zweifellos litt das Mädchen darunter, daß Hitler für sie nur selten Zeit hatte und daß sie in einer zwangsläufigen Isolierung leben mußte. Sie hatte von Anfang an erkannt, daß ihr Verhältnis — im bürgerlichen Sinn — aussichtslos war.

Am 1. November 1932 machte auch sie einen ernsten Selbstmordversuch. Sie schoß sich mit der väterlichen Pistole an; die Kugel saß nahe der Halsschlagader. Hitler war fassungslos und besuchte sie oft in der Klinik. Dieser Schuß beendete das Verhältnis aber nicht. Im Gegenteil, er festigte es.

Bis zu dem grauenhaften Ende im Führerbunker blieb sie die Frau seines Lebens. Die Geste der förmlichen Eheschließung kurz vor Mitternacht des 28. April war der letzte Kavaliersdienst, den Adolf Hitler Eva Braun, die im wahrsten Sinne bis in den Tod getreu war, erweisen wollte: sie sollte in die Geschichte als seine Frau und nicht als seine Geliebte eingehen.

In seinem persönlichen Testament kommt dies klar zum Ausdruck:

„Da ich in den Jahren des Kampfes glaubte, es nicht verantworten zu können, eine Ehe zu gründen, habe ich mich nunmehr vor Beendigung dieser irdischen Laufbahn entschlossen, jenes Mädchen zur Frau zu nehmen, das nach langen Jahren treuer Freundschaft aus freiem Willen in die schon fast belagerte Stadt hereinkam, um ihr Schicksal mit dem meinen zu teilen. Sie geht auf ihren Wunsch als meine

Gattin mit mir in den Tod. Er wird uns das ersetzen, was meine Arbeit im Dienste meines Volkes uns beiden raubte...

Ich selbst und meine Gattin wählen, um der Schande der Absetzung oder Kapitulation zu entgehen, den Tod. Es ist unser Wille, sofort an der Stelle verbrannt zu werden, an der ich den größten Teil meiner täglichen Arbeit im Laufe eines zwölfjährigen Dienstes an meinem Volk geleistet habe[118]."

Ehe Adolf Hitler und seine Frau zum letzten Schritt entschlossen waren, hörte er noch zum letzten Mal von SS-Brigadeführer Wilhelm Mohnke, dem Befehlshaber der Zitadelle, die hoffnungslose militärische Lage an. Der sowjetische Einschließungsring wurde immer enger. Die roten Sturmtruppen standen bereits am Potsdamer Platz, in der Leipziger und Friedenstraße, am Anhalter Bahnhof und im Tiergarten. Trotzdem leisteten die deutschen Kampfgruppen, unter ihnen europäische Freiwillige der Waffen-SS, einen so erbitterten Widerstand, daß General Wassilij Tschuikow, der Kommandeur der 8. Gardearmee, die zu dem schon ungeduldig werdenden Feldmarschall Schukow gehörte, nicht weiter kam.

Die Lage war ohne jede Hoffnung. Hitler wußte das längst. Sein Tod war beschlossen. Zerfahren hörte er Mohnkes Ausführungen an und unterzeichnete dann den letzten Führerbefehl:

„An den Befehlshaber des Verteidigungsbereiches Berlin, General der Art. Weidling.

Im Falle des Munitions- und Verpflegungsmangels bei den Verteidigern der Reichshauptstadt gebe ich mein Einverständnis zum Ausbruch. Es ist in kleinsten Gruppen auszubrechen und Anschluß an die noch kämpfende Truppe zu suchen. Wo dieser nicht gefunden wird, ist der Kampf in kleinen Gruppen in den Wäldern fortzusetzen.

Adolf Hitler"

118 Nerin E. Gun, a.a.O., Seite 198 f.

Der Ausbruch aus der „Zitadelle"

Über den ganzen Führerbunker senkte sich ein Hauch des Todes. Dessen ungeachtet machte sich SS-Brigadeführer Mohnke mit seinem Chef des Stabes, Klingemeier, sofort daran, die einzelnen Gruppen einzuteilen und den Ausbruch vorzubereiten. Im Bunker hatten sich u. a. zum Ausbruch entschlossen: Martin Bormann, der unbedingt zu Dönitz nach Flensburg wollte, Staatssekretär Dr. Werner Naumann, SS-Brigadeführer Johann Rattenhuber, SS-Brigadeführer Jürgen Ziegler, SS-Standartenführer Peter Högl, dem bislang der Schutz Hitlers anvertraut worden war, Hitlers letzter Arzt, Dr. Ludwig Stumpfegger, sowie der Oberstarzt Prof. Dr. Ernst Günther Schenck, Goebbels' Adjutant Günther Schwägermann, Hitlers Adjutant, SS-Sturmbannführer Otto Günsche, Hitlers Chefpilot, SS-Obergruppenführer Hans Baur, der Vertreter Dönitz', Vizeadmiral Hans Erich Voß, Ribbentrops Vertreter, Botschafter Walter Hewel, Hitlers Diener Heinz Linge, die Hitler-Sekretärinnen Gertrude Junge und Gerda Christian, Hitlers Diätköchin Konstanze Manzialy, Bormanns Sekretärin Else Krüger und — Hitlers Fahrer Erich Kempka. Die Zivilisten, besonders die Frauen, stellten eine schwere Belastung dar, die aber als selbstverständlich mit in Kauf genommen wurde.

Am 1. Mai, kurz vor 20 Uhr, war folgender Befehl an alle Gefechtsstände jener Kampfgruppen herausgegangen, die rund um die Reichskanzlei noch immer den vordringenden Rotarmisten erbitterten Widerstand leisteten.

„Der Führer ist tot. Jeder ist seines Fahneneides auf ihn entbunden. Die Stadt wird morgen mittag um 14 Uhr russisch sein, der Feind hat auf bedingungsloser Kapitulation beharrt. Das Schicksal nach der Waffenruhe ist daher völlig von seiner Willkür abhängig. Ein Freikorps unter der Führung des letzten Kommandeurs der ‚Leibstandarte Adolf Hitler' wird, bestehend aus kampffähigen Freiwilligen aller

Verbände, unverzüglich gebildet und in der kommenden Nacht den gewaltsamen Ausbruch durchführen. Das Unternehmen wird in zwei Stoßkeilen über Stettiner Bahnhof und Friedrichstraße nach Norden und Nordwesten einen Korridor durch den Einschließungsring für den Abstrom von Verwundeten und Zivilisten zu öffnen versuchen. Ob unsere Kräfte dazu ausreichen werden, ist vorerst ungewiß und durchaus zweifelhaft. Wir verfügen fast nur mehr über leichte Infanteriewaffen, das feindliche Sperrsystem ist tief gegliedert. Wir werden im günstigsten Falle bis zum Erreichen der Stadtgrenze mit 18 Stunden Kampf zu rechnen haben. Je nach der Entwicklung dieses Kampfes werden Schwerverwundete des Freikorps nicht mitgenommen werden können. Wer in solcher Lage dem Feind nicht lebend in die Hände fallen will, bekommt den Gnadenschuß. Ziel für alle Einheiten und Männer, denen der Ausbruch gelingt, ist die Vereinigung mit unseren im Norden noch kämpfenden Verbänden. Über ihre Lage ist nichts bekannt. Seit 48 Stunden besteht keine Verbindung mehr mit ihnen. Admiral Dönitz ist zum Reichspräsidenten ernannt, seine weiteren Befehle sind für später bindend. Die Einheiten des Freikorps sammeln an den befohlenen Plätzen bis um 20 Uhr und ziehen von dort in ihre Bereitstellungen[119]."

In der Nacht herrschte fieberhaftes Treiben. In den Kellern und Häuserruinen sammelten sich die letzten Stoßtrupps, die gewillt waren, sich nach dem Westen durchzukämpfen. Die Gruppen aus dem Führerbunker waren nur einige von ihnen.

Mohnke hatte im ganzen zehn Ausbruchsgruppen vorgesehen. Die erste führte er selbst, die zweite Rattenhuber, die dritte Dr. Naumann. Ab 23 Uhr sollte der Ausbruch beginnen. Es war geplant, daß jede Gruppe im Abstand von etwa 30 Minuten ihren Weg suchen sollte. Ziel war, über Wedding hinaus in Richtung Nordwesten vorzustoßen. Bei

119 Peter Gosztony, a.a.O., Seite 382

Schwerin sollten sich dann die Durchgebrochenen sammeln, um von dort zu Dönitz nach Plön zu stoßen.

Die erste Gruppe mit Mohnke, Klingemeier und Günsche verließ zeitgerecht mit zwanzig Mann und den vier Frauen den Bunker. Die Gruppe kam zuerst gut voran. Ohne von den Rotarmisten ausgemacht zu werden, erreichte sie den U-Bahn-Eingang Wilhelmsplatz und marschierte im Stollen gegen die Station Stadtmitte. Die Verbindung zu den anderen Gruppen war gerissen, weil es keinen Funk mehr gab. Um 1 Uhr morgens (2. Mai) stießen sie auf ein eisernes Schott, das den ganzen Tunnel abschloß. Davor standen zwei uniformierte Beamte der Berliner Verkehrsbetriebe, die sich unter Berufung auf die Vorschriften hartnäckig weigerten, das Schott zu öffnen, weil dies nachts geschlossen zu bleiben habe.

Jetzt kam das Unerklärlichste der ganzen dramatischen Vorkommnisse: Anstatt die beiden hirnrissigen Beamten mit vorgehaltener Pistole zu zwingen, das Schott zu öffnen, suchte General Mohnke, bewährter Held in vielen Schlachten, mit dem Ritterkreuz ausgezeichnet, mit seiner Gruppe und Hunderten anderen Flüchtlingen einen neuen Weg über die Spree, links von der Weidendammer Brücke[120].

Es ging also wieder zurück zur Friedrichstraße. Von dort pirschte sich die Gruppe Mohnke durch das Trümmerfeld zwischen Spree und Invalidenstraße. Plötzlich hörte man aus der Richtung Weidendammer Brücke heftigen Gefechtslärm. Dort war die Gruppe, bei der sich Erich Kempka befand, auf eine sowjetische Sperre aufgelaufen. Bei diesem Gefecht, bei dem die letzten Panzer der SS-Division „Nordland“ zum Einsatz kamen, wurde Erich Kempka bekanntlich verletzt und verlor vorübergehend das Bewußtsein.

Als sich dies ereignete, befand sich Erich Kempka in engster Tuchfühlung mit Bormann, Naumann, Schwäger-

120 Bahnsen/O'Donnell, a.a.O., Seite 264

mann, Stumpfegger und dem zweiten Führer-Piloten Georg Beetz sowie Artur Axmann, der mit einer anderen Gruppe ausgebrochen und ebenfalls an der Weidendammer Brücke gelandet war[121].

Als Kempka wieder zu sich kam, fand er nur mehr den schwerstverletzten Beetz vor, den er schließlich auf einen Handkarren lud und Frau Käthe Häusermann übergab. Dann schlich sich der benommene Kempka weiter. Gleich ihm glückte es Dr. Werner Naumann und Artur Axmann, sich nach dem Westen durchzuschlagen.

Bormann blieb von diesem Augenblick an spurlos verschwunden. Zwar hatte Artur Axmann, der mit seinem Adjutanten Günter Weltzin durch die Gegend des Lehrter Bahnhofs schlich, ausgesagt, daß er auf die beiden gestoßen sei. Er gab an: „Wir stießen auf die Körper Martin Bormanns und seines Begleiters Dr. Stumpfegger. Sie lagen dicht beieinander. Regungslos. Ich beugte mich über sie, ihre Gesichter lagen im Mondlicht. Ich entdeckte kein Anzeichen einer Verwundung. Zuerst hielt ich sie für bewußtlos oder gar für eingeschlafen. Aber sie atmeten nicht. Ich vermutete daraufhin und heute noch mehr, daß sie sich vergiftet hatten. Wir konnten uns nicht damit aufhalten, ihren Puls zu fühlen und so weiter. Gefährdet, wie wir waren, lag uns nichts an historischen Feststellungen. Dann setzten wir uns in der gleichen Richtung ab. Es war noch dunkel, sehr feucht und kalt. Die Dämmerung brach, nach meiner Erinnerung, erst eine halbe Stunde später an, als wir im Wedding eintrafen[122]."

Diese Aussage machte Axmann bereits im Dezember 1945, nachdem es dem amerikanischen CIC gelungen war, den untergetauchten Axmann in Oberbayern aufzustöbern und festzunehmen. Aber niemand glaubte Axmann.

121 John Toland, „Das Finale", Seite 528
122 Bahnsen/O'Donnell, a.a.O., Seite 294

Als schließlich ernsthaft am Tode Hitlers nicht mehr zu zweifeln war und das Amtsgericht Berchtesgaden am 25. 10. 1956 Adolf Hitler offiziell für tot erklärte, klammerte sich die offizielle Geschichtsforschung an die Legende, Martin Bormann lebe irgendwo illegal und warte auf seine Stunde. Auf welche, wußte natürlich niemand zu sagen. Jahrelang wurde der verschwundene Bormann, der längst unweit des Lehrter Bahnhofes verscharrt, vermoderte, zum großen Geschäft für Simon Wiesenthal, Ladislas Farago und Genossen. Einmal lebte Bormann in Arabien und beriet die Araber im Kampf gegen Israel, dann wieder lebte er fürstlich als Großgrundbesitzer irgendwo in Südamerika; eine andere Version wollte Bormann sogar zum sowjetischen Chefspion umfunktionieren. Dies hatte einen grotesken Hintergrund: Die Überlebenden der Landesverräterclique im 20. Juli bzw. ihre Freunde wollten von ihren ertappten Komplicen ablenken und Martin Bormann als den bis zur Stunde noch nicht enttarnten Großverräter Werther entlarven. Das kläglichste Spiel dabei führte Reinhard Gehlen in seinem sonst so interessanten Bericht „Der Dienst" auf, als er geheimnisvoll verkündete: „Ich will an dieser Stelle mein langes Schweigen um ein Geheimnis brechen, das — von sowjetischer Seite aufs sorgfältigste gehütet — den Schlüssel zu einem der rätselhaftesten Fälle unseres Jahrhunderts in sich birgt. Es ist die verhängnisvolle Rolle, die Hitlers engster Vertrauter, Martin Bormann, in den letzten Kriegsjahren und danach gespielt hat.

Als prominentester Informant und Berater der Sowjets arbeitete er für den Gegner schon zu Beginn des Rußlandfeldzuges. Unabhängig voneinander ermittelten wir die Tatsache, daß Bormann über die einzige unkontrollierte Funkstation verfügte. Wir waren uns aber darüber einig, daß ein gezielter Ansatz zur Überwachung des neben Hitler mächtigsten Mannes in der national-sozialistischen Hierrarchie zu diesem Zeitpunkt so gut wie ausgeschlossen war. Jede Unvorsichtigkeit hätte das Ende der Nachforschungen und auch unser Ende bedeutet. Canaris hat mir seine Verdachtsmomente, Vermutungen und Feststellungen über die Motive der Verrätertätigkeit Bormanns geschildert. Er schloß Möglichkeiten zur Erpressung Bormanns nicht aus, sah aber die wahrscheinlichen Beweggründe eher in den von maßlosem Ehrgeiz und Komplexen gegenüber seiner Umgebung begründeten und letztlich nicht befriedigten Ambitionen des Reichsleiters, eines Tages Hitlers Position einzunehmen. Wie geschickt Bormann seine großen Rivalen Göring und Goebbels abwechselnd bei Hitler in Mißkredit brachte, ist uns inzwischen bekannt.

Meine eigenen Feststellungen konnten erst einsetzen, als nach 1946 für mich Möglichkeiten bestanden, die mysteriösen Umstände der Flucht Bormanns aus Hitlers Bunker in Berlin und sein Verschwinden zu untersuchen. Die wiederholt in der internationalen Presse aufgetauchten Behauptungen, Bormann lebe im undurchdringlichen Urwaldgebiet zwischen Paraguay und Argentinien, umgeben von schwerbewaffneten Leibwächtern, entbehren jeder Grundlage.

Zwei zuverlässige Informationen gaben mir in den 50er Jahren die Gewißheit, daß Martin Bormann perfekt abgeschirmt in der Sowjetunion lebte.

Der ehemalige Reichsleiter war bei der Besetzung Berlins durch die Rote Armee zu den Sowjets übergetreten und ist inzwischen in Rußland gestorben[123]."

Die so schön aufgebaute Bormann-Legende starb dann im September 1973 sang- und klanglos, als aufgrund eines Zahnvergleiches eines in Berlin aufgefundenen Totenkopfes einwandfrei festgestellt wurde, daß Martin Bormann zusammen mit dem Hitler-Arzt Dr. Stumpfegger am 2. Mai 1945 den Tod gefunden hatte.

123 Reinhard Gehlen, „Der Dienst", Seite 48 f.

Eine geradezu klägliche Rolle spielte in der Affäre am Schluß Herr General Reinhard Gehlen, denn erst durch ihn hatte der ganze Bormann-Schwindel Gewicht bekommen. Im September 1971 erklärte er vor dem Frankfurter Untersuchungsrichter Horst von Glasenapp im Amtsgericht Starnberg als Zeuge, „einer seiner Kontaktmänner“ habe 1946 oder 1947 einen Filmbericht der „DDR“-Wochenschau „Augenzeuge“ über eine spektakuläre Sportveranstaltung in Moskau gesehen und dabei während eines Kameraschwenks den einstigen NS-Reichsleiter Bormann entdeckt. Gehlen war aber nicht bereit, seine Aussagen zu beschwören[124].

Damit war der Versuch, die Rolle des Großverräters „Werther“ dem Nationalsozialismus zuzuschieben, endgültig gescheitert.

Nachdem all diese Tatsachen feststehen, veröffentlichte, ohne mit einer Wimper zu zucken, Herr Ladislas Farago einen „Tatsachenbericht“ unter dem Titel „Scheintot“, in dem er unbekümmert erklärt, daß er Bormann persönlich in Südamerika gesehen habe. Es darf eben nicht sein, was nicht soll. Mit dieser Art von politischer Kloakenliteratur kann man sich auseinandersetzen; vernichten kann man sie nicht. Es läßt sich mit ihr zuviel Geld verdienen.

Das gleiche Theater ging auch mit dem früheren Gestapochef, SS-Obergruppenführer Heinrich Müller, vor sich, auch wenn dieser nicht ganz so interessierte wie Bormann. Immer wieder hörte man die Legende, Gestapo-Müller sei 1945 in den Dienst des Kremls getreten, in der Sowjetzone „gesichtet“ worden, einmal sogar in Albanien. Das Märchen stammte aus der Küche von SS-Brigadeführer Walter Schellenberg, des Chefs von Amt VI (Ausland) im Reichssicherheitshauptamt, und von seinen Mitarbeitern. Schellenberg und Müller fühlten sich von amtswegen als Konkurrenten

124 „Der Spiegel“ Nr. 47/1971

und Intimfeinde. Nachdem Müller in Berlin untergegangen war, Schellenberg aber der Absprung zu den Engländern glückte, führte Schellenberg den früheren NS-Machtkampf zu Ende: Er gab dem toten Gegner den letzten Fußtritt.

Walter Hagen, ein früherer engerer Mitarbeiter Schellenbergs, verriet schon 1950: „Es wird von Bekannten Müllers sogar behauptet, daß dieser bereits seit Ende 1944 in Verbindung mit den Sowjets gestanden habe und daß es ihm gelungen sei, nach dem deutschen Zusammenbruch zu den Russen überzulaufen. Diese Version ist keineswegs phantastisch. Die Geheime Staatspolizei hatte eine eigene Abteilung, die sich damit befaßte, die Funkapparate von gefangengenommenen sowjetischen Agenten weiterzubedienen, so als ob der betreffende Funker noch in Freiheit wäre. Auf diesem Wege wurden der sowjetischen Führung irreführende Informationen geliefert, die sie oft zu folgenschweren Fehlentscheidungen veranlaßten. Der Fachausdruck für die Betätigung dieser falschen Funkverbindungen hieß ‚Funkspiele'. Ihre Zahl war beträchtlich; im Jahre 1944 belief sie sich auf etwa 300. Es ist nun keineswegs ausgeschlossen, daß Müller durch vertraute Mitarbeiter in der betreffenden Abteilung seines Apparats eine dieser zahlreichen Funklinien benutzte, um schon vor dem Zusammenbruch Kontakt mit den Sowjets aufzunehmen, ja, um ihnen echte Nachrichten zu liefern. So wäre es denkbar, daß Müller wirklich die Front gewechselt und sich den Sowjets zur Verfügung gestellt hätte; nach einer allerdings unüberprüfbaren Meldung seien in der Ostzone Deutschlands bereits ehemalige deutsche Gestapobeamte aufgetaucht, die in Rußland unter Müllers Beteiligung ‚umgeschult' worden seien. Gewiß ist Müller als Chef der Geheimen Staatspolizei getreu den Befehlen seiner Vorgesetzten ein eifriger Verfolger des Kommunismus gewesen. Durch die von ihm verantwortlich dirigierte Tätigkeit sind viele Tausende Kommunisten, die aus wirklicher Überzeugung für ihre Sache und für eine Weltunion der

Sowjet-Staaten eintraten, in die Konzentrationslager und zu Tode gebracht worden.

Aber man weiß aus anderen Fällen, daß die Bolschewisten niemals kleinliche Bedenken hatten, Leute zu pardonieren, die sie brauchen konnten (wenigstens für eine gewisse Zeit), und Müller konnten die Bolschewisten brauchen. Ein Mann, der viele Jahre lang an der Spitze der deutschen Geheimen Staatspolizei gestanden war und der zur Zeit der größten deutschen Machtausdehnung mit seiner Polizei fast ganz Europa beherrschte, hat den Russen ein ungemein wertvolles Kapital zu bieten: sein enormes Wissen. Müller war immer schon wegen seines phänomenalen Gedächtnisses berühmt; er konnte aus dem Kopf die Namen der kleinsten Agenten in irgendeiner fernen Stadt im Ausland hersagen. Es gibt gewiß keinen Polizeifachmann, dem eine so ausgedehnte Personalkenntnis zur Verfügung stünde und der einen ähnlich tiefen Einblick in die politischen Affären hätte, deren Kenntnis auch heute noch von aktueller Bedeutung ist. So kann man es nicht von vorneherein als undenkbar erklären, daß Müller tatsächlich in russischen Diensten steht. Freilich gibt es keine Beweise dafür, zumindest zur Zeit noch nicht; was feststeht ist nur, daß er nach dem Tode Hitlers mit seinem vertrauten Freund Scholz aus der Reichskanzlei verschwand und seither nie mehr gesehen wurde[125]."

Dem amerikanischen Publizisten O'Donnell berichtete Flugkapitän Hans Baur über sein letztes Gespräch mit Heinrich Müller kurz vor dem Ausbruch aus dem Führerbunker:

„Diejenigen, die seinen Namen kannten, fürchteten ihn, obwohl er nie so mächtig gewesen ist wie Himmler oder Kaltenbrunner. Nach meiner festen Überzeugung ist Müllers Schicksal überhaupt nicht mysteriös, jedenfalls nicht bis zum Abend des 1. Mai 1945. Etwa eine Stunde vor dem festgesetzten Ausbruchstermin, kurz nach Sonnenuntergang,

125 Walter Hagen, „Die geheime Front", Seite 73 ff.

traf ich ihn im Erdgeschoß der Reichskanzlei; während einer Feuerpause der Russen unterhielten wir uns. Ich glaubte, Müller sei herübergekommen, um sich einer der ausbrechenden Gruppen anzuschließen; aber auf meine entsprechende Frage antwortete er mir: ‚Baur, mein Freund, ich bin Realist und weiß, wann das Ende gekommen ist. Ich kann mir sehr gut vorstellen, wie die Russen mit dem Chef der deutschen Gestapo umspringen würden, wenn sie ihn in die Hände bekämen; darüber mache ich mir keine Illusionen. Nein, ich bleibe hier und greife zur Pistole, wenn es soweit ist, ich denke, heute am späten Abend . . .' So sehr ich auch gegen das ständige Selbstmordgerede der letzten Tage war, so habe ich doch nicht versucht, ihn von seinem Vorhaben abzubringen. Er wußte mehr über die Methoden der Russen als wir alle zusammen[126]."

Abgesehen von all den abenteuerlichen Phantasien und Legenden, die über Bormann und auch über Heinrich Müller in Umlauf gesetzt wurden: Die Annahme, daß die Bolschewiken führende Nationalsozialisten oder SS-Leute überhaupt brauchten, ist schon absurd. Wenn der Kreml die Masse der NSDAP-Mitglieder 1945 hätte haben wollen, dann bedurfte er keines Bormanns, der in der NS-Führerschaft mehr als verhaßt war. Er hätte nur entsprechend verfahren müssen.

Nicht nur, daß die Rotarmisten mordend, schändend und plündernd in Mitteldeutschland eindrangen, haben die sowjetischen NKWD-Gruppen zu Hunderttausenden ehemalige NS-Mitglieder oder auch nur Beamte, Soldaten und Polizisten in die sowjetischen KZs auf deutschem Boden zusammengetrieben: im KZ Oppeln, im KZ Toost bei Groß-Strehlitz (Oberschlesien), KZ Graudenz (Westpreußen), KZ Posen, KZ Landsberg (Warthe), KZ Frankfurt (Oder), KZ Weesow bei Werneuchen (Mark), KZ Berlin-Hohenschön-

126 Bahnsen/O'Donnell, a.a.O., Seite 285

hausen, KZ Ketschendorf bei Fürstenwalde, KZ Jamlitz, KZ Neubrandenburg, KZ Mühlberg, KZ Buchenwald, KZ Torgau, KZ Sachsenhausen, KZ Bautzen. Über 90 000 Deutsche haben die Prügel und den Hunger nicht überlebt. Sie sind elend zugrunde gegangen.

Wenn die Sowjets damals ihre hemmungslose Soldateska gezügelt hätten, wenn sie den Willen, die Einheit Deutschlands zu erhalten, unter Beweis gestellt hätten, und wenn sie eine Generalamnestie, zumindest für die Masse der völlig einflußlosen Funktionäre und Mitglieder der NSDAP, erlassen hätten, wären ihnen die Massen in hellen Scharen zugeströmt, um so mehr, als in den Reihen der Westalliierten, besonders bei den Amerikanern und Engländern zahlreiche jüdische Emigranten ihr Mütchen kühlten, um so mehr, als die deutschen Soldaten an der Elbe und in Oberösterreich zu vielen Hunderttausenden von den Amerikanern den Russen ausgeliefert wurden und sie miterlebten, wie Engländer und Amerikaner Ukrainer, Kosaken, Tataren, Kaukasier mit Gewalt den roten Henkern auslieferten. Nein, die Sowjets wollten diesen Teil des deutschen Volkes nicht!

Ihre deutschen Hilfswilligen wurden schon am 2. Mai 1945 direkt von Moskau mit einer Militärmaschine nach Berlin geflogen: Walter Ulbricht, Richard Gyptner, Otto Winzer, Gustav Gundlach, Fritz Erpenbeck, Karl Maron, Wolfgang Leonhard und Genossen. Sie gingen unverzüglich daran, eine kommunistische Verwaltung in der deutschen Sowjetzone aufzubauen. Erst als sie dazu Polizei- und Armeeeinheiten brauchten, griffen sie auf das Menschenreservat des „Nationalkomitees Freies Deutschland“ und des „Bundes Deutscher Offiziere“ zurück.

Nur ein krankes Hirn könnte sich ausdenken, daß zwischen den führenden Nationalsozialisten und dem Kommunismus, der bislang allein vom Nationalsozialismus ernsthaft in seinem Bestand bedroht worden war, irgendwelche Kontakte bestanden. Oder eben ein berufsmäßiger Verleumder.

Zurück zu dem unglücklichen Ausbruch aus dem Führerbunker.

Flugkapitän Hans Baur versuchte vergeblich sich durchzuschlagen. Er blieb schließlich schwerverwundet liegen: „Als ich zurücklief, wurde es schon Morgen. Mich riß das wilde Gerenne mit. Wir rannten den Spreekanal entlang bis zur Brücke an der Wilhelmstraße. Gezieltes Feuer zwang uns zurück. Dann entlang der S-Bahn-Linie — Feuer der Russen vom Reichstagsgebäude her — erneuter Versuch, im Schutze des S-Bahn-Dammes vom Lehrter Bahnhof her an der Charité vorbeizukommen. In der Charité saßen aber auch schon die Russen. Gezieltes und ungezieltes Feuer forderte Opfer. In unmittelbarer Nähe des Lehrter Bahnhofes hetzten wir durch einen Hof. Russische Maschinenpistolenschützen hielten, wie sich später herausstellte, den Eingang unter Feuer. Wir rannten genau in eine der Geschoßgarben. Ein furchtbarer Schlag gegen beide Beine warf mich um.

Im ersten Schmerz muß ich laut aufgeschrien haben. Männer packten mich und zerrten mich in ein brennendes Haus, dem schon die ganze Vorderfront weggeschossen war. Das zerschlagene Bein wurde mit einigen Holzstücken und Pappdeckel geschient. Das andere Bein, das nur glatt durchschossen war, wurde verbunden. In der ersten Aufregung hatte ich gar nicht bemerkt, daß ich auch noch einen Brust- und Handschuß abbekommen hatte.

Im Keller brannte es auch. Der Boden, auf dem ich lag, wurde heißer und heißer. Neben mir lag die Pistole, mit der ich Schluß machen wollte, wenn mir der Brand keinen Ausweg mehr lassen würde. Der Eingang des Hauses lag immer noch unter Feuer. Von den Wänden schlugen Querschläger zurück. Irgendwo in der Nähe schrien Verwundete. Vielleicht haben diese Schreie dann nach ungefähr vier Stunden auch einen Russen herbeigelockt, der zusammen mit drei gefangenen Deutschen Verwundete aufsammelte.

Damals hörte ich zum ersten Mal das mir später vertrauter gewordene ‚Uri-Uri'. Als er meine Pistole sah, schwenkte er seine weiße Fahne, als er aber sah, daß es sich bei mir ausgeschossen hatte, galt sein Interesse wieder den ‚Uri-Uri'. Meine hat ihm ganz besonderen Spaß gemacht. Die Fliegeruhr — mit allen möglichen Schikanen ausgestattet — begeisterte ihn, und sie schien den anderen zehn oder zwölf, die er schon ‚gesammelt' hatte, um ein Erhebliches überlegen zu sein. Wenigstens konnte man dies aus seinem zufriedenen Gesicht und dem freudigen ‚karosch, karosch' ohne weiteres entnehmen. Meine schöne Walther-Pistole schien auch seine Zustimmung zu finden. Jedenfalls gab er dann Anweisung, eine Bettstelle abzumontieren und mich auf ihr wegzutragen. So kam ich auf schaukelnder Liegestatt in die Invalidenstraße.

Auf dem Sammelplatz waren schon fünfzig bis sechzig deutsche Soldaten. Ein Polizist, der russisch sprach, half den Russen bei der Personalaufnahme. Als ich bei der Befragung nach dem Dienstgrad Generalleutnant angab, stutzte er. Ich trug eine Tarnjacke, und niemand hatte sich bis jetzt näher für mich interessiert. Aber jetzt kam Bewegung in den Laden. Der Polizist rannte sofort zu den Russen. Nach kurzer Zeit kam schon ein sowjetischer Oberst mit einem kleinen weißen Zettel. Er forderte mich auf, meinen Namen auf dieses Stückchen Papier zu schreiben. Ich lehnte ab und erklärte ihm, daß ich nicht daran denke, irgendwelche Blankovollmacht zu geben. Der Oberst erklärte, er brauche Unterschriften von Generalen unter einem Aufruf, der die deutschen Soldaten zur Übergabe bewegen solle. Ich sagte ihm, daß ich Chefpilot Adolf Hitlers gewesen sei und mit militärischen Dingen nichts zu tun habe. Die Verteidigung Berlins sei Sache des Generals Weidling, an den er sich also wenden müsse. Als auch Drohungen nichts nutzten, ließ er mich in ein leerstehendes Zimmer schleppen. Auf einem Tisch ließ man mich dann liegen.

Zu der Schwächung durch den Blutverlust kam dann auch noch der Schüttelfrost. Nach ungefähr zwei Stunden holten mich etliche Russen zum ersten Verhör durch die MWD[127]."

Die „Geschichte des Panzerkorps Großdeutschlands" schildert den Ausbruch ihrer Männer:

„Melder eilen durch die Straßen Berlins zu den Abschnitts-Kommandanten, sich vom Feinde zu lösen und in kleinen Gruppen den Ausbruch zu versuchen.

Major Lehnhoff gibt Befehle an seine Kampfgruppen des Wach-Regiments Großdeutschland, Berlin, am 1. Mai 1945 um 23.00 Uhr in der Kastanien-Allee zu sammeln, um den Ausbruch über Rathenow nach Westen zu versuchen. Die noch vorhandenen Fahrzeuge werden vollgetankt, Millionen Reichsmark Gelder unter die Männer verteilt, letzte Verpflegung gefaßt — und dann geht's los. Am Bahnhof Schönhausser Allee gelingt der Durchbruch durch die sowjetischen Linien, wenn auch Stalin-Orgel- und Panzerfeuer schwere Verluste verursacht. Mit 5 Panzern und 68 Mann, dabei Oblt. Hempel, gelingt Major Lehnhoff der Ausbruch aus der Stadt bis in den Raum Oranienburg. Dort allerdings müssen die Panzer wegen Spritmangels gesprengt werden. In vier Gruppen aufgeteilt, schlagen sich die Männer weiter in Richtung Elbe und Schleswig-Holstein durch, während Oblt. Kralack und Hptm. Hauck weiter in Berlin verbleiben. Sie sind wohl auch die letzten Offiziere des Wach-Regiments ‚GD' Berlin, die das Ende in der Reichshauptstadt erleben. Kurz nach Mitternacht am 2. Mai 1945 jagen noch einmal Funksprüche des Kommandanten von Berlin, General Weidling, durch den Äther, abgesetzt aus einer Funkstelle des LVII. Pz. A.K., die in der Nähe der Befehlsstelle steht.

‚Hier LVII. deutsches Panzerkorps, LVII. deutsches Panzerkorps. Wir bitten, das Feuer einzustellen. — Um 12.30

127 Hans Baur, a.a.O., Seite 287 ff.

Uhr Berliner Zeit entsenden wir Parlamentäre auf die Potsdamer Brücke. Erkennungszeichen weiße Flagge vor rotem Licht. — Wir bitten um Antwort. Wir warten. — — Hier LVII. deutsches Panzerkorps. Hier LVII. deutsches Panzerkorps . . .'

Der Spruch wurde noch fünfmal durch den Äther gesendet. Dann nehmen ihn sowjetische Funkstellen zur Kenntnis. Gegen 5.30 Uhr ist die Verbindung hergestellt. Gegen 15.00 Uhr am 2. Mai 1945 erfolgt die Kapitulation.

In den Kasernen-Anlagen des Wach-Regiments Großdeutschland Berlin versammelt Hauptmann Hoss die letzten seiner Männer um sich und sagt ihnen: ‚Die Stadt Berlin ist übergeben!' In Ruhe wird abgeschnallt, Waffen und Munition werden abgelegt. In Haltung gehen die Männer auseinander. Der Kampf ist zu Ende[128]."

Stalin erließ nach der Kapitulation der Garnison Berlin durch General Helmuth Weidling sofort einen Tagesbefehl an die Rote Armee:

„Die Truppen der 1. Bjelorussischen Front, unter dem Befehl des Marschalls der Sowjetunion Schukow, haben im Zusammenwirken mit den Truppen der 1. Ukrainischen Front, unter dem Befehl des Marschalls der Sowjetunion Iwan Stepanowitsch Konjew, nach hartnäckigen Straßenkämpfen die Zerschmetterung der deutschen Heeresgruppe in Berlin vollendet und heute, am 2. Mai, Berlin, die Hauptstadt Deutschlands, das Zentrum des deutschen Imperialismus und den Herd der deutschen Aggression, vollständig besetzt.

Die Berliner Garnison, die die Stadt verteidigte, hat heute um 15 Uhr (Moskauer Zeit) mit dem Leiter der Verteidigung Berlins, General der Artillerie Weidling, und seinem Stab an der Spitze den Widerstand eingestellt, die Waffen niedergelegt und sich gefangengegeben.

128 „Geschichte des Panzerkorps Großdeutschland", Seite 748 ff.

Bis 21 Uhr sind von unseren Truppen in Berlin mehr als 70 000 deutsche Soldaten und Offiziere gefangengenommen worden.

In Würdigung des errungenen Sieges sollen die Verbände und Truppenteile, die sich in den Kämpfen um die Eroberung Berlins besonders ausgezeichnet haben, in Zukunft den Namen der Stadt Berlin tragen und mit Orden belohnt werden.

Heute, am 2. Mai, um 23 Uhr 30 salutiert die Hauptstadt unserer Heimat, Moskau, im Namen der Heimat den heldenmütigen Truppen der 1. Bjelorussischen und der 1. Ukrainischen Front mit 24 Artilleriesalven aus 324 Geschützen — zu Ehren dieses historischen Ereignisses, der Eroberung Berlins.

Für die ausgezeichneten Kampfoperationen drücke ich den Truppen der 1. Bjelorussischen und der 1. Ukrainischen Front, die an den Kämpfen zur Eroberung Berlins teilgenommen haben, meinen Dank aus. Ewiger Ruhm den Helden, die in den Kämpfen für Freiheit und Unabhängigkeit unserer Heimat gefallen sind!"

Der Preis, den die Rote Armee für Berlin bezahlt hatte, war hoch. Vom 16. April bis 8. Mai — es flackerten immer wieder einzelne Kämpfe auf — verloren die Truppen der 1. und 2. Bjelorussischen Front und der 1. Ukrainischen Front 304 887 Tote, Verwundete und Vermißte, 2156 Panzer und Selbstfahrlafetten wurden abgeschossen, 1220 Geschütze und Granatwerfer sowie 527 Flugzeuge vernichtet.

Die Gruppe Mohnke hatte sich unterdessen in Ruinen beim Stettiner Bahnhof versteckt. Erst gegen 7 Uhr am 2. Mai brachen sie wieder auf und erreichten Wedding. Hier, im roten Wedding, halfen überall die verängstigten Frauen den SS-Männern weiter und teilten mit ihnen das letzte an Lebensmitteln, was sie noch hatten.

Im Park Humboldthain sammelten sich bei hellem Tageslicht vollbewaffnet und ausgerüstet die letzten Soldaten der Kampfgruppe des Generalmajors Bärenfänger. Man war völlig ratlos, was man unternehmen sollte. Bärenfänger hielt eine regelrechte Soldatenversammlung ab, und es wurde beschlossen, den sinnlosen Kampf einzustellen. Die Soldaten zerstörten alle Waffen, darunter die letzten Panzer.

Die Gruppe Mohnke verzog sich darauf nach der nahegelegenen Schultheiß-Patzenkofer Brauerei, in der es auch von ratlosen Soldaten und Offizieren nur so wimmelte. Russen waren in diesem Teil der Stadt noch nicht zu sehen. Offiziere und Männer waren vollkommen gebrochen und warteten untätig.

Schließlich schickte Mohnke Oberst Clausen zur Erkundung aus, der die Nachricht der Kapitulation Weidlings brachte und auch die erste Verbindung mit den Russen herstellte.

Es war nun Abend geworden. Die Diskussion der verlorenen Männer drehte sich im Kreise. Es ging praktisch nur um ein Thema: Sollte man sich erschießen oder nicht.

Die Frauen waren vorher mit einem unbekannten Feldwebel nach dem Westen aufgebrochen. Die Flucht glückte. Allein Fräulein Manzialy muß dabei ums Leben gekommen sein, denn sie blieb vermißt. In der Brauerei wurde die Diskussion immer hitziger, besonders als der 24jährige SS-Oberstürmführer Stehr erklärte: „Andere können sich ergeben. Offiziere der Waffen-SS dürften den Tod des Führers aber nicht überleben."

Just in diesem Augenblick erschien ein sowjetischer Parlamentär.

Dr. Schenck beschreibt den dramatischen Augenblick: „Dem Parlamentär folgten ein russischer Offizier und vier Soldaten. Als sie den Ausgang verstellten, krachten unmittelbar hintereinander zwei Schüsse im Raum. Hewel hatte sich die Pistole an die Schläfe gesetzt und, während er die Blausäurepatrone zerbiß, auch abgedrückt. Ich sprang zu ihm; er war tot. Ich sah es mit einem Blick und hatte es sofort gewußt.

Dann durchfuhr es mich wie ein Blitz, in gleicher Weise — Hewel übernahm es von ihm — hatte Adolf Hitler sich umgebracht. Er zerbiß eine Blausäurepatrone und erschoß sich zu gleicher Zeit. — Es bedurfte keines weiteren Hinschauens. Ich zwängte mich zu dem anderen [Stehr] in sein Todesverließ. Auch hier blieb nichts mehr zu tun. Stehr lag mit zerschmettertem Kopf auf der Pritsche[129]."

Für die anderen, die sich nun am Abend des 2. Mai den Sowjets ergaben, begannen die endlosen Jahre der Gefangenschaft.

Nachdem alle Gruppen den Führerbunker verlassen hatten, blieben mit den Toten, den Generalen Hans Krebs und Wilhelm Burgdorf, die sich ebenso wie der verwundete Chef des Führerbegleitkommandos, SS-Obersturmbannführer Franz Schädle, erschossen hatten, sowie den toten Goebbels-Kindern, nur noch zwei Männer zurück: der SS-Oberscharführer Rochus Misch, der die Telefonvermittlung leitete und noch immer laufende Anfragen beantwortete, und der Maschinenmeister Johannes Hentschel. Misch verließ den Bunker um drei Uhr in den ersten Morgenstunden, als es nichts mehr zu erklären gab, und fiel wenig später in sowjetische Gefangenschaft.

Johannes Hentschel aber blieb. Hentschel war 1933 mit dem Personal der Alten Reichskanzlei übernommen worden und genoß, obgleich er nie Mitglied der NSDAP geworden war, Hitlers Vertrauen. In den letzten Tagen des Dritten Reiches oblag ihm eine lebenswichtige Aufgabe, die er pflichtgetreu erfüllte: Er betreute den einzigen Dieselmotor, der den Führerbunker mit Energie versorgte. Dieser Dieselmotor lieferte nicht nur den Strom, sondern hielt auch eine

129 Ernst-Günther Schenck, a.a.O., Seite 159

Wasserpumpe in Gang, die neben dem Bunker das Kellerlazarett der nahen Reichskanzlei versorgte. Dort lagen über 300 Verwundete, die, nachdem Professor Dr. Ernst Günther Schenck am Ausbruch teilnahm, von dem selbst schwerkranken Professor Dr. Werner Haase, so gut es eben ging, versorgt wurden. Hentschel wußte von Prof. Haase: wenn auch noch Licht und Wasser ausgingen, dann waren alle Verwundeten verloren. So blieb der Nichtparteigenosse, der Zivilist Hentschel, schweigend auf verlorenem Posten. Mutig kämpfte er die Todesangst nieder, blieb mutterseelenallein in der Gesellschaft von Toten und harrte am gefährlichsten Ort des in Trümmer fallenden Deutschen Reiches aus[130].

Diese Tatsache ist für die sowjetischen Historiker einigermaßen peinlich. Denn sie enthüllt den Unwert der ganzen sowjetischen Geschichtsschreibung gnadenlos. Die parteioffizielle „Geschichte des Großen Vaterländischen Krieges" berichtet, daß Oberstleutnant Iwan I. Klimenko als erster den Führerbunker betreten hätte. Für diese Heldentat wurde er sogar zum „Helden der Sowjetunion" proklamiert. Kommissar Klimenko war Chef der Smersch-Abteilung (NKWD) des 79. Schützenkorps, das unter dem Kommando des Generalleutnants S. N. Perewjorkin stand. Er kam mit einem Aufgebot von sowjetischen Geheimdienstlern.

Lew Besymenski, der sowjetische Historiker, läßt Klimenko berichten: „Als das 79. Schützenkorps den Reichstag erobert hatte, kam meine Abteilung im Gebäude des Gefängnisses Plötzensee unter; dorthin wurden die im Bereich des Reichstages und der Reichskanzlei gefangengenommenen Wehrmachtsangehörigen gebracht. Natürlich befragten wir sie auch nach dem Schicksal der Anführer des faschistischen Reiches, vor allem nach Hitler und Goebbels. Einige von ihnen gaben an, sie hätten vom Selbstmord Hitlers und Goebbels in der Reichskanzlei gehört. Am 2. Mai

130 Bahnsen/O'Donnell, a.a.O., Seite 349 ff.

habe ich mich mit vier dieser Zeugen zur Reichskanzlei begeben.

Es war schon Nachmittag, und es regnete. Ich stieg in den ‚Jeep', die Zeugen und Soldaten auf den Lastwagen. Wir fuhren vor der Reichskanzlei vor, gingen in den Garten und langten vor dem Notausgang des Führerbunkers an. Kaum näherten wir uns diesem Ausgang, da schrie einer der Deutschen laut auf: ‚Das ist die Leiche von Goebbels! Da ist die Leiche seiner Frau!'

Ich beschloß, diese Leichen mitzunehmen. Da wir keine Bahre bei uns hatten, legten wir die Leichen auf eine abgerissene Tür, bugsierten sie in den Lastwagen (es war ein überdachtes Fahrzeug) hinein und kehrten zurück nach Plötzensee.

Am nächsten Tag, am 3. Mai 1945, wurden in dem Bunker die Leichen von sechs Goebbels-Kindern und die Leiche von General Krebs gefunden. Sie wurden ebenfalls nach Plötzensee gebracht.

Später kamen Generale und Offiziere von den Stäben der 3. Stoßarmee und der 1. Weißrussischen Front hierher, außerdem die sowjetischen Kriegskorrespondenten Martyn Mershanow und Boris Gorbatow. Nun begann die Prozedur der Identifizierung.

Sie ging folgendermaßen vor sich: die Leiche von Goebbels lag in einem Zimmer auf dem Tisch, die Leichen seiner Frau und Kinder und die des Generals Krebs wurden auf den Fußboden gelegt. Die Zeugen hielten sich in dem anderen Zimmer auf. Als erster betrat das Zimmer Vizeadmiral Voß, der Vertreter des Großadmirals Dönitz im Führerhauptquartier; Angehörige des Nachrichtendienstes der 3. Stoßarmee hatten ihn festgenommen. Ohne zu zaudern identifizierte er Goebbels und seine Kinder. Dasselbe taten andere Zeugen[131]."

131 Lew Besymenski, „Der Tod des Adolf Hitler", Seite 51 f.

Die sowjetische Geschichtsschreibung hatte Pech. Denn die „tapferen" Smersch-Genossen wußten nicht, daß nach der Kapitulation sich im Führerbunker immer noch der Maschinist Hentschel befand, um die Verwundeten im Keller der Reichskanzlei mit Strom zu versorgen.

Am 2. Mai 1945, etwa um 9 Uhr, hörte Hentschel in seinem Maschinenraum russische Laute. Automatisch schaltete er im ganzen Bunker Licht an. Zu seiner Verblüffung drang etwa ein Dutzend sowjetische Frauen in Uniform, sichtlich Ärztinnen, ein, die große Säcke mit sich trugen. Sie fragten den verblüfften Hentschel nach Adolf Hitler. Nachdem dieser wahrheitsgemäß antwortete, daß er tot sei, fragten die Russinnen interessiert nach der Frau Hitlers. Nachdem Hentschel auch diese Frage beantwortet hatte, kam eine der Sowjetärztinnen, die gut deutsch sprach, auf das Kernproblem: „Wo sind die Klamotten?" Hentschel führte die Russinnen ins Ankleidezimmer von Eva Braun. Die Damen stürzten sich sofort auf die Räume, vor allem die von Eva Braun und Magda Goebbels.

Hentschel ging wieder kopfschüttelnd in den Maschinenraum zurück und stand, unterdessen war es etwa 10 Uhr geworden, plötzlich vor zwei Sowjetoffizieren, die mit gezogenen Pistolen herumfuchtelten; ein Major, der jiddisch sprach, und ein Hauptmann. Der Hauptmann setzte Hentschel die Pistole an die Schläfe und ließ zum Spaß den Abzug klicken. Dann fuhr er Hentschel lächelnd mit einem Messer die Kehle entlang, ohne ihn zu verletzen. Auch die beiden fragten interessiert nach Hitler. Hentschel gab neuerlich Auskunft.

In diesem Augenblick kamen die plündernden Sowjetärztinnen triumphierend von ihrem Beutezug den Gang entlang. Sie schleppten alles mögliche in den Säcken weg, besonders Damenwäsche und Kleider. An den beiden Offizieren drückten sie sich eilig vorbei. Schließlich befahl der Major, die nächste Türe zu öffnen. Es war ein Goebbels-

Zimmer, in dem die Leichen der kleinen Goebbels-Kinder lagen. Die Russen prallten zurück und verließen nachdenklich den Bunker[132].

Der amerikanische Historiker Cornelius Ryan ist dieser Spur sehr sorgsam nachgegangen, und es glückte ihm, bei seinen Studien für sein weltberühmtes Buch „Der letzte Kampf", den von der sowjetischen Geschichtsschreibung völlig unterschlagenen Major Boris Polewoj in der Sowjetunion aufzustöbern. Polewoj, unterdessen Oberst geworden, gab Ryan gegenüber zu, daß er als Major am 2. Mai um 10.30 Uhr im Führerbunker war. Cornelius Ryan berichtet dazu: „Obwohl die Russen wußten, daß der Führerbunker unter der Reichskanzlei lag, fanden sie ihn erst nach mehreren Stunden. Die Rotarmisten, die ihn suchten, baten deutsche Passanten, auf die sie in der Straße stießen, sie hinzuführen. Einer davon war der Fotograf Gerhard Menzel. Er hatte noch nie von dem Bunker gehört. Trotzdem ging er mit einer Gruppe Soldaten zur zerstörten Reichskanzlei. Als erste drangen russische Pioniere mit Minensuchgeräten in das Labyrinth der Keller und Verbindungsgänge vor. Sobald ein Raum abgesucht war, sammelten andere Soldaten Dokumente, Akten und Karten ein. Plötzlich überreichten die Russen Menzel einen Feldstecher, den sie gefunden hatten, und schickten ihn fort. Sie hatten den eigentlichen Führerbunker erreicht.

Zuerst stießen sie auf die Leichen der Generale Burgdorf und Krebs. Sie saßen in einem Aufenthaltsraum im Korridor an einem langen Tisch voller Gläser und Flaschen. Beide hatten sich erschossen; man identifizierte sie an Hand von Papieren, die man in ihren Uniformen fand.

Major Boris Polewoj, der einem der zuerst eingetroffenen Suchtrupps angehörte, besichtigte schnell den ganzen Bunker[133].

132 Johannes Hentschel nach Bahnsen/O'Donnell, a.a.O., Seite 375 ff.
133 Cornelius Ryan, „Der letzte Kampf", Seite 410

Warum also wurde Klimenko zum „Helden der Sowjetunion“, obwohl er nachweisbar selbst als dritter den leeren Führerbunker betrat? Das hatte seinen guten Grund. Stalin war sich längst klar darüber, daß die siegreiche Rote Armee, besser gesagt ihre populären Generale, sehr wohl in der Lage gewesen wären, seine unumschränkte Diktatur zu gefährden. Er sorgte daher schon vor dem zu erwartenden Ende des Krieges vor und verfuhr dabei nach dem alten Muster: Teile und herrsche! Darum hatte er auch planmäßig die beiden Rivalen Marschall Georgij Schukow und Marschall Iwan Stepanowitsch Konjew dicht nebeneinander zum Endkampf auf Berlin angesetzt. Polewoj, der zu Konjews Armee gehörte, hatte sozusagen verbotenerweise den Kampfabschnitt Schukows betreten und zog sich daher vorsorglich wieder zurück. So hatte Klimenko, der zur Armee Schukows gehörte, freie Bahn zu Rang und Ehre.

Die Vorsicht, mit der die Smersch-Kommissare im Führerbunker operierten, ist nicht unverständlich. Viele deutsche Kampfgruppen hatten weder die Kapitulation des Generals Weidling noch der Ausbruchsbefehl erreicht. Sie kämpften verbissen weiter. Etwa die 80 Mann einer lettischen Kampfgruppe unter dem SS-Sturmführer Neilands, die ebenso vergessen wurde wie die letzten französischen Gruppen der „Charlemagne“. SS-Unterscharführer Scholl schildert die verzweifelte Lage:

„Ich weiß nicht wie lange schon, aber als ich aufwachte, klingt mir wieder das furchtbare Wort ‚Absetzen‘ in den Ohren. Und kein Mensch weiß, was los ist. Alles setzt sich ab, wo es doch gar kein Absetzen mehr geben kann. Hinten, vorn, rechts und links und vielleicht schon oben auf der Straße sind die Russen! Aber alles flutet zurück. Richtung Norden. Ich liege hilflos auf meiner Trage und bitte und rufe, daß man mich doch mitnehmen möge. Da kommen noch zwei Kradmelder vom Regiment ‚Danmark‘. Sie versichern mir, mich nicht im Stich zu lassen, holen noch zwei weitere Kameraden und schleppen mich mit. Unterwegs finden sie eine Lore, auf die sie mich legen und die sie dann das U-Bahngleis hochschieben. Beim Bahnhof ‚Französische Straße' stellen sie mich ab. Alles stockt wieder. Ich habe keine Schmerzen mehr und schlafe wieder ein. Als ich aufwache, wieder das alte Bild. Eine dichtgedrängte Menge, die nicht weiß, auf was sie wartet. Es wird hell; der 2. Mai bricht an. Plötzlich verschafft sich eine laute Stimme Gehör: ‚Männer! Vor, über und hinter uns stehen die Russen! Ein russischer Kommissar fordert uns zur Übergabe auf! Kameraden, wollen wir uns ergeben?'

Ja- und Neinrufe! Erhitzte Debatten. Zustimmung. Ablehnung. Ein Offizier bittet nun alle Offiziere nach vorn zur Unterhandlung mit dem russischen Kommissar. Dann kommt die Entscheidung: ‚Kameraden! Berlin liegt bereits im feindlichen Hinterland. Der Stadtkommandant hat die Kapitulation unterschrieben. Auch die letzten Widerstandsnester haben sich ergeben. Auf allen Straßen stehen russische Panzer. Ein Ausbruchsversuch muß scheitern. Alle Soldaten der Wehrmacht, der Waffen-SS und des Volkssturms werfen ihre Waffen weg und werden als Kriegsgefangene betrachtet. Frauen, Kinder und Zivilpersonen können nach Hause gehen. Die Verwundeten kommen ins Lazarett. Keiner begehe eine Unvernünftigkeit!'

Ich nehme diesen Befehl mit einer gleichgültigen Ruhe auf. Alles schiebt sich langsam nach einem U-Bahn-Schacht an der Französischen Straße. Meine Lore wird mitgeschoben. Neben mir liegt noch ein Schwerverwundeter. Einige nehmen sich das Leben; immer wieder krachen Pistolenschüsse. Alles klettert nach oben. Niemand kümmert sich mehr um die Verwundeten. Man hat schließlich in dem Gedränge unsere Lore stehengelassen. Alle sind nun vorbei. In einigem Abstand kommen Russen und leuchten mit Taschenlampen alles ab. Ein Russe schiebt unsere Lore weiter. Zwischendurch visitiert er die Leichen. Langsam sammelt sich ein

Berg von Pistolen, Uhren, Ringen und allen möglichen Dingen auf unserem Wagen an. Der Russe ist redselig. ‚Wojna kaputt. Chitler kaputt! Du Lasarett und dann nach Hause!' sagt er nun schon zum soundsovielten Male. In der Nähe der Leiter läßt er die Lore stehen, nimmt die gesammelten Sachen und überläßt uns unserem Schicksal.

Ich habe einen glatten Unterschenkeldurchschuß. Ich klettere vom Wagen, krieche auf allen vieren zur Leiter und ziehe mich unter unsagbaren Schmerzen nach oben. Die Soldaten marschieren gerade in Richtung Norden ab. Oben wimmelt es von Russen. Ich gelange wenige Meter vom Bahnhof ‚Unter den Linden' an die Erdoberfläche.

Naßkaltes Wetter empfängt mich. Ich friere und setze mich erschöpft auf Mauerreste nieder. Auf der Friedrichstraße und Unter den Linden herrscht reger Verkehr. Nirgends hört man mehr Gefechtslärm[134]."

Tragischerweise wurde aber vereinzelt auch noch am 3. Mai 1945 mit unverminderter Härte weitergekämpft. Sowjetische Lautsprecher fuhren voller Eifer mit deutschsprechenden Ansagern durch die Berliner Trümmerstraßen, um die Kapitulation und die Waffenruhe zu verkünden. Zögernd legten nun die letzten deutschen Kampfgruppen die Waffen aus der Hand. Der Kampf war aus.

Rund 150 000 deutsche Zivilisten waren hauptsächlich durch sowjetische Bomben und Granaten ums Leben gekommen. Etwa 20 000 erlagen hilflos schweren Erkrankungen, meist Herzinfarkten. 6000 Berliner hatten nach dem Sieg der Rotarmisten Selbstmord begangen, gegen 100 000 Berlinerinnen wurden von den Rotarmisten viehisch vergewaltigt[135].

134 Peter Gosztony, a.a.O., Seite 384 ff.
135 Cornelius Ryan, a.a.O., Seite 419

Unterdessen war der geschäftige Klimenko auf drei Deutsche gestoßen, die beim Ausbruch in sowjetische Hand gefallen waren: Vizeadmiral Hans Erich Voß, Hitlers Koch Lange und Garagenmeister Schneider. Mit diesen dreien fuhr er am 3. Mai 1945 neuerlich zum Führerbunker, um die Leichen Adolf Hitlers und seiner Frau Eva sicherzustellen. Voß fand den Ort der Verbrennung nicht. Eine oben verkohlte Leiche, die schließlich gefunden wurde, trug groteskerweise noch deutlich sichtbar gestopfte Socken. Klimenko kamen Bedenken. Er konnte sich nicht vorstellen, daß Hitler gestopfte Socken getragen hätte. So brach er die Suche unverrichteterweise wieder ab[136].

Klimenko befand sich in einer verzweifelten Situation. In Moskau wurde Stalin immer ungeduldiger. Ein Befehl jagte den anderen. Stalin wollte die Leiche seines großen Gegners. Er wollte jedes Detail aus dem Leben Adolf Hitlers erfahren.

Endlich, am 4. Mai 1945, stieß der Rotarmist Iwan Tschurakow, der ebenfalls der Smersch-Abteilung des 79. sowjetischen Schützenkorps angehörte, in einem Bombentrichter auf die stark verkohlten Leichen eines Mannes, einer Frau und zweier Hunde. Die Leichen wurden eiligst in Dekken gewickelt und nach dem Leichenschauhaus in den Berliner Vorort gefahren. Hier amtierte der gerichtsmedizinische Experte der Ersten Weißrussischen Front, Dr. Faust Jossifowitsch Schkarawskij. Es wurde eine Akte angelegt über den Leichenfund.

Unter den Gefangenen befand sich auch der SS-Mann Harry Mengeshausen, der auf Wache gestanden und aus weiterer Entfernung die Verbrennung Adolf Hitlers und seiner Frau beobachtet hatte. Mengeshausen bestätigte, daß

136 Lew Besymenski, a.a.O., Seite 53

der Leichenfundort stimmen könnte. Am 5. Mai zeigte er Klimenko und dessen Stellvertreter Derjabin die Stelle, die mit dem Fundort des Rotarmisten Tschurakow in etwa übereinstimmte. Schließlich wurde noch der Polizeioberwachtmann Hermann Karnau aufgetrieben, der ebenfalls auf Wache gestanden hatte und gerade in den Garten gekommen war, als die Leichen brannten. Auch Karnau glaubte, den Fundort zu kennen.

Am 8. Mai 1945 fand im Leichenschauhaus Buch eine gerichtsmedizinische Untersuchung durch Oberstleutnant Dr. Faust Jossifowitsch Schkarawskij in Gegenwart des Moskauer Professors Graschtschenkow statt. Es wurden im ganzen neun Leichen seziert, vor allem jene, von denen man annahm, daß es sich um Adolf und Eva Hitler handelte, sowie Josef und Magda Goebbels, die deutlich zu erkennen waren, ihre Kinder Helga, Holde, Hilde, Heide, Hedda und Helmut; ebenso General Krebs und die Wolfshündin Blondi.

Die Leiche, in der man die Überreste Hitlers vermutete, war erheblich, aber doch nicht ganz verbrannt. Die Sowjets behaupteten, Gebiß und Zahnbrücken seien vorhanden gewesen[137].

Sofort begann der Smersch eine förmliche Jagd nach Hitlers Zahnarzt, Professor Dr. Blaschke, dessen Privatpraxis am Kurfürstendamm noch vorhanden war. Blaschke aber hatte sich nach dem Westen abgesetzt. Der Smersch-Kommissar Wassilij Gorbuschin stöberte am 9. Mai in der Praxis Dr. Bruck und Frau Käthe Heusermann, Blaschkes Assistentin auf. Frau Heusermann übergab Gorbuschin die Karteikarte Adolf Hitlers, auch die Röntgenbilder wurden sichergestellt. Schließlich wurde auch noch Blaschkes Zahntechniker Fritz Echtmann verhaftet, der aus seinem Gedächtnis eine Skizze vom Gebiß Hitlers anfertigen mußte[138].

137 Lew Besymenski, a.a.O., Seite 59 ff.
138 Cornelius Ryan, a.a.O., Seite 411

Die Sowjets kamen nun nach Untersuchung der Krankengeschichte, der Röntgenbilder und der Echtmann-Skizzen im Vergleich mit dem aufgefundenen Kiefer der unbekannten verkohlten Leiche zu dem Schluß, daß die Zähne Adolf Hitler gehören mußten[139].

Diese Behauptungen sind allerdings mehr als fragwürdig. Keinem einzigen Deutschen, weder den Zahnärzten und Technikern, die sich jahrelang in sowjetischer Gefangenschaft befanden, noch irgendeinem anderen deutschen Gefangenen wurde dieses Gebiß oder auch nur irgend etwas von den angeblichen Überresten Hitlers und seiner Frau Eva gezeigt. Die Sowjets hätten sicher schon aus Gründen psychologischer Zermürbung einige prominente Gefangene wie Baur, Günsche, Mohnke mit den Überresten Hitlers konfrontiert. Nichts von alledem war der Fall.

Daher gibt es nur einen Schluß: die Sowjets haben die Leichen Adolf Hitlers und seiner Frau Eva mit Sicherheit gar nicht feststellen können. Sie wagten die vorhandenen Überreste nicht zu zeigen, weil sie nicht vorzeigbar waren.

Erich Kempka sagte mir einmal vor Jahren, als das Gerücht auftauchte, die Überreste Adolf Hitlers und seiner Frau Eva befänden sich in Spiritusbehältern in Moskau: „Das kann ich mir nicht vorstellen. Das letzte, was ich vom Führer sah, war ein verkohlter Rest!"

Gegen das Phantom des toten Adolf Hitler, von dem die Sowjets nicht einmal Überreste vorzeigen konnten, begann eine systematische Diffamierungskampagne. Man wollte ihm absprechen, daß er sich erschossen hätte und behauptete, er habe sich lediglich vergiftet. Damit wollte man Hitlers Ende die männliche Note nehmen. Besymenski und seine Kollegen überschlugen sich förmlich in diesem Bemühen und stützten sich dabei auf die Tatsache, daß Schkarawskij bei

139 Lew Besymenski, a.a.O., Seite 75

den aufgefundenen Leichen Spuren von Zyan aufgefunden hätte.

Gleichzeitig wartete Besymenski mit einer anderen Version auf: Hitler hätte sich vergiftet und dann einen Gnadenschuß geben lassen, da er selbst entweder zu feige gewesen wäre oder nicht mehr dazu imstande gewesen sei. Er verdächtigte dieser Tat einmal Hans Baur, einmal Otto Günsche, dann wieder Heinz Linge oder den Kriminalrat Peter Högl. Mit Schaum vor dem Mund geifert Besymenski, der gar nicht bemerkt, wie er sich selbst widerspricht, ohne eine Spur eines Beweises, Hitler hätte sich lediglich vergiftet, weil er eben für die Pistole zu feige gewesen sei. Besymenski schreibt haßerfüllt: „Eines jedenfalls steht fest: wenn ein Schuß im geschlossenen Zimmer gefallen ist, dann war es nicht der Schuß, der von dem männlichen Freitod des ‚Gröfaz', ‚des größten Feldherrn aller Zeiten' zeugen sollte. Es wäre kein Metapher zu sagen, daß Hitler wie ein Hund abgeknallt wurde — genauso wie einer seiner Hunde, der erst vergiftet und dann erschossen worden ist[140]."

Besymenski und Genossen wurden unterdessen durch die historische Forschung völlig widerlegt. Hitler war, wie wohl leicht zu begreifen ist, gegen Ende des Krieges mit seinen Nerven völlig fertig. Überdies hatte er seit den verunglückten Selbstmordversuchen der 20.-Juli-Verschwörer, des Hans Ludwig Beck, der nach zwei nicht tödlichen Kopfschüssen schließlich von einem Feldwebel einen Gnadenschuß bekam, und des Generals Stülpnagel, der sich blind schoß, Angst, daß ihm etwas Ähnliches passieren könnte. Er ließ sich daher von seinem alten Freund, Professor Dr. Werner Haase, beraten, wie er auf seinem letzten Weg auf Nummer sicher gehen könne. Durch einen Zufall wurde dieses Gespräch von Professor Dr. Ernst Günther Schenck beobachtet. Es war in der Nacht vom 29. auf 30. April 1945. Ununterbrochen hörte man, durch

140 Lew Besymenski, a.a.O., Seite 94

die dicken Betondecken abgeschwächt, das Artilleriefeuer der roten Batterien, deren Geschosse unmittelbar beim Führerbunker einschlugen. Schenck sah Haase und Hitler an einem kleinen runden Tisch im intensiven Gespräch.

Schenck berichtet:

„Ich prägte mir den Anblick ein, so daß ich ihn vor meinen inneren Augen auch heute wieder lebendig werden lassen kann. Die beiden Männer flüsterten noch miteinander, als ich die Türe ins Schloß zog. Hitler hatte seinen letzten ärztlichen Berater gefunden. Nachdem er Morell verabschiedet hatte und in Stumpfegger lediglich den kerngesunden Riesen sah, der ihn im Falle einer Verwundung auf die Schulter heben und in eine Ecke schleppen konnte, wandte er sich in seinen letzten Tagen einem Schwerkranken und Todgeweihten zu, mit dem er über sein eigenes Sterben verhandelte, das schnell und sicher sein mußte[141]."

James O'Donnell und Uwe Bahnsen schrieben über den Freitod Hitlers die glaubwürdigste Version: Was sich nun, wenige Minuten vor 15.30 Uhr, im Wohnzimmer Hitlers abspielte, hat kein Dritter miterlebt, und auch akustische Wahrnehmungen, wie der Knall eines Pistolenschusses, über den einige der Überlebenden später berichtet haben, erwiesen sich als unsicher und widersprüchlich. Einige Zeugen der letzten Tage sind sicher, den Schuß, auf den alle warteten, vernommen zu haben; andere dagegen bestreiten entschieden, daß man ihn habe hören können. Das Geschehen läßt sich nur rekonstruieren, und zwar aus der Schilderung, die Professor Haase seinem Kollegen Schenck etwa 30 Minuten nach dem gemeinschaftlichen Selbstmord des Ehepaares Hitler, am Nachmittag gegen 16 Uhr, im Lazarett über jenes nächtliche Gespräch gab, das er zwölf Stunden vorher mit Hitler über die schnellste und sicherste Suizidmethode ge-

141 Ernst-Günther Schenck, a.a.O., Seite 120

führt hatte. Auch andere Insassen des Bunkers, so Botschafter Walter Hewel, hatten Haase um entsprechende Ratschläge gebeten. Die folgende Darstellung stützt sich auf die Wiedergabe dieser Schilderung durch Professor Schenck und auf die Feststellungen, die unmittelbar nach dem Tod Hitlers und seiner Frau an den beiden Leichen und am Tatort getroffen wurden:

„Hitler nahm seine beiden Pistolen und behielt die größere vom Kaliber 7,65 mm, die er seit dem 22. April in der Rocktasche getragen hatte, in der rechten Hand. Die andere (6,35 mm), die er seit vielen Jahren stets in einer besonderen ledernen Hosentasche mit sich zu führen pflegte, legte er für den Fall einer Ladehemmung auf den Wohnzimmertisch. Dann setzte er sich auf den (von der Tür zum Wohnzimmer aus gesehen) linken Eckplatz des kleinen Sofas und schob eine Blausäurekapsel in den Mund; eine zweite legte er als Reserve auf den Tisch. Seine Frau streifte ihre schwarzen Wildlederhandschuhe ab und hockte sich mit hochgezogenen Knien in die andere Ecke, etwa 30 Zentimeter von ihrem Mann entfernt. Einer auseinanderziehbaren Kunststoffhülse entnahm sie eine Giftkapsel und legte ihre kleine Pistole ebenfalls vor sich auf den Tisch, neben einen himbeerfarbenen Seidenschal. Hitler setzte die Mündung der 7,65-mm-Pistole senkrecht, etwa in Augenhöhe, direkt an seine rechte Schläfe, drückte ab und zerbiß in einem einheitlichen letzten Willensakt zugleich die Giftampulle. Auch Eva Hitler zerbiß die Kapsel in diesem Augenblick. Offensichtlich hatte ihre Willenskraft nicht mehr ausgereicht, sich wie ihr Mann auch noch zu erschießen. Die Pistole glitt aus Hitlers Hand und fiel auf den Spannteppich. Eva Hitler blieb in der hockenden Stellung, die sie in der letzten Minute ihres Lebens eingenommen hatte. Ihre Augen waren geschlossen, die Lippen bläulich verfärbt und leicht zusammengepreßt. Ihre Pistole hatte sie nicht benutzt. Der Tod war bei beiden vermutlich innerhalb von Sekunden eingetreten. Im Sterbezimmer verbreitete sich der Geruch von Pulverschmauch und Bittermandeln[142]."

Die Sowjets hatten in der Gefangenschaft Rattenhuber dazu gebracht, auszusagen, daß möglicherweise Linge oder Högl Hitler, nachdem er das Gift genommen hatte, den Gnadenschuß gegeben hätten. Hitler hatte nämlich Tage zuvor auf den Vorschlag seiner letzten Getreuen, sich den Rotarmisten entgegenzuwerfen und so kämpfend unterzugehen, resigniert geantwortet: „„Ich kann kein Gewehr mehr halten, ich würde schon in den ersten Stunden zusammenbrechen, und wer wird mir dann den Gnadenschuß geben?"

Rattenhuber wußte damals zwei wesentliche Dinge nicht. Erstens: Vor der Türe, hinter der Adolf Hitler mit seiner Frau ihr Leben beendete, saß mit steinernem Gesicht sein Adjutant, SS-Sturmbannführer Otto Günsche. Dieser schilderte mir in einem Schreiben vom 1. 7. 1975 den tatsächlichen Sachverhalt wie folgt:

„Am 30. 4. 1945, gegen 9 Uhr vormittags, rief mich Reichsleiter Bormann an und bat mich, sofort zu ihm zu kommen. Er teilte mir mit, daß der Führer und seine Frau heute aus dem Leben scheiden würden. Der Führer hätte befohlen, daß seine und seiner Frau Leichen unmittelbar nach ihrem Tode verbrannt werden sollen. Bormann forderte mich auf, sofort alle Vorkehrungen für die vorgesehene Leichenverbrennung zu treffen. Wenige Zeit später wurde ich zum Führer befohlen. Er wiederholte im wesentlichen das, was mir Bormann gerade gesagt hatte, nur machte er mich persönlich verantwortlich, daß seine und seiner Frau Leichen so verbrannt werden, daß sie keinesfalls in die Hände der Russen fallen könnten.

Nach dem Herbeischaffen von allen verfügbaren Benzinvorräten aus dem an der Hermann-Göring-Straße lie-

142 Bahnsen/O'Donnell, a.a.O., Seite 211 f.

genden Garagenkomplex ließ ich den Vorraum zu den Privaträumen Adolf Hitlers durch besondere Posten des Führerbegleitkommandos sperren. Außer Goebbels, Bormann, Burgdorf, Krebs, Rattenhuber, Mohnke, Linge und Kempka hatte keiner mehr Durchgang zu diesem Vorraum, der unmittelbar vor den Führer-Privaträumen lag. Dies befahl ich, um erstens Ruhe zu bewahren und zweitens unnötige Zeugen auszuschließen.

Adolf Hitler und seine Frau verabschiedeten sich zwischen 14.30 und 15.00 Uhr von einigen nächsten Mitarbeitern, ebenso von Goebbels, Frau Goebbels, Bormann und Burgdorf in einem vor dem Vorraum zu Hitlers Privaträumen liegenden Raum. Dann zogen sich beide in ihre Privaträume zurück. Ich hielt mich danach in unmittelbarer Nähe der Eingangstür zu Adolf Hitlers Privaträumen auf. Kurze Zeit, nachdem Adolf Hitler und seine Frau sich in ihre Privaträume zurückgezogen hatten, meldete mir der an der Tür zum Vorraum stehende Posten des Führerbegleitkommandos, daß Frau Goebbels an der Tür stehe und verlange, den Führer sofort noch einmal zu sprechen. Ich ging daraufhin an die Tür zu Hitlers Privaträumen und klopfte an die innere Tür, nachdem ich die äußere Tür — es handelt sich hierbei um eine Doppeltür — geöffnet hatte.

Adolf Hitler öffnete selbst und fragte mich im barschen Ton: ‚Was wollen Sie, Günsche?' Ich antwortete, daß Frau Goebbels ihn dringend zu sprechen wünsche. Er ging, anscheinend verärgert, an mir vorbei zu Frau Goebbels, die inzwischen im Vorraum stand und ihn anflehte, doch noch Berlin zu verlassen. Hitler antwortete kurz abweisend und ging sofort in seine Privaträume zurück.

Ich drückte die Doppeltüren hinter ihm zu. Niemand konnte und hat danach die Privaträume Adolf Hitlers vor seinem und seiner Frau Freitod mehr betreten. Ich kann dies jederzeit beeiden. Es ist somit ausgeschlossen und unmöglich, daß Adolf Hitler durch die Hand eines Zweiten starb.

Als Bormann, Linge und ich gegen 15.30 Uhr die Doppeltüren zu Hitlers Privaträumen öffneten, sahen wir Adolf Hitler auf dem an der linken Wand vor uns, neben dem Divan stehenden Sessel sitzen. Er war zusammengesunken und hing über die rechte Armlehne des Sessels. Der Kopf war zur Seite geneigt. Aus seiner rechten Schläfe tropfte Blut. Eine Blutlache hatte sich bereits auf dem Teppich und dem Fußboden gebildet. Er hatte sich, das war sofort zu erkennen, in die rechte Schläfe geschossen, mit seiner eigenen Pistole, PPK 7,65, die er am 22. 4. 1945 nach einer turbulenten Lagebesprechung aus seinem Nachttischkasten nahm und seitdem durchgeladen und gesichert immer bei sich trug.

Ich habe später diese Pistole, mit der sich Adolf Hitler erschossen hat, an mich genommen, habe festgestellt, daß daraus geschossen worden war, dann habe ich die Pistole, die nach dem abgegebenen Schuß repetiert hatte, entladen. Ob Adolf Hitler gleichzeitig mit dem Pistolenschuß eine Giftampulle zerbissen hat, ist mir nicht bekannt. Ich halte dies aber für möglich.

In meinen Vernehmungen, sowohl durch die Spezialisten des MWD während meiner Gefangenschaft in der Sowjetunion als auch nach meiner Heimkehr im Mai 1956 nach Deutschland, habe ich gleiche Aussagen gemacht.

Wenn Adolf Hitler sich den Freitod nicht mit der Pistole, sondern durch Gift gegeben hätte, oder durch zweite Hand getötet worden wäre, hätte ich mit Sicherheit dies während meiner am 9. oder 10. Mai 1945 beginnenden Vernehmung durch Spezialisten des MWD im Gefängnis Ljubljanka gesagt. Wie und auf welche Art sich Adolf Hitler den Tod gegeben hat, war für mich nicht so bedeutungsvoll. Verpflichtend war für mich sein Befehl, seine und seiner Frau Leichen nicht in die Hände der Russen fallenzulassen."

Zweitens hatte Rattenhuber keine Kenntnis von dem Rat des Professors Haase an Hitler, vorsorglich kombiniert aus dem Leben zu scheiden: mit der Pistole und dem Gift.

Damit sind die letzten Versuche, den Freitod Adolf Hitlers zu verfälschen, endgültig zusammengebrochen; die sowjetische „Desinformazia" ist gescheitert.

Es werden noch viele Jahre vergehen, ehe die Deutschen es wagen werden, mit eigenen Augen ihrer Geschichte ins Antlitz zu schauen. Wenn sie das dann tun, müssen sie den strahlenden Aufstieg des Dritten Reiches, seine Licht- genauso wie seine Schattenseiten, bis zu dem erschütternden Sturz Adolf Hitlers erforschen und auch sein dramatisches Ende.

Um den Suchenden dies zu ermöglichen, habe ich mich bemüht, einen Blick hinter die Kulissen des Geschehens, das der Zeitzeuge Erich Kempka uns schilderte, zu geben, einen Blick in seiner ganzen Tragik, aber, wie ich hoffe, voller Ehrlichkeit, in der Verpflichtung der Gegenwärtigen für die Kommenden.

Quellenverzeichnis

Publikationen

Abshagen, Karl Heinz, „Canaris", Deutsche Verlagsanstalt, Stuttgart 1949

Aigner, Dietrich, „Das Ringen um England", Bechtle-Verlag, München 1969

Aigner, Dietrich, „Winston Churchill", Musterschmidt-Verlag, Göttingen 1975

Bahnsen/O'Donnell, „Die Katakombe", Deutsche Verlagsanstalt, Stuttgart 1975

Baur, Hans, „Ich flog Mächtige der Erde", K. W. Schütz Verlag, Preuß. Oldendorf 1973

Besymenski, Lew, „Der Tod des Adolf Hitler", Christian Wagner Verlag, Hamburg 1968

Boldt, Gerhard, „Die letzten Tage der Reichskanzlei", Rowohlt Verlag, Hamburg 1947

Bor, Peter, „Gespräche mit Halder", Limes Verlag, Wiesbaden 1950

Bullock, Allan, „Hitler", Droste Verlag, Düsseldorf

Burckhardt, Carl J., „Meine Danziger Mission", Callwey Verlag, München 1960

Büschleb, Hermann, „Feldherrn und Panzer im Wüstenkrieg", Kurt Vowinckel Verlag, Neckargemünd 1966

Coloin, Jan, „Admiral Canaris", Frickverlag, Wien 1955

Delmer, Sefton, „Die Deutschen und ich", Nannen-Verlag, Hamburg 1961

Deuerlein, Ernst, „Hitler", List-Verlag, München 1969

Dulles, Allen Welsh, „Verschwörung gegen Deutschland", Europa-Verlag, Zürich 1948

Fabry, W. Philipp, „Die Sowjetunion und das Dritte Reich", Seewald-Verlag, Stuttgart 1971

Feiling, Keith, „The Life of Neville Chamberlain"

Fest, Joachim C., „Hitler", Ullstein-Verlag, Berlin 1973

Fest, Joachim C., „Heinrich Himmler Geheimreden 1933—1945", Ullstein-Verlag, Berlin 1974

Foertsch, Hermann, „Schuld und Verhängnis", Deutsche Verlagsanstalt, Stuttgart 1951

Foltmann, Josef/Möller-Witten, Hanns, „Opfergang der Generale", Verlag Bernard & Graefe, Berlin 1957

Frederik, Hans, „Das Ende einer Legende", vpa, Landshut 1971

Gehlen, Reinhard, „Der Dienst“, Verlag Hase & Koehler, Mainz 1971
Geschichte des Panzerkorps Großdeutschland, Selbstverlag der Traditionsgemeinschaft „Großdeutschland“, Duisburg-Ruhrort 1958
Gosztony, Peter, „Der Kampf um Berlin 1945“, Karl Rauch-Verlag, Düsseldorf 1970
Guderian, Heinz, „Erinnerungen eines Soldaten“, Kurt Vowinckel Verlag, Neckargemünd 1950
Gun, Nerin E., „Eva Braun — Hitler“, blick und bild-verlag, Velbert 1968
Hagen, Walter, „Die geheime Front“, Nibelungen Verlag, Linz/D 1959
Hanfstaengl, Ernst, „Zwischen Weißem und Braunem Haus“, Piper Verlag, München 1970
Helmdach, Erich, „Überfall“, Kurt Vowinckel Verlag, Neckargemünd 1975
Hoffmann, Heinrich, „Hitler, wie ich ihn sah“, Herbig-Verlag, München 1974
Irving, David, „Die Geheimwaffen des Dritten Reiches“, Sigbert Mohn-Verlag, Gütersloh 1964
Irving, David, „Hitler und seine Feldherren“, Ullstein Verlag, Berlin 1975
Jordan, Rudolf, „Erlebt und erlitten“, Druffel-Verlag 1971
Kleist, Peter, „Die europäische Tragödie“, K. W. Schütz Verlag, Preuß. Oldendorf 1961
Konjew, Iwan Stepanowitsch, „Das Jahr 1945“, Budapest 1968
Kubicek, August, „Adolf Hitler, mein Jugendfreund“, Leopold Stocker-Verlag, Graz 1953
Kuby, Erich, „Die Russen in Berlin“, Scherz Verlag, Bern 1965
Kurowski, Franz, „Armee Wenck“, Kurt Vowinckel Verlag, Neckargemünd 1967
Maser, Werner, „Adolf Hitler“, Bechtle-Verlag, München 1971
Reitsch, Hanna, „Fliegen mein Leben“, Deutsche Verlagsanstalt, Stuttgart 1956
Ribbentrop, Annelies von, „Verschwörung gegen den Frieden“, Druffel-Verlag, Leoni 1962
Ribbentrop, Annelies von, „Die Kriegsschuld des Widerstandes“, Druffel-Verlag, Leoni 1974
Ritter, Gerhard, „Carl Goerdeler und die deutsche Widerstandsbewegung“, Deutsche Verlagsanstalt, Stuttgart 1954
Rothfels, Hans, „Die deutsche Opposition gegen Hitler“, Scherpe-Verlag, Krefeld 1949
Ryan, Cornelius, „Der letzte Kampf“, Droemer-Knaur-Verlag, München 1966
Ryan, Cornelius, „Der längste Tag“, Sigbert Mohn-Verlag, Gütersloh 1959
„Spiegelbild einer Verschwörung/Die Kaltenbrunner Berichte an Bormann und Hitler“, Seewald-Verlag, Stuttgart 1961
Schellenberg, Walter, „Memoiren“, Verlag für Politik und Wirtschaft, Köln 1956
Schlabrendorff, Fabian von, „Offiziere gegen Hitler“, Europa-Verlag, Zürich 1946

Schenck, Ernst-Günther, „Ich sah Berlin sterben“, Nicolaische Verlagsbuchhandlung, Herford 1970
Scheurig, Bodo, „Henning von Tresckow“, Stalling-Verlag, Oldenburg 1973
Steiner, Felix, „Die Freiwilligen“, K. W. Schütz Verlag, Preuß. Oldendorf, 5. Aufl. 1973
Taylor, J. F., „Der 20. Juli 1944“, Thersal-Verlag, Bremen 1968
Toland, John, „Das Finale“, Droemer/Knaur-Verlag, München 1965
Trizzino, Antonio, „Die verratene Flotte“, Athenäum-Verlag, Bonn 1957
Tschuikow, Wassilij, „Das Ende des Dritten Reiches“, Wilhelm Goldmann-Verlag, München 1966
Tompkins, Peter, „Verrat auf italienisch“, Verlag Fritz Molden, Wien 1967
Wahl, Karl, „Patrioten oder Verbrecher“, Orion-Heimreiter-Verlag, Heusenstamm 1973
Weizsäcker, Ernst von, „Erinnerungen“, Paul List-Verlag, München 1950

Pressedienste, Zeitungen, Tagebücher:

ADAP D XI/Nr. 199
DNB-Meldungen
KTB des OKW (Kriegstagebuch)
Dolomiten, Bozen, 2. 8. 1974
„Der Stern“, 8. 8. 1954
„Der Spiegel“, Nr. 47/1971
„Wehrwissenschaftliche Rundschau“, Nr. 1/1962

Schriftliche Mitteilungen:

Günsche, Otto, vom 25. 6. 1975 und 1. 7. 1975
Mohnke, Wilhelm, vom 2. 8. 1975 und 10. 8. 1975
Mosley, Sir Oswald, vom 18. 6. 1975
Reitsch, Hanna, vom 7. 8. 1973

Persönliche Mitteilungen:

Baur, Hans, 7. Juli 1975
Genoud, François, 9. Juli 1975

Personenregister

Die Namen der Generale, die auf den Seiten 136 bis 166 aufgeführt sind, erscheinen hier nicht, da sie auf den genannten Seiten in alphabetischer Reihenfolge stehen.

118 Hitler der größte Europäer (Churchill
179 Churchill 1934 Deutschl. besiegen!
187 Speidel!
192 v. Hofacker (Rommel + Kluge)
194 Gerstenmaier
253 272 magische Anziehungskraft!
258 Nicht mehr [illegible]

Verteidigungsplan für Berlin

nach dem „Grundsätzlichen Befehl“ vom 9. März 1945

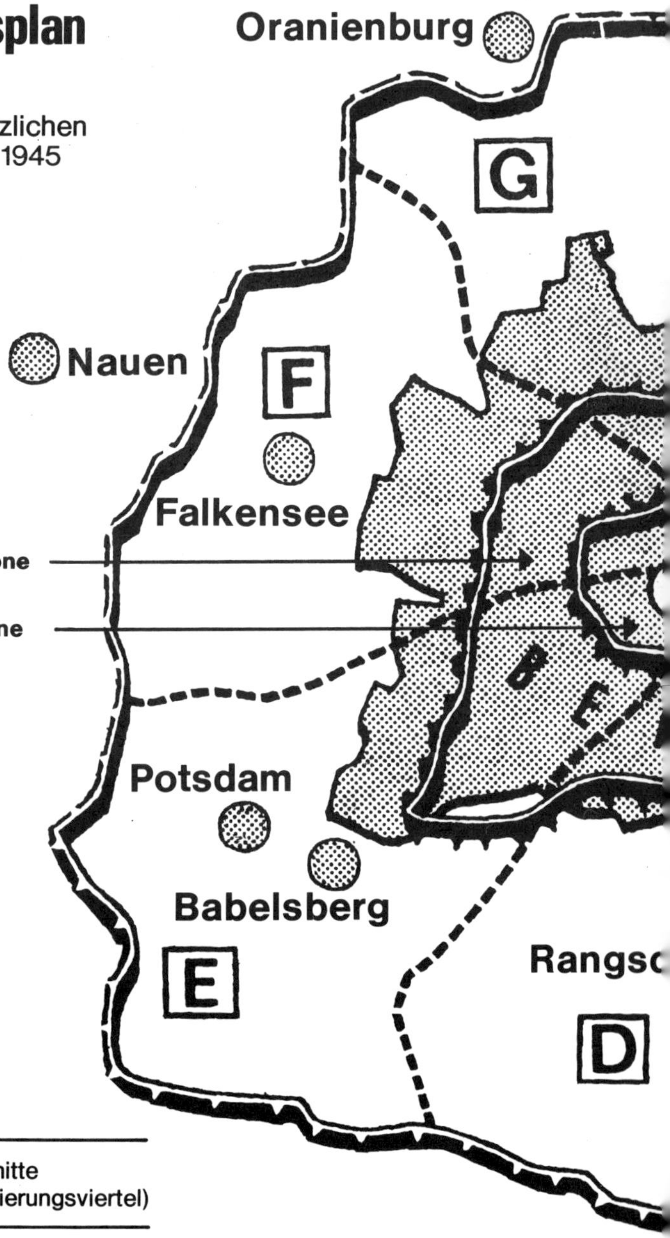

A bis **H** = Befehlsabschnitte
Z = Zitadelle (Regierungsviertel)